高职高专经管类专业系列教材
GAOZHI GAOZHUAN JINGGUAN LEI ZHUANYE XILIE JIAOCAI

WAIMAO YEWU SHIWU

外贸业务实务

主　编　殷秀梅
副主编　李　敏　向宇翔

重庆大学出版社

内容提要

随着数字化外贸的迅猛发展,越来越多的企业通过第三方平台或者自建独立站开展对外贸易。当前,培养既掌握传统外贸操作流程,又通晓跨境电商 B2B、B2C 平台规则,并掌握操作技能的复合型国际贸易和跨境电商人才是重中之重。

本书引入大量企业真实案例,根据数字经济时代外贸业务员岗位工作技能需要分为 11 个实操跟学项目,分别为出口前准备、出口贸易磋商、出口合同订立、出口合同履行、出口业务善后、进口合同履行、跨境电子商务基础、跨境电子商务售前准备、客户服务、全球速卖通平台操作、阿里巴巴国际站操作。教材内容涵盖信用证付款方式下外贸进出口流程、全球速卖通平台和阿里巴巴国际站基本操作流程。本书既可作为高等职业院校国际贸易、跨境电商等相关专业的教材,也可供国际贸易和跨境电商等从业人员学习与参考。

图书在版编目(CIP)数据

外贸业务实务 / 殷秀梅主编. -- 重庆 : 重庆大学出版社, 2023.11

高职高专经管类专业系列教材

ISBN 978-7-5689-4046-7

Ⅰ. ①外… Ⅱ. ①殷… Ⅲ. ①对外贸易—贸易实务—中国—高等职业教育—教材 Ⅳ. ①F75

中国国家版本馆 CIP 数据核字(2023)第 125620 号

高职高专经管类专业系列教材

外贸业务实务

主　编　殷秀梅

副主编　李　敏　向宇翔

策划编辑:顾丽萍

责任编辑:赵　晟　版式设计:顾丽萍

责任校对:关德强　责任印制:张　策

*

重庆大学出版社出版发行

出版人:陈晓阳

社址:重庆市沙坪坝区大学城西路 21 号

邮编:401331

电话:(023) 88617190　88617185(中小学)

传真:(023) 88617186　88617166

网址:http://www.cqup.com.cn

邮箱:fxk@cqup.com.cn (营销中心)

全国新华书店经销

重庆天旭印务有限责任公司印刷

*

开本:787mm×1092mm　1/16　印张:15.25　字数:364 千

2023 年 11 月第 1 版　2023 年 11 月第 1 次印刷

印数:1—3 000

ISBN 978-7-5689-4046-7　定价:45.00 元

PREFACE 前言

以“产教融合”为契机，加快构建国际贸易和跨境电商产教融合人才生态链，从产业需求出发，将教育与区域经济发展、企业需求、企业实践、科研创新等有机融合是职业教育发展的重要路径。跨境电商和传统外贸结合得最紧密，是传统外贸的数字化转型升级。随着数字化外贸的迅猛发展，越来越多的企业通过第三方平台或者自建独立站开展对外贸易，人才瓶颈也日益凸显。当前，培养既掌握传统外贸操作流程，又通晓跨境电商 B2B 和 B2C 平台规则，并掌握操作技能的复合型国际贸易和跨境电商人才是重中之重。

本书的作用是培养能够通过独立站、阿里巴巴国际站和全球速卖通等平台开展对外贸易活动的复合型技能人才。

本书的编写分为 3 个部分：出口贸易篇、进口贸易篇和跨境电商篇，内容涵盖信用证付款方式下外贸出口流程、阿里巴巴国际站和全球速卖通操作流程。本书按照数字经济时代外贸业务员典型工作任务分为 11 个实操跟学项目，项目中穿插了与教学内容相关联的工作情景、任务布置、操作提示、课前学习任务、课上操作任务和能力实训等，根据学习需要，在有的项目中加入了边学边练、技能强化、知识链接、知识拓展等内容，便于学生阅读和教师使用。本书经过精心策划和编写，形成了以下特色：

一、工作情景和任务布置引导构建项目化教材

在每个项目的前部加入了工作情景和任务布置，让读者对项目下的工作任务内容一目了然，同时突出任务导向，以新入职外贸业务员的视角阐述所遇到的实际工作问题，任务内容随之展开，使学生在“跟学做”的任务中获得实践技能。

二、利用信息化手段打造新形态教材

结合现在线上教育的趋势，利用信息化手段，把一些技能点以二维码的形式加入教材，同学们通过扫二维码即可观看视频内容。教师也可以利用这些在线内容辅助教学。

三、外贸企业真实案例引入体现产教融合

本书主编殷秀梅老师曾在湖南省金环进出口总公司从事外贸业务员工作，有 10 多年传统外贸实战经历，3 年多敦煌网等跨境电商平台销售经历，10 多年国际贸易专业职业教育教师经历。在编写过程中，跨境电商企业丁兆沣经理提供了大量企业真实案例素材，以增强本书内容的实用性。参编教师多数为双师型骨干教师。

四、课证思政元素融入内容，推进立德树人

书中每个项目设有德育园地，通过课程学习，让学生了解助力外贸企业行

稳致远的工匠精神；结合“一带一路”倡议，培养学生的民族自豪感和文化自信；通过实践操作，培养学生诚实守信的品质和遵守规则的意识，为日后参与国际竞争打下基础。以立德树人为根本任务，深化产教融合，促进人才链、教育链、产业链、创新链有机融合，培养数字经济时代高质量国际贸易和跨境电商技能型人才。

本书由湖南外国语职业学院殷秀梅老师担任主编，李敏、向宇翔老师担任副主编，刘芳、周煨、刘莎莎、黄颖和杨倩仪老师参编。

本书在编写过程中得到了丁兆沣、肖龙翔和李明三位外贸资深业务员的支持和帮助，谨在此表示最衷心的感谢。由于跨境电商发展迅速，企业跨境电商模式和做法日新月异，这给教材编者带来了比较大的挑战，在教材编写过程中也就难免存在纰漏与不足之处，敬请批评指正。

编　者

2023 年 6 月

CONTENTS 目录

出口贸易篇

进口贸易篇

跨境电商篇

出口贸易篇

项目一　出口前准备

【工作情景】

姚石从某高职院校国际经济与贸易专业毕业后，如愿进入一家流通型外贸企业——湖南华兴进出口有限公司，成为一名外贸业务员。到公司报到的第一天，刘方俊经理对姚石说："你先熟悉一下公司的情况，然后告诉我出口前需要做哪些准备工作。出口前的准备工作是出口业务活动的第一步，充分有序的出口准备工作有利于后期出口业务活动的顺利开展。"

【任务布置】

1. 认识对外贸易
2. 掌握相关对外贸易政策及措施
3. 了解传统贸易方式
4. 了解跨境电商 B2B 与传统外贸方式的区别
5. 熟悉产品、了解市场状况
6. 寻找客户并与客户建立业务关系
7. 展销会

【操作提示】

1. 认识对外贸易，掌握一些基本概念和熟悉外贸出口业务流程。
2. 如何寻找国外贸易伙伴，如何与他们建立业务关系？
3. 出口前是否应熟悉出口业务的流程？
4. 出口前是否应初步确定贸易方式？
5. 为了在贸易中占据主动，取得尽可能大的利润，是否需要掌握国际市场环境状况、进出口贸易额、进出口贸易国别和地区分布、主要交易港口状况、国际收支状况、相关贸易政策？是否应预先进行价格核算？

【课前学习任务】

任务一　认识对外贸易

一、衡量进出口贸易的常用指标

①对外贸易额(Value of Foreign Trade)与对外贸易量(Quantum of Foreign Trade)。

②贸易差额(Balance of Trade)。

③国际贸易商品结构(Composition of International Trade)。

④对外贸易地理方向(Direction of Foreign Trade)。

⑤贸易条件(Terms of Trade)。

⑥对外贸易依存度(Dependence on Foreign Trade)。

二、熟悉传统外贸出口业务流程

传统外贸出口业务的一般流程如图 1-1 所示。

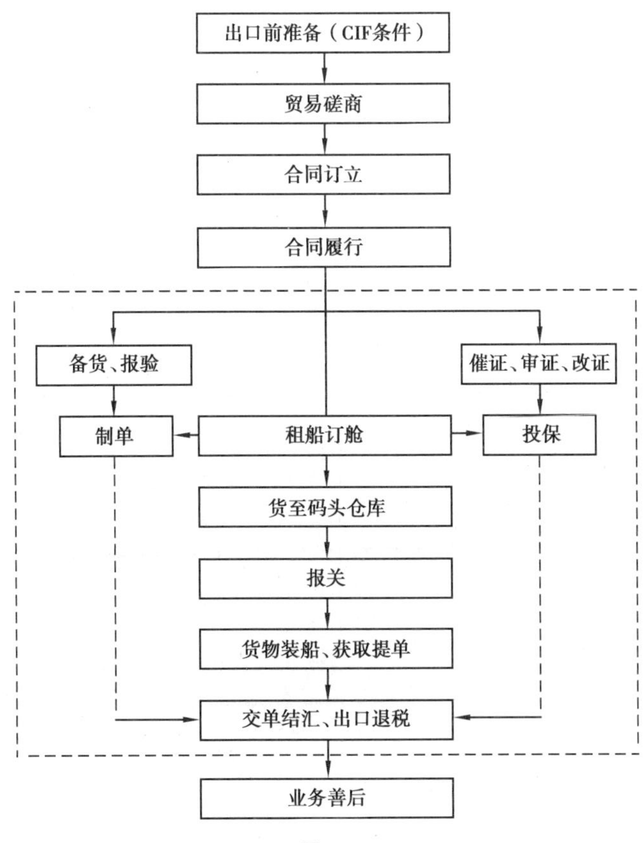

图 1-1

任务二　掌握相关对外贸易的政策及措施

一、对外贸易政策

①自由贸易政策。

②保护贸易政策。

二、对外贸易政策的具体措施

①关税措施(Tariff Measures)。

②非关税措施(Non-tariff Measures)。

③出口鼓励措施:主要有出口信贷(Export Credit)、出口补贴(Export Subsidies)、商品倾销(Goods Dumping)、外汇倾销(Exchange Dumping)。

任务三　了解传统贸易方式

贸易方式是指买卖双方在进行交易时采用的贸易方法,其分类如图 1-2 所示。

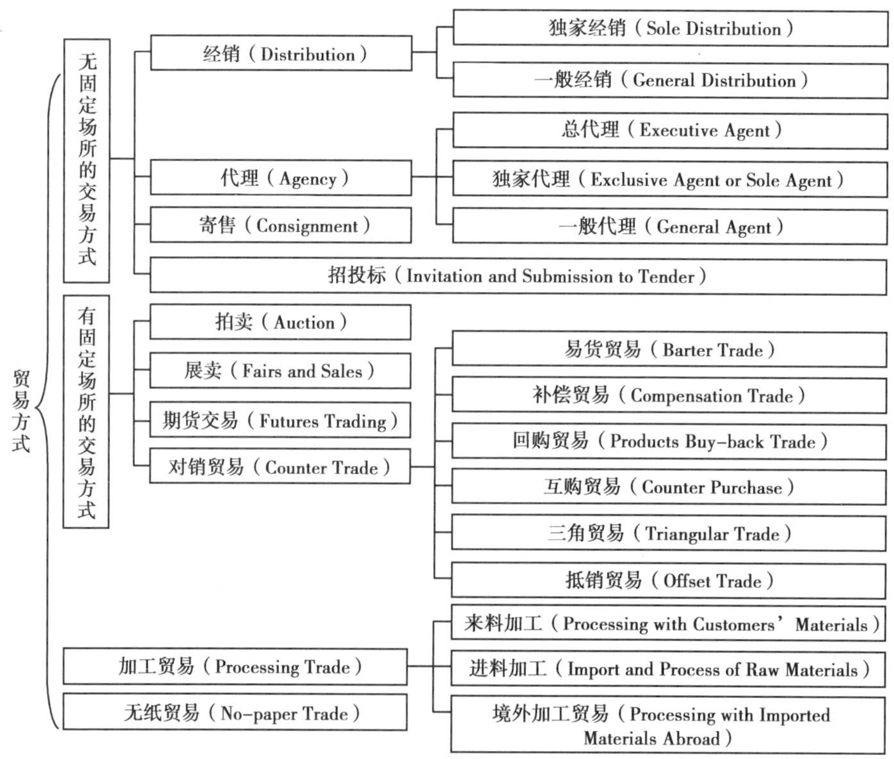

图 1-2

任务四 了解跨境电商 B2B 与传统外贸的区别

跨境电商 B2B 的一般操作模式如图 1-3 所示。跨境电商 B2B 的一般操作模式为:生产商或出口商(网商)将出口的商品通过跨境电商 B2B 平台进行线上展示,进口商线上选购商品并下单后,生产商或出口商(网商)将商品交付给货代或国际快递进行运输,经过两次(出口国和进口国)海关通关商检后,最终送达消费者或企业手中。进口商通过 T/T、托收、信用证或 PayPal 等网络支付手段完成支付,也有的生产商或出口商(网商)直接与外贸综合服务平台合作,让第三方综合服务平台代办物流、通关商检等一系列环节,从而完成整个跨境电商交易的过程。

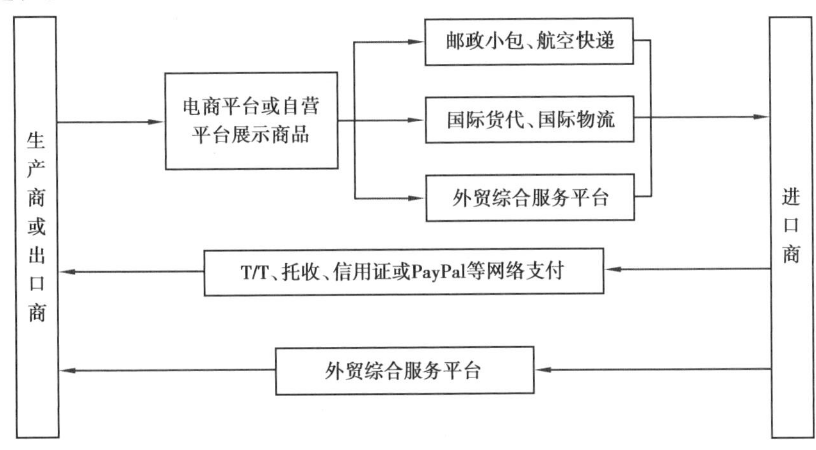

图 1-3

跨境电商 B2B 与传统外贸的操作模式存在如下区别:相对于传统外贸,跨境电商 B2B 单笔订单的数量要少很多,符合当前外贸订单碎片化的趋势,能满足中小进口商的小额批发采购,免去了传统外贸大量进口后再多级分销的中间环节,从而打破渠道限制并降低交易成本,具备诸多优势。

在合同(订单)前阶段,跨境电商 B2B 借助电子商务平台展示和营销商品,更便于搜寻和比较产品,具备数字化和透明度的优势。线上即时交流,融合各种功能模块于一体,尽可能促成交易、达成合同、订单简化和优化磋商过程。

在国际物流阶段,跨境电商 B2B 可以根据该批商品数量的多少,采取不同的国际物流途径和方式。如果商品数量足够大,跨境电商 B2B 就转为传统外贸的国际物流方式,走传统外贸的通关途径;如果商品数量非常少,可以采取跨境电商 B2C 通常所用的更为快捷的邮政小包或航空快递;对于商品数量比较少,但又不适合快递的订单,可以将国际物流"外包"给外贸综合服务平台,外贸综合服务平台通过对各家订单的整合,实现"化零为整",使小订单"抱团"享受到低价优质的物流服务。

在支付结算阶段,跨境电商 B2B 平台一般不具备类似跨境电商 B2C 平台的第三方支付和信用担保功能,跨境电商 B2B 在该部分又转为"线下",与传统外贸一样,采取 T/T、托收或信用证等结算方式。如果订单已“外包”给外贸综合服务平台，则外汇先汇款至平台账号，再结算给出口商。但是，近年来，一些跨境电商 B2B 平台做出了积极的努力，比如，阿里巴巴国际站平台的“Trade Assurance”提供了基于前 T/T 模式，以及基于供应商保质保量交货的担保模式。

任务五 熟悉产品、了解市场状况

一、熟悉产品

熟悉产品是外贸业务员出口业务工作的起点，如果一个外贸业务员不懂产品，即使能收到一些国外客户的询价函，最终也会因其对产品的不熟悉导致无法留住客户。在出口业务操作前，新外贸业务员至少应该用 3 个月时间深入生产企业熟悉产品相关情况，如到样品制作部和生产车间去熟悉产品的种类、规格、成分、性质、包装、生产工艺、生产能力等情况；到采购部门了解原材料采购价格和采购渠道等信息；到财务部门了解各项产品相关的财务费用等。另外，新外贸业务员应该用一定的时间到相关行业网站查询各种产品的标准。对于老外贸业务员来说，也要经常关注和熟悉各类新产品的情况。

二、了解市场状况

通过市场调研，可以了解市场状况，市场调研的主要内容包括对进口国家（地区）的调研、对目标市场商品供需的调研、对目标市场客户的调研和对目标市场商品销售的调研。市场调研的主要内容如图 1-4 所示。

任务六 寻找客户并与客户建立业务关系

【课上操作任务】

一、寻找客户的主要渠道

①通过独立第三方综合性 B2B 商务平台（阿里巴巴国际站 http://www.alibaba.com、中国制造网 http://www.made-in-china.com、环球资源 http://www.globalsources.com 等）。

②通过主要垂直平台（如全球纺织网 http://www.globaltextiles.com、全球化工网 http://www.chinachemnet.com）。

③在搜索引擎上刊登广告。

④与目标国的贸易促进机构或商会联系。

⑤通过国内外银行介绍国外客户。

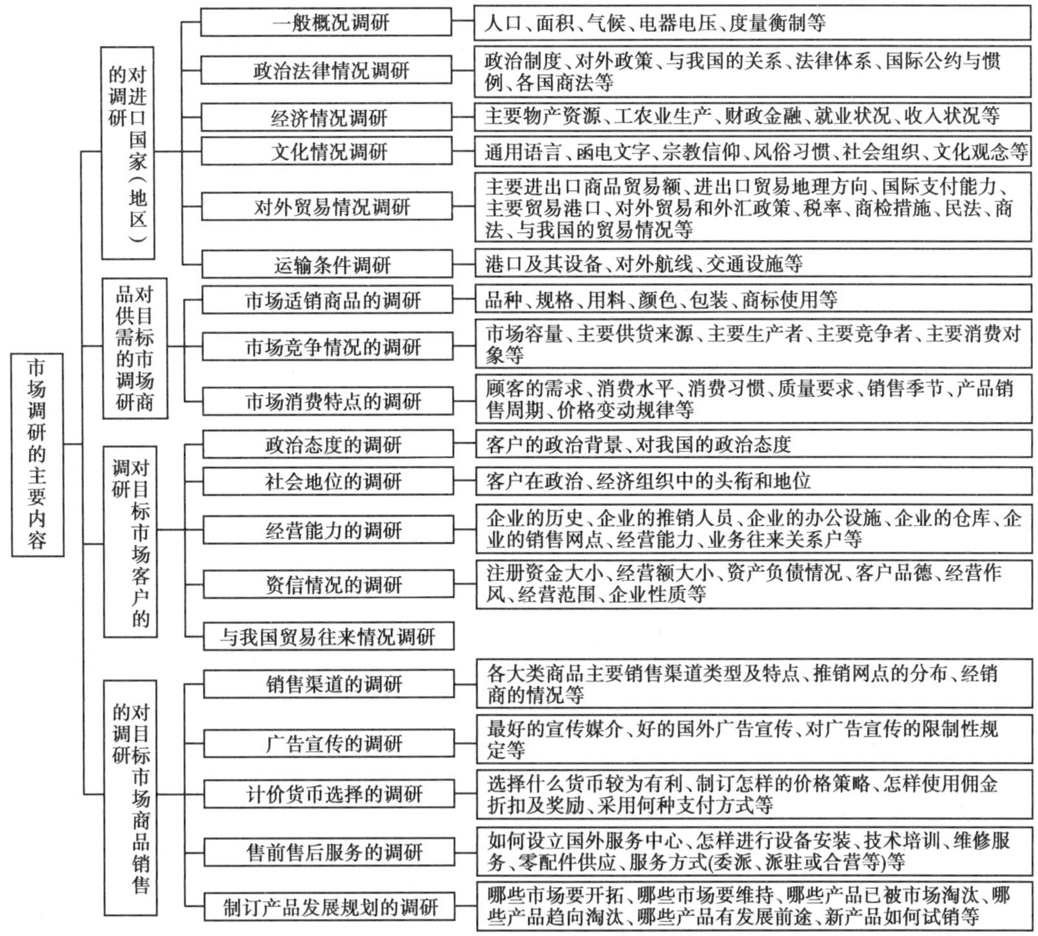

图 1-4

⑥通过各种国际友好往来和组织介绍客户。

⑦通过参加各种展销会、展览会以及出国考察的方式寻找客户。

二、与客户建立业务关系

与客户建立业务关系主要通过撰写建立业务关系函和与客户面对面接洽两个途径进行。

任务七 展销会

一般来说，在展销中，当潜在客户经过你的摊位时，你只有短短 3 ~ 5 秒时间来吸引他们的眼球。在这有限的时间内，你必须迅速做到使他们驻足，了解你卖什么产品，促使其对你的产品产生兴趣，并对你的公司及团队产生信心，使他们深信应该选择你，而不是选择你的竞争对手。一般说来，展销中的销售流程如下：

一、吸引潜在客户

利用语言和非语言的方式在短时间内吸引客户来展台参观。作为参展商，在展会中的举手投足、衣着打扮、风度仪态等表现出来的非语言交流会在短短的3～5秒钟给客商留下第一印象，都会成为买家是否会走入这个展位的关键因素。

真诚的微笑及外向型的肢体语言可以传达出友好和热情的好客信息，买家都希望自己是受欢迎的，所以不能只是简简单单说一句“欢迎光临”“请进来看看我们的新产品吧”，而应让客户感到受重视，并愿意接受邀请进入展位。

在展位装饰、色彩搭配、小赠品挑选、制服统一、宣传目录、卖点广告等方面多下功夫，做到展位清洁整齐，参展人员的整体形象和举止合宜。这些非语言的交流同样能够吸引客户。

二、发展潜在客户

作为展台工作人员，首先，要清楚地知道，我们的客户是谁？公司的主要市场和客户类型是什么？客户应该具备的素质是什么？他们的兴趣点分别在哪里？他们最关注的是什么？其次，要进行专业的评估和接待，包括他是不是我们的客户？他对我公司来说重要吗？我应该花多长时间接待他？如何让他明白我懂他的需求并能为他提供解决问题的方案？

（一）如何识别有效观众

①专业的发问。

②通过客户提供的名片。

③从客户的穿着和人员组合进行判断。

④关注客户的肢体语言。

⑤从客户的关注点进行判断。

⑥关注敏感问题。

⑦从客户的仪态和人员组合进行判断。

（二）如何确认潜在客户

①确保对方对你的产品或服务有需求。

②确定对方有一个合理的采购时间段。

③确定对方有足够的资金或预算。

④确定对方有权力进行购买或有能力影响购买。

三、与潜在客户有效沟通

（一）确定客户动机

要善于通过交谈和发问了解客户的真正意图，了解客户拜访你展台的真正原因。下面列举出客户拜访你展台的可能原因：

①了解相对客户现有产品和服务的最新潮流、趋势、修改、改进等。

②看最新的产品供应。

③就设备升级或问题解决方案来会见技术代表。

④会见管理团队。

⑤比较和评估竞争产品。

⑥社交性拜访或出席一个招待活动。

⑦拓展网络。

⑧采购新品。

（二）介绍产品

1. 准备展品解说词

参展人员首先要非常熟悉自己的产品并且站在消费者角度考虑，了解顾客需求，据此应提前准备好产品解说词。展品解说词要注意不要只是生硬地介绍产品，要从产品对客户的意义出发去解说。同时，要注意里面的一些专业术语，用客户熟悉和能够理解的语言解说。

2. 准备宣传材料

印刷精美的宣传材料，最好图文并茂，以吸引客户的注意力，并且可以让一些感兴趣的客户带回去保管。

3. 准备好产品演示

对一些需要演示才能展示产品特色和功用的产品，需提前做好产品演示准备工作，并演练，保证现场效果。

（三）推销产品

1. 发问与倾听

通过发问和倾听进行互动式的沟通，可以有效了解客户需求并帮助寻求解决方案。

(1)发问技巧

①主动发问。开场白之后不要等待客户提问，应主动发问，主动发问有利于搜集到客户的真实信息。

②注意发问的连贯性。不要在短时间内变换太多话题。例如，你来自哪个国家？对我们的产品有什么具体要求？你的客户类型主要有哪些？你们的采购步骤是怎么样的？

评析：这样的提问方式缺乏技巧和连贯性，会让被问者有种被调查盘问的感觉。

不要从广度发问而应从深度发问，针对 1 ~ 2 个问题进行深入了解，在发问的同时适当地交流客户感兴趣的信息，发现客户的需求。例如，你来自哪个国家？从事什么行业？当得知观众来自德国，展台工作人员可以简单说明你的哪些产品符合德国市场的标准，目前正在和哪类德国客户合作等，然后继续询问他们采购这类产品的关注点是什么。

评析：这样的发问方式能够使观众知道你了解他们的市场，熟悉质量标准，会使客户非常有信心与你继续讨论产品及价格等。

③多用开放式提问。避免用类似“May I help you?”开场。如果客户回答“No, thanks”

或“Just looking”,你就几乎无话可答。

使用开放式问题,用“如何”“什么”“何时”“在哪里”“为什么”等词开场。例如,How do you plan to deal with the problem? What do you know about our company? What do you think of our products? What aspects of the exhibition do you pay most attention to?

通过问这些问题,很容易从客户那里得到一些有价值的信息,了解客户的需求和关注点。

(2)倾听技巧

①真诚地倾听,了解客户需求。发问后尽量让买家多说。通过倾听,挖掘客户潜在需求,会使客户尽快消除防备心理,增强信任感。

②积极的肢体语言。在与客户沟通过程中,注意使用积极的肢体语言,如点头、微笑、眼神交流等。

③复述客户的话。沟通中复述客户的观点,总结客户的关注点,对客户表示理解和赞同,可以提升交流的融洽度和针对性。

④不要打断客户。沟通中不要打断客户,否则可能会遗漏客户讲话要点,打消客户沟通兴趣,错失销售机会。

2. 获得客户信息

在与客户的互动式沟通中获取客户信息,并迅速判断该客户与我们企业和产品的匹配度。例如:

参观者是谁? 从事什么行业? 是零售商、生产商、批发商还是进口商?

获得联系方式(名片)。

所在的市场在哪里,业务规模如何?

客户对你的产品大概会有什么要求?

客户有无采购或影响采购的能力?

客户目前处在采购的哪个阶段,可能什么时候会采购?

3. 积极促进销售

展览会现场不要单纯追求订单额,要记得很多大客户多在随后的两三个月才下订单。所以,展台的营销重点是给客户留下良好印象、记录客户信息、为展后跟踪销售服务。

边学边练

【任务描述】

Jenny Keats is an expert in textiles. She is inquiring about the products of Mr. Huang's company. After having a long conversation with Mr. Huang, she decides to establish a trade relationship with Mr. Huang.

Mr. Huang: Madam, you seem to be quite interested in our products.

Mrs. Keats: Yes, I like textiles from China very much. Could you show me some shawls?

Mr. Huang: Certainly. What would you like to see? Wool or acrylic shawls?

Mrs. Keats: Wool shawls.

Mr. Huang: Look at this one, madam, an embroidered wool shawl.

Mrs. Keats: Oh, so beautiful. I love the cranes, the traditional Chinese design.

Mr. Huang: Do you know what they symbolize?

Mrs. Keats: Yes, cranes represent longevity in China.

Mr. Huang: Right. You know a lot about Chinese culture.

Mrs. Keats: I want to buy a lot from your company. What's the name of your company? Would you please tell me something about your company?

Mr. Huang: Yes, of course. Named Peony Textile Co., Ltd., our company was founded in 1978. It specializes in designing and manufacturing scarves. We have developed into a medium-scale enterprise with two branches and three offices. Our main products include series of silk, wool, and cashmere scarves. With the use of high definition scanner, super Laser Jet Printer, and software such as Photoshop and 3d Max, we have improved on our product quality and style, and achieved a leading market position.

Mrs. Keats: Have your products been exported to other countries?

Mr. Huang: Yes. Our products have been exported to Japan, South Korea, Singapore and Britain.

Mrs. Keats: Is there a Licence on your products?

Mr. Huang: Yes, of course.

Mrs. Keats: I am very interested. But I can't make a decision immediately.

Mr. Huang: Let me give you my business card.

Mrs. Keats: Please do. I will contact you in a few days. Thank you so much for your time.

Mr. Huang: You're welcome.

【任务实施】

首先,Mr. Huang 的开场白非常好,既说明他细致地观察到顾客的兴趣,同时这句话也是对客户进入展台的邀请。第二句“Wool or acrylic shawls?”的提问方式非常好,给顾客两种选择,有意识地引导顾客进行选择,避免问一些封闭性问题。在顾客提到 crane 的象征意义时,适时地赞扬顾客,用了“You know a lot about Chinese culture.”在 Mrs. Keats 问到公司信息时,Mr. Huang 从公司历史到特色及经营理念作了详细介绍,对公司及产品了解得非常清楚。这是作为一名优秀的参展人员所必需的。

然而,在最后 Mrs. Keats 表示对公司产品很有兴趣,同时说明自己没有采购决策权,Mr. Huang 递交了自己的名片。但如果 Mr. Huang 在客户表示产品兴趣时,就用一些问题进行有意识的引导,了解客户的身份地位,获取客户的采购历史、采购期及对产品的要求,这会对下一步的营销工作更为有用。

通过展会寻找客户

能力实训

学生在模拟展销现场进行模拟商务沟通。具体安排和要求如下：

①以 3 ~5 人为一小组，组成两个小组，其中一组为参展商，另一组扮演采购商。

②运用操作指南和实训演练中掌握和领悟的技能进行现场商务沟通。

③模拟结束后，根据模拟商务沟通的结果签订国际商务合同。

德育园地

丝路电商　电子商务国际合作

商务部按照习近平主席提出的建设和平之路、繁荣之路、开放之路、创新之路和文明之路的要求，深入推进"一带一路"经贸合作，发展"丝路电商"，打造国际合作新平台。2016 年以来，中国已与多个国家签署电子商务合作备忘录，并建立双边电子商务合作机制，合作伙伴遍及五大洲，"丝路电商"已经成为经贸合作新渠道和新亮点。

目前，与中国建立电子商务合作的国家包括菲律宾、老挝、泰国、巴基斯坦、新加坡、白俄罗斯、塞内加尔、乌兹别克斯坦、瓦努阿图、萨摩亚、哥伦比亚、意大利、巴拿马、阿根廷、冰岛、卢旺达、阿联酋、科威特、俄罗斯、哈萨克斯坦、奥地利、匈牙利、爱沙尼亚、柬埔寨、澳大利亚、巴西、越南、新西兰和智利。

思考："一带一路"带给中国对外贸易哪些机遇、影响和启示？大学生应该如何践行"一带一路"？

项目二　出口贸易磋商

【工作情景】

外贸业务员姚石向加拿大 Leisure 公司发出建交函后，加拿大 Leisure 公司给姚石发出询盘函，然后姚石立即通知雪地靴供应商株洲红景制鞋厂销售部杨经理报价，姚石开始进行出口报价核算，撰写发盘函，Leisure 公司还盘，经过反复磋商，最后达成交易。

【任务布置】

1. 认识贸易磋商
2. 国际价格构成
3. 贸易磋商操作

【操作提示】

1. 贸易磋商的形式、内容和基本程序有哪些？
2. 掌握贸易磋商操作流程。

【课前学习任务】

任务一　认识贸易磋商

一、贸易磋商形式

贸易磋商有口头磋商、书面磋商和行为磋商 3 种形式。其中，以书面磋商形式最为常用。

二、贸易磋商内容

贸易磋商的内容就是合同条款中的内容，包括货物的品名、品质、数量、包装、价格、支付条件、交货条件、争议的预防和解决等内容。

三、贸易磋商基本程序

贸易磋商一般包括询盘、发盘、还盘和接受 4 个环节。其中，发盘和接受是每笔交易中必不可少的两个基本环节。

(一)询盘

询盘是指交易的一方向另一方探询购买或出售某商品的交易条件的行为。询盘在《中华人民共和国合同法》(以下简称《合同法》)中称为“要约邀请”,其内容可详可略,主要涉及品名、价格、规格、数量、包装、交货期以及索取商品目录本、价目表和样品等。

询盘按其询问的内容不同,可分为一般询盘(General Inquiry)和具体询盘(Specific Inquiry)。一般询盘是买主或卖主仅仅为了了解情况向卖主或买主索要或提供商品目录本、价目表、样品、做报价单用的形式发票等。具体询盘是买主或卖主有买卖的要求,就指定商品要求对方报价。

(二)发盘

发盘是指交易的一方向另一方提出购买或出售某种商品的各项具体的交易条件,并表示愿意按这些交易条件与对方达成交易、订立合同的行为。

发盘既是商业行为,又是法律行为,在《合同法》中称为要约。发盘可以是应对方的邀请询盘做出的答复,也可以是在没有邀请的情况下直接发出。发盘多由卖方发出,也可以由买方发出,由买方发出的发盘称为递盘(Bid)。

(三)还盘

贸易谈判中,当受盘人不同意或不完全同意发盘人在发盘中提出的条件时,对发盘提出的修改性意见,称为还盘。法律上,还盘被称为反要约。

(四)接受

接受是指接受人接到对方的发盘或还盘后,无条件地、完全同意发盘人提出的全部交易条件,并同意按条件订立合同的一种表示。接受同发盘一样,既属商业行为,也属法律行为,在法律上称为承诺。接受产生的重要法律后果是交易达成、合同成立。

任务二　国际价格构成

出口业务中使用的价格包括货币名称、单价金额、计量单位、贸易术语 4 项必需内容,如“USD10.10 per doz. CIFC3 Vancouver”。

在我国出口业务中,最常用的贸易术语是 FOB,CFR 和 CIF。这 3 种贸易术语的价格的计算公式如下:

FOB 价=出口成本+国内费用+佣金+利润

　　　=采购成本-出口退税+国内费用+佣金+利润

CFR 价=出口成本+国内费用+国外运费+佣金+利润

=采购成本-出口退税+国内费用+国外运费+佣金+利润

CIF 价=出口成本+国内费用+国外运费+保险费+佣金+利润

=采购成本-退税+国内费用+国外运费+保险费+佣金+利润

国际价格基本构成如图 2-1 所示。

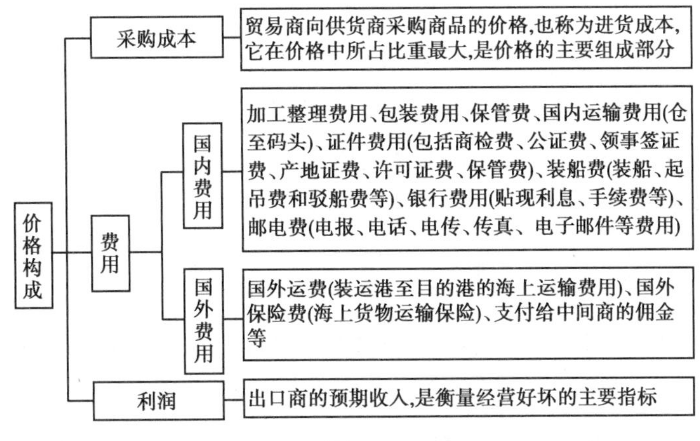

图 2-1

任务三　贸易磋商操作

【课上操作任务】

一、寻找国外客户

姚石 2023 年 3 月 1 日从阿里巴巴国际站(RFQ)市场上了解到加拿大 Leisure 公司对本公司的欢乐牌(Huanle Brand)雪地靴(Pac Boots)有潜在的需求,觉得可以跟该公司建立业务关系。

加拿大 Leisure 公司的全称及详细地址如下:

Leisure International Trading Corporation

237 Johnson Rd. 39210

Vancouver B. C. ,Canada

Tel:01-11-4533212　　Fax:01-11-4533211

二、撰写建交函

姚石将加拿大 Leisure 公司的情况汇报给了刘经理。刘经理让姚石给 Leisure 公司发一封建立业务关系的电子邮件,并且随附产品目录,以下是姚石给 Leisure 公司写的建交函:

湖南华兴进出口有限公司

中国长沙五一路 58 号

Hunan Huaxing Imp. & Exp. Co. Ltd.

58, Wuyi Road, Changsha, China

TEL:0086-731-62485800　FAX:0086-731-62485801

Leisure International Trading Corporation

237 Johnson Rd. 39210, Vancouver B. C. ,Canada

TEL:01-11-4533212　　FAX: 01-11-4533211

DATE: Mar. 2nd,2022

Dear Sirs,

We have learned your firm through Internet, and take the liberty of introducing our firm to you as an exporter specializing in various kinds of shoes and caps.

For over 7 years, we have been engaged in this line, especially Snow Boots. We have a number of regular customers in U. S. market, to which we have been supplying considerable quantities of Snow Boots every year. So, to certain extend we can take pride in our knowledge of the requirements and tastes of your market.

We are glad to find through our market research that our Huanle Brand Snow Boots are receiving warm welcome in North American countries. So we are very confident in meeting the requirements and tastes of your market based on our previous knowledge and accumulation of this field.

As to any information on our financial standing, please refer to Bank of China, Hunan Branch. As the items fall within the scope of our business activities, we shall be pleased to enter into direct business relations with you.

Yours truly,

Yao Shi

三、询盘

姚石向 Leisure 公司发出了建立业务关系函不久,便收到了 Leisure 公司的询盘函,询盘函内容如下:

To: HUNAN HUAXING IMP. & EXP. CO. ,LTD.

DATE: Mar. 7th,2022

Dear Sirs,

Thank you for your letter together with your catalogue. We are interested in your Huanle Brand Pac Boots, Art. No. SH226.

We would like to place a trial order for above items for one 40' container, and please quote us your rock bottom price on the basis of CIFC3 Vancouver, Canada with other details.

Your prompt reply is awaited with much appreciation.

Yours Sincerely,

Gerald Meier

四、出口报价核算

姚石立即通知雪地靴供应商株洲红景制鞋厂报价。次日收到其报价如下:雪地靴,最低起订量 3 000 双,90 元/双(含税价),增值税率 17%,每双装 1 个纸盒,每 6 盒装一个标准出口纸箱,纸箱尺寸为 60 厘米×45 厘米×40 厘米,每箱毛重为 12 千克,净重 10 千克,3 000 双装 1×40'FCL,月生产能力 5 000 双,交货时全额付款,工厂交货。

经查询,该靴子的 HS 编码 6403120090,监管代码 B,出口退税率 11%。若 3 月 9 日的美元牌价按 1 美元=6.800～6.828 元(人民币)计,出口包装费每双 3 元,国内运杂费共计 12 000 元,出口商检费 350 元,报关费 150 元,港区港杂费 900 元,其他各种费用共计 1 500 元。公司向银行贷款的年利率为 8%,预定垫款两个月,银行手续费率为 0.5%(按成交价计),一个 40 英尺集装箱的包箱费率是 3 800 美元。

客户要求按成交价的 110% 投保,保险费率为 0.85%,并包括 3% 的佣金。公司的预期利润为成交额的 10%,姚石核算每双雪地靴的 FOBC3,CFRC3,CIFC3 出口报价。计算过程中的数值保留到小数点后 3 位,最后保留到小数点后 2 位。

(一)核算成本

退税金额:采购成本÷(1+增值税率)×退税率

实际成本:采购成本-退税金额=90-90÷(1+17%)×11%=81.538(元/双)

(二)核算费用

①国内费用:包装费+(运杂费+商检费+报关费+港区港杂费+其他费用)+(采购总价×贷款利率÷12)×贷款月数=3×3 000+(12 000+350+150+900+1 500)+(90×3 000×8%÷12)×2=27 500(元)。

单位货物的国内费用=27 500÷3 000=9.167(元/双)(注:贷款利息通常以采购成本为基础)。

②银行手续费=报价×0.5%(元/双)。

③客户佣金=报价×3%(元/双)。

④国外运费=3 800÷3 000×6.8=8.613(元/双)。

⑤出口保险费=CIFC3 报价×110%×0.85%(元/双)。

(三)核算利润

利润=报价×10%(元/双)

（四）3 种贸易术语报价核算

1. FOBC3 报价的核算

FOBC3 报价＝实际成本+国内费用+客户佣金+银行手续费+预期利润

＝81.538+9.167+FOBC3 报价×3%+FOBC3 报价×0.5%+FOBC3 报价×10%

＝90.705+FOBC3 报价×(3%+0.5%+10%)

＝90.705+FOBC3 报价×13.5%

等式两边移项得：

FOBC3 报价-FOBC3 报价×13.5%＝90.705

FOBC3 报价＝90.705÷(1-13.5%)＝104.86(元)

折成美元：

FOBC3＝104.86÷6.80＝15.42(美元/双)

2. CFRC3 报价的核算

CFRC3 报价＝实际成本+国内费用+国外运费+客户佣金+银行手续费+预期利润

＝81.538+9.167+8.613+CFRC3报价×3%+CFRC3报价×0.5%+CFRC3报价×10%

＝99.318+CFRC3 报价×(3%+0.5%+10%)

＝99.318+CFRC3 报价×13.5%

等式两边移项得：

CFRC3 报价-CFRC3 报价×13.5%＝99.318

CFRC3 报价＝99.318÷(1-13.5%)＝114.82(元)

折成美元：

CFRC3＝114.82÷6.80＝16.89(美元/双)

3. CIFC3 报价的核算

CIFC3 报价＝实际成本+国内费用+国外运费+客户佣金+银行手续费+出口保险费+预期利润

＝81.538+9.167+8.613+CIFC3 报价×3%+CIFC3 报价×0.5%+CIFC3 报价×110%×0.85%+CIFC3 报价×10%

＝99.318+CIFC3 报价×(3%+0.5%+110%×0.85%+10%)

＝99.318+CIFC3 报价×14.435%

等式两边移项得：

CIFC3 报价-CIFC3 报价×14.435%＝99.318(元)

CIFC3 报价＝99.318÷(1-14.435%)＝116.07(元)

折成美元：

CIFC3＝116.07÷6.80＝17.07(美元/双)

4. 3 种价格对外报价

A. USD15.42/pair FOBC3 Guangzhou

B. USD16.90/pair CFRC3 Vancouver

C. USD17. 07/pair CIFC3 Vancouver

出口报价核算

五、发盘

姚石完成出口报价核算并经刘经理审核同意后,开始撰写发盘函。

Dear Sirs,

We have received your fax, inquiring for our Huanle Brand Pac Boots. We are pleased to make you an offer for 3,000 pairs as follows.

Name of commodity: Huanle Brand Pac Boots.

Unit price: USD17. 07/pair CIFC3 Vancouver.

Payment: by an Irrevocable Letter of Credit at sight.

Packing: to be packed in cartons of each 6 pairs, and then to a 40' FCL container.

Shipment: to be effected during MAY 2022 on the condition that the relevant L/C arrives before Apr. 25th,2022.

This offer remains valid within 3 days.

Yours Truly,

Yao Shi

六、还盘

加拿大 Leisure 公司收到姚石的发盘函后,觉得价格偏高,于是还盘,还盘函如下。

To: Hunan Huaxing Imp. & Exp. Co. , Ltd. Date: March 13th,2022

Dear Sirs,

Thank you very much for your offer. However, we find that your price is higher than what we have been paying for similar merchandise from other sources. To accept your quotation would leave us with little margin of profit on sales. We regret that we can not place an order at these prices.

We like the design of your products and appreciate the opportunity to do business with you. May we suggest you to update your quotation, say USD15. 67/pair CIFC3 Vancouver for Art. No. SH226, we might come to business.

For your information, the similar Pac boots made in China Taiwan is sold only around USD12. 92/pair CIFC3 Vancouver.

Please take this matter into serious consideration and give us your favorable reply on priority.

Best Regards,

Gerald Meier

七、出口还价核算

姚石按客户提出的价格进行出口还价核算(计算中请保留 3 位小数,计算结果保留两位小数)。

①客户还盘 CIFC3 的价格为每双 15.67 美元,姚石计算公司的总利润额和利润率分别为多少?

②按客户还盘,同时保持 5% 的利润率,则国内采购价格应为每双雪地靴多少元人民币?

③经协商,厂商同意将供货价格降为 86 元,请按 8% 的利润率重新报价。

1. 设:每双雪地靴的利润为 X

CIFC3 报价=实际成本+国内费用+国外运费+客户佣金+银行手续费+出口保险费+预期利润

①CIFC3 报价=15.67×6.8=106.556 (元/双)。

②核算成本。

退税金额:采购成本÷(1+增值税率)×退税率

实际成本:采购成本-退税金额=90-90÷(1+17%)×11% =81.538(元/双)

③核算费用。

国内费用:包装费+(运杂费+商检费+报关费+港区港杂费+其他费用)+(采购总价×贷款利率÷12)×贷款月数=3×3 000+(12 000+350+150+900+1 500)+(3×3 000×8% ÷12)× 2=27 500(元)

国内费用=27 500÷3 000=9.167(元/双)(注:贷款利息通常以采购成本为基础)

国外运费=3 800÷3 000×6.8=8.613(元/双)

客户佣金=报价×3% =15.67×3% =0.470(美元/双)

银行手续费=报价×0.5% =15.67×0.5% =0.078(美元/双)

出口保险费=报价×110% ×0.85% =15.67×110% ×0.85% =0.147(美元/双)

把①至③式代入 CIFC3 报价=实际成本+国内费用+国外运费+客户佣金+银行手续费+出口保险费+预期利润

得:

106.556=81.538+9.167+8.613+(0.470+0.078+0.147)×6.8+X

X=2.512(元/双)

利润率=(2.512÷CIFC3)×100% =(2.512÷106.556)×100% =2.36%

2. 设:国内供货价为 Y

CIFC3 报价=实际成本+国内费用+国外运费+客户佣金+银行手续费+出口保险费+预期利润

①CIFC3 报价=15.67 ×6.8=106.556 (元/双)。

②核算成本。

退税金额:采购成本÷(1+增值税率)×退税率

实际成本:采购成本-退税金额=Y-Y÷(1+17%)×11%

③核算费用。

国内费用:包装费+(运杂费+商检费+报关费+港区港杂费+其他费用)÷货物数量+(采购总价×贷款利率÷12)×贷款月数=3+(12 000+350+150+900+1 500)÷3 000+(Y×8%)÷12×2=7.967+0.013Y(元)(注:贷款利息通常以采购成本为基础)

国外运费=3 800÷3 000×6.8=8.613(元/双)

客户佣金=报价×3%=15.67×3%=0.470(美元/双)

银行手续费=报价×0.5%=15.67×0.5%=0.078(美元/双)

出口保险费=报价×110%×0.85%=15.67×110%×0.85%=0.147(美元/双)

④出口利润=报价×5%=15.67×5%×6.8=5.328(元/双)。

把①至④式代入 CIFC3 报价=实际成本+国内费用+国外运费+客户佣金+银行手续费+出口保险费+预期利润

得:

106.556=Y−Y÷(1+17%)×11%+7.967+0.013Y+8.613+(0.470+0.078+0.147)×6.8+5.328

Y=86.97 (元/双)

3.求:CIFC3 报价

CIFC3 报价=实际成本+国内费用+国外运费+客户佣金+银行手续费+出口保险费+预期利润

①核算成本。

实际成本:采购成本−退税金额=86−86÷(1+17%)×11%=86−8.085=77.915(元/双)

②核算费用。

国内费用:包装费+(运杂费+商检费+报关费+港区港杂费+其他费用)+(采购总价×贷款利率÷12)×贷款月数=3×3 000+(12 000+350+150+900+1 500)+(258 000×8%÷12)×2=27 340(元)

国内费用=27 340÷3 000=9.113(元/双)

国外运费=3 800÷3 000×6.8=8.613(元/双)

客户佣金=CIFC3 报价×3%

银行手续费=CIFC3 报价×0.5%

出口保险费=CIFC3 报价×110%×0.85%

③预期利润。

预期利润=CIFC3 报价×8%

把①至③式代入 CIFC3 报价=实际成本+国内费用+国外运费+客户佣金+银行手续费+出口保险费+预期利润

得:

CIFC3 报价=77.915+9.113+8.613+CIFC3 报价×3%+CIFC3 报价×0.5%+CIFC3 报价×110%×0.85%+CIFC3 报价×8%

CIFC3 报价=109.179 (元/双)

CIFC3 报价 = 109.179÷6.8 = 16.06（美元/双）

八、再还盘

姚石在 Leisure 公司 3 月 13 日还盘函的基础上，撰写了一封反还盘函，指出我方的产品质量好，款式很吸引人，原报价是十分合理的；并告知与其他厂商相比，我方所用的材料质量是最好的；我方不愿在牺牲质量的前提下低价销售。但考虑到希望与其建立持久业务关系，我方可以在原报价的基础上做一些让步，报价为 CIFC3 16.07 美元/双。与此同时，提醒对方因为近期订单较多，为保证及时装运，建议尽快接受报价并下订单。信函日期：2022 年 3 月 22 日。

To: Leisure Company　　　　Date: March 22nd, 2022

Dear Sir/Madame,

Thank you for your letter dated March 13th, 2022. We would like to let you know that our quotation is reasonable because our products are good in quality and attractive in design. Compared with other manufacturers, the quality of our materials is the best. We are not willing to sacrifice the quality of our products and sell them at lower prices. However, considering that we hope to establish long-term business relationships with you, we would like to make some concessions and quote CIFC3 at USD16.07/pair Vancouver.

Because we are heavily committed, and will assure you of punctual shipping. Please place the order with us as soon as possible.

Yao Shi

九、出口成交核算

加拿大 Leisure 公司接受姚石 2022 年 3 月 22 日的信函（如下），姚石根据与国外客户最终达成的交易条件开始进行出口成交核算。做出详细的出口合同核算，其中包括购货总成本、总退税收入、实际采购成本、费用细目及总额（包括国内费用、海洋运费、保险费、佣金）、合同利润额及利润率。（注意：计算过程保留 3 位小数，最后结果保留两位小数。）

Leisure International Trading Corporation

237 Johnson Road, 39210 Vancouver B. C., Canada

Telephone: 01-11-4533212　　Fax: 01-11-4533211

DATE: Mar. 27th, 2022

To: Hunan Huaxing Imp. & Exp. Co., Ltd.

FAX: 0086-731-62485801

Dear Sir/Madame,

Thank you for your fax, and we are now pleased to place a trial order with you for Huanle Brand Pac boots Art. No. SH226 USD16.07 per pair CIFC3 Vancouver.

①Quantity: 3,000 pairs.

②Total Amount: USD48,210.00 (United States Dollars Forty Eight Thousand Two hundred and Ten only).

③Payment: By an Irrevocable Letter of Credit Payable by Draft at Sight.

④Packing: Each pair should be packed in a box, and six boxes to a carton, 3,000 pairs to a 1×40' FCL container.

⑤Shipment: During May 2022 from China to Vancouver.

⑥Insurance: Full invoice plus 10% more covering All Risks and War Risk as per Ocean Marine Cargo Clauses of PICC, dated 1/1/1981.

In view of the initial order with you, we request you to pay special attention to effecting shipment. If this trial order turns out to be successful, we shall be sending you substantial orders.

Yours Truly,

Gerald Meier

出口成交核算:

①成交金额=16.07×3 000×6.8=327 828.00(元)。

②购货总成本=86×3 000=258 000.00(元)。

③退税总收入:(86×3 000)÷(1+17%)×11%=24 256.41(元)。

④实际成本=258 000.00-24 256.41=233 743.59(元)。

⑤业务费用:包装费+(运杂费+商检费+报关费+港区港杂费+其他费用)+(采购总价×贷款利率÷12)×贷款月数=3×3 000+(12 000+350+150+900+1 500)+(258 000×8%÷12)×2=27 340(元)。

⑥国外运费:3 800×6.8=25 840(元)。

⑦出口保费:327 828×110%×0.85%=3 065.19(元)。

⑧客户佣金:327 828×3%=9 834.84(元)。

⑨银行手续费:327 828.00×0.5%=1 639.14(元)。

上缴利润=成交金额-实际成本-业务费用-国外运费-出口保费-客户佣金-银行手续费
=327 828-233 743.59-27 340-25 840-3 065.19-9 834.84-1 639.14
=26 365.24(元)

利润率=26 365.24÷327 828×100%=8.0%

此笔交易预计上缴利润总额为26 365.24元,成交利润率为8.0%。

知识链接

1.有关国际贸易术语的国际贸易惯例

(1)概述

目前,国际上通行的贸易术语惯例主要有3个体系:国际商会(ICC)制定的《国际贸易术语解释通则》(*International Rules for the Interpretation of Trade Terms*, INCOTERMS),国际法协会制定的《1932年华沙—牛津规则》(*Warsaw-Oxford Rules 1932*)和美国一些商业团体制定的《1941年美国对外贸易定义修订本》(*Revised American Foreign Trade Definition 1941*)。

其中,《国际贸易术语解释通则》是包括术语最多、适用范围最广和影响最大的一种。

(2)《国际贸易术语解释通则》中的贸易术语(表 2-1)

表 2-1

术语代码	风险划分界限	保险合同办理	适合运输方式	运输合同办理	出口清关责任、费用	进口清关责任、费用	交货性质	合同性质
EXW	出口国工厂所在地货交买方	买方	任何方式	买方	买方	买方	实际交货	启运合同
FCA	出口国指定地点货交承运人	买方	任何方式	买方	卖方	买方	实际交货	装运合同
FAS	出口国指定装运港货交船边	买方	水运	买方	卖方	买方	实际交货	装运合同
FOB	出口国指定装运港货装船上	买方	水运	买方	卖方	买方	实际交货	装运合同
CPT	出口国指定地点货交承运人	买方	任何方式	卖方	卖方	买方	象征性交货	装运合同
CIP	出口国指定地点货交承运人	卖方	任何方式	卖方	卖方	买方	象征性交货	装运合同
CFR	出口国指定地点装货船上	买方	水运	卖方	卖方	买方	象征性交货	装运合同
CIF	出口国指定装运港装货船上	卖方	水运	卖方	卖方	买方	象征性交货	装运合同
DAT	进口国运输终端货交买方	卖方	任何方式	卖方	卖方	买方	实际交货	到达合同
DAP	进口国指定地点货交买方	卖方	任何方式	卖方	卖方	买方	实际交货	到达合同
DDP	进口国指定地点货交买方	卖方	任何方式	卖方	卖方	卖方	实际交货	到达合同

2. 关于货物的计价货币

货物的计价货币是指合同中规定的用来计算价格的货币。这些货币可以是出口国或进口国的货币,也可以是第三国的货币,但必须是自由兑换货币。

国际上普遍实行浮动汇率的情况下,买卖双方都要承担一定汇率风险。出口贸易中,计价和结汇争取使用硬币(Hard Currency)(即币值稳定或具有一定上浮趋势的货币);进口贸易中,计价和付汇力争使用软币(Soft Currency)(即币值不够稳定且具有下浮趋势的货币)。

3. 佣金的运用

有关计算佣金公式如下：

$$含佣价=\frac{净价}{1-佣金率}$$

$$佣金=含佣价\times佣金率$$

4. 出口报价核算应注意的问题

①先求出集装箱的装箱数量。

②除了费用额相加的方法，还可以规定以进货成本为计费基础的定额费用率。

③银行费用、佣金、折扣、保险费的计费基础是成交价格。

④垫款利息按照进货成本计算。

⑤报价核算分为总价核算和单价核算两种方法。总价核算比较精确，但需要折算成单价后才能对外报价；单价核算可以直接求出报价，但计算过程需保留多位小数。

⑥计量单位和集装箱内装箱数量必须准确，它关系到运价和费用的多少。

⑦出口报价产生之后，用收入减去支出等于成本的原理来核算对外报价是否正确。

⑧对外磋商之前先进行报价核算，做到对买卖经营状况心中有数。因此，务必填好“出口商品价格核算单”，见表 2-2。

表 2-2

公司名称和地址			客户名称和地址		
商品名称	货号规格	成交数量	计量单位	购货价格	出口价格
合计					
包装件数	包装数量	毛重	净重	长×宽×高	尺码(CBM)
商品名称	货号规格	成交数量	计量单位	购货价格	出口价格
合计					
价格术语	装运港	目的港	国别	交货日期	付款方式
汇率	20 英尺包箱费率	保险费率	佣金率	退税率	定额费用率
	人民币	美元		人民币	美元
销售收入			直接费用		
购货成本			定额费用		
退税金额			利润额		
实际成本			利润率		
出口运费			换汇成本		
出口保险费			出口盈亏额		

5. 关于发盘的几个重要问题

(1)发盘应具备的条件

按《联合国国际货物销售合同公约》(以下简称《公约》)的解释,构成一项发盘应具备5个条件:①发盘必须是特定人发出的;②发盘必须是订立合同的意旨;③发盘的内容必须十分确定;④发盘必须明确表明发盘人受其约束;⑤发盘必须到达接受人才能生效。

(2)发盘的生效和撤回

按照《公约》第15条的解释,"发盘送达接受人时生效"。

《公约》规定:"一项发盘,如果撤回的通知在发盘到达接受人之前或同时到达接受人,即使是不可撤销的,也可以撤回。"但是,要求发盘人要以更快的通信方式使撤回的通知赶在发盘到达接受人之前到达接受人,或与之同时到达。

(3)发盘的撤销

发盘的撤销不同于撤回,它是指发盘送达接受人(即已生效后),发盘人再取消该发盘,解除其效力的行为。

《公约》第16条规定:①在未订立合同之前,如果撤销的通知于接受人发出接受通知之前送达接受人,发盘可以撤销。②但在下列情况下,发盘不得撤销:A. 发盘中写明了发盘的有效期或以其他方式表明发盘是不可撤销的;B. 接受人有理由信赖该发盘是不可撤销的,而且接受人已本着对该发盘的信赖行事,如寻找用户、组织货源等。

(4)发盘的失效

《公约》第17条规定:"一项发盘,即使是不可撤销的,于拒绝通知送达发盘人时终止。"另外,以下情况也可造成发盘的失效:

①接受人做出还盘。

②发盘人依法撤销发盘。

③发盘中规定的有效期届满。

④人力不可抗拒的意外事故造成发盘的失效,如政府禁令或限制措施。

⑤在发盘被接受前,当事人丧失行为能力、死亡或法人破产等。

6. 有关接受的几个重要问题

(1)构成接受的条件

构成一项有效的接受,必须具备以下条件:

①接受必须由特定的受盘人做出。

②接受的内容必须与发盘相符。

③必须在有效期内接受。

(2)接受的方式

《公约》第18条第一款规定:"接受人声明或做出其他行为表示同意一项发盘,即为接受,沉默或不行动本身不等于接受。"

(3)接受的生效和撤回

《公约》采纳的是到达生效的原则。

关于接受的撤回问题,由于《公约》采用的是到达生效原则,因而接受发出后在一定条件下是可以撤回的。《公约》第22条规定:“接受得到撤回,如果撤回的通知于原接受生效之前或同时送达发盘人。”这一规定说明,接受人发出了接受通知之后,如果反悔,他可以撤回其接受,但条件是,他须保证撤回的通知赶在接受到达发盘人之前传达到发盘人,或者两者同时到达。

知识拓展

1. 两国之间为何会发生贸易?

(1)亚当·斯密的绝对利益说。

只要参加贸易的两国有各自的绝对技术优势,就存在产品价格的差异,两国就应进行国际分工以充分发挥各自的绝对技术优势,然后进行贸易,这样两国就均可从贸易中获得利益。

(2)大卫·李嘉图的比较利益说。

只要参加贸易的两国有各自的相对技术优势,就存在产品价格的差异,两国就应进行国际分工以充分发挥各自的相对技术优势,然后进行贸易,这样两国均可从贸易中获得利益。

(3)赫克歇尔和俄林的(生产)要素禀赋说。

参加贸易的两国在技术水平相同的情况下,各国生产要素的相对丰裕程度是贸易产生的基础。在各国生产要素存量一定的情况下,一国将专门生产并出口生产要素丰裕型产品,进口生产要素稀缺型产品。

(4)结论。

①国际贸易的前提:国家有剩余产品。

②国际贸易的基础:比较利益。

③国际贸易的原因:技术水平不同,生产资源禀赋不同。

2. 参与国际贸易是不是对任何人都有好处?参与国际贸易的各方利益该如何平衡?

(1)国际贸易的利益分配问题。

参与国际贸易并不是对任何人都有好处。

(2)国际贸易的利益平衡问题。

参与国际贸易各方的利益只有靠一国政府平衡。一国政府靠国家政策来干预,它实施一系列对外贸易政策的根本目的就是维护本国的利益。

(3)对外贸易政策落实。

对外贸易政策具体是靠关税措施和非关税措施来落实的。

能力实训

1. 填空(成本精确到分,百分比精确到小数点后两位)

表2-3

品　名	购货成本/元	增值税/%	退税率/%	实际成本/元
篮球	80	17	9	

续表

品　名	购货成本/元	增值税/%	退税率/%	实际成本/元
健身器		17	8	109
手工具	180	17		171

2. 完成出口报价核算与发盘操作（出自外贸业务员考证真题）

（1）阅读以下业务背景资料

青岛利华有限公司（Qingdao Lihua Co., Ltd.）是一家流通性外贸企业。2022 年 9 月 3 日，该公司外贸业务员李雅收到来自阿联酋客户 Tim Co., Ltd. 的电子邮件，内容如下：

Date：Sep. 3rd，2022

Dear Miss Li，

Thank you for your letter on Aug 12th, 2022 and the latest catalogue.

We are impressed by your Door Handle Article No. DH5010 and would appreciate if you can send some detailed information about the best price of 9,000 pairs on FOB Chinese port, CFR Dubai, UAE, payment by D/P at sight.

Awaiting your early offer.

Yours faithfully，

Jan

李雅立即通知门把手的制造商山东淄博五金有限公司报价，次日收到其报价如下：锌合金（Zinc Alloy）门把手 9 000 副，人民币 58.5 元/副（含税价），增值税率为 17%。每副装 1 个泡沫纸袋（Foam Bag）（含配件），然后装入一个出口标准内盒，每 20 个内盒装一个标准出口纸箱，纸箱尺寸为 57 厘米×31 厘米×31 厘米，每箱毛重为 18.5 千克，净重为 17.5 千克，9 000 副装 1×20'FCL，交货时全额付款，工厂交货。

（2）回答相关问题

①若 2022 年 9 月 4 日的美元牌价按 1 美元=7.53～7.56 元（人民币）计，公司报价时要求美元按当天牌价的 99% 计算；出口退税率为 5%，退税款利息不计；国内运费为 1 800 元/20'FCL，其他所有国内费用为采购成本的 6%；由青岛至阿联酋迪拜的海运费为 1 800 美元/20'FCL；预期成本利润率为 10%（按采购成本计算）。请核算出口报价。（计算过程中，数值要保留到小数点后 3 位，最后保留到小数点后 2 位。）

②根据以上核算的出口报价和相关条件，用英文书写以下发盘函，要求在 2022 年 9 月 10 日复到有效。装运期为签订合同后 30 天内。

3. 出口还价操作

（1）阅读以下业务背景资料

2022 年 9 月 1 日，浙江安妮进出口有限公司外贸业务员叶聪华收到英国老客户 Ram Trading Co.,Ltd. 经理 Phillip Duncan 的电子邮件，该邮件要求对货号 V10033 的黄铜球阀报价并寄样。

当日，叶聪华请长期供应商浙江玉环福可阀门厂就该批黄铜球阀进行寄样和报价。9

月 3 日，叶聪华收到浙江玉环福可阀门厂黄铜球阀的样品、报价及相关信息如下：

1. 产品描述：黄铜球阀，货号 V10033，全通径，镀镍，BSP 螺纹。
2. 产品报价及装箱信息，见表 2-4。
其中托盘为木制托盘，托盘尺寸为 1.10 米×0.80 米×1.10 米。
3. 增值税率：17%。
4. 月生产能力：50 000 套/月。
5. 付款方式：交货后 1 周内付款。
6. 交货地点：工厂交货。

表 2-4

规格/英寸	含税价/(元·套$^{-1}$)	订购数量/套	每套重量/千克	数量/箱（套）	毛重/箱（千克）	净重/箱（千克）	箱/托盘	毛重/托盘（千克）	净重/托盘（千克）
1/2	7.35	17 280	0.15	160	25.00	24.00	27	685.00	675.00
1	15.75	9 600	0.35	60	22.00	21.00	40	890.00	880.00
1～1/2	33.6	3 840	0.75	24	19.00	18.00	40	770.00	760.00
合计		30 720							

当日，叶聪华给 Phillip Duncan 寄样并书写发盘函，支付方式为：30% 货款在合同签订后 15 天内电汇支付，70% 货款凭提单传真件电汇支付；交货期为收到预付款后 45 天内。具体报价见表 2-5。

表 2-5

Commodity	Size (inch)	Quantity (sets)	Unit Price (USD/set) CFR Southampton, U. K.
Forged Brass Ball Valves, Article No. V10033, Full Port, Nickel Plated, BSP Thread	1/2	17,280	1.16
	1	9,600	2.48
	1～1/2	3,840	5.31

9 月 9 日，叶聪华收到 Phillip Duncan 回复的电子邮件，具体内容如下：

发件人：duncan@ ram. com
收件人：conghuaye@ annie. com. cn
日　期：2022-09-09　00:51:29
主　题：Counter-offer on Forged Brass Ball Valves
附　件：Forged Brass Ball Valves. jpg

此框贴“阀门”图案
此框尺寸为 5.7 厘米×3.7 厘米

Dear Mr. Ye,

Thanks for your sample of Forged Brass Ball Valves and offer on Sep. 3rd, 2022. We find out that your offer is much higher than that of another Chinese exporter while the products are of the same types. Although we are satisfied with your sample, we cannot accept the price. We will place the firm order if the price can be reduced as follows.

Commodity	Size (inch)	Quantity (sets)	Unit Price (USD/set) CFR Southampton, U. K.
Forged Brass Ball Valves, Article No. V10033, Full Port, Nickel Plated, BSP Thread	1/2	17,280	1.06
	1	9,600	2.26
	1 ~ 1/2	3,840	4.82

Meanwhile, the payment should be changed to by D/A at 60 days after B/L date.
The other terms of your offer remain unchanged.
We are looking forward to receiving your early reply.

Best regards.
Phillip Duncan
Manager
Ram Trading Co., Ltd.
Add: 9 Civic Centre Road, Southampton, Hampshire SO14 7SJ, U. K.
Tel: 0044-23-80233399
Fax: 0044-23-80233396
E-mail: duncan@ ram. com

(2)回答相关问题

①请根据以上 Phillip Duncan 的回函分析其还价意图。

②2022 年 9 月 9 日的美元汇率按 1 美元 = 6.82 ~ 6.85 元(人民币)计;经查询,该黄铜球阀的 H.S. 编码为 8481801090,海关监管证件代码为 B,出口退税率为 14%;所有国内费用为采购成本的 5%;由中国上海港至英国南安普敦港的拼箱海上运费为 30 美元/立方米。

请根据国外客户还价和 10% 预期出口成本利润率(按采购成本计算)分别核算这 3 个规格黄铜球阀的预期采购成本。(计算过程中的数值保留到小数点后 3 位,最后结果保留到小数点后 2 位。)

③9 月 9 日,外贸业务员叶聪华通过磋商,浙江玉环福可阀门厂同意把这 3 个规格黄铜球阀价格分别降到 7.10 元/套,15.10 元/套和 32.00 元/套。经过核算,这 3 个规格黄铜球阀价格分别按 1.10 美元/套、2.40 美元/套和 5.10 美元/套还价。

请结合 9 月 9 日国外客户的回函和以下条件给 Phillip Duncan 书写还盘函。

①付款:20% 货款在合同签订后 15 天内电汇支付,80% 货款凭提单传真件电汇支付。

②交货:收到 20% 货款后 45 天内交货。

③有效期:2022 年 9 月 16 日前复到有效。

4. 根据下列(我方向瑞典某公司出口塑料制品的报价案例)完成一个外贸业务员贸易磋商方案设计

(1)阅读下列背景资料

我方向瑞典某公司出口塑料一批,情况如下:

商品:塑料制品(PLASTIC PRODUCTS)。

货号:BY200234;包装方式:10 打/箱;尺码:50 厘米×40 厘米×24 厘米;毛/净重:24/18 千克。

供货价:60 元/打;增值税:17%;退税率:9%;国内费用:包装费 5 元/箱。

每个 20 英尺集装箱费用如下:

仓储费 500 元,国内运杂费 800 元,商检费 150 元,报关费 50 元,港口费用 400 元,业务费用 1 200 元,其他费用 2 100 元。

保险:发票金额加成 10%,投保一切险 0.7% 和战争险 0.3%。

海洋运费:从上海到斯德哥尔摩港一个 20 英尺集装箱运费为 1 350 美元。

汇率:人民币对美元为 6 : 1,公司预期利润率 10%。

(2)业务员应完成的工作任务

①请根据上述条件,试报该产品的 CIFC5 价格。(起订量为一个 20 英尺集装箱)

②对方还盘 CIFC5 的价格为 9.5 美元,计算我方总利润额和利润率是多少。

③按对方还盘,同时保持 5% 的利润率,则国内供货价应为多少。

④经协调,厂商同意将供货价格降为 57 元,请按 CIFC5 8% 的利润率重报价。

(3)业务员已完成的工作任务

①设 CIFC5 = X

CIFC5 = (出口成本 + 国内费用) + 国外运费 + 国外保费 + 佣金 + 出口利润

出口成本 = 采购成本 − 出口退税额

$= 60 - 60 \div (1+17\%) \times 9\% = 55.384\ 6$(元/打)

20' FCL 装箱数量 = 25 ÷ (0.5×0.4×0.24) = 520(箱)　(即 5 200 打)

国内费用 = 5÷10+(500+800+50+150+400+1 200+2 100)÷5 200 = 1.5(元/打)

国外运费 = 1 350÷5 200 = 0.259 6(美元/打)

国外保费 = $X\ (1+10\%) \times (0.7\% + 0.3\%)$

佣金 = $5\% X$

出口利润 = $10\% X$

$X = (55.384\ 6+1.5) \div 6.7 + 0.259\ 6 + X(1+10\%) \times (0.7\% + 0.3\%) + 5\% X + 10\% X$

$X = 10.43$(美元)

②设出口利润 = X

CIFC5 = (出口成本 + 国内费用) + 国外运费 + 国外保费 + 佣金 + 出口利润

$9.5 = (55.384\ 6+1.5) \div 6.7 + 0.259\ 6 + 9.5 \times (1+10\%) \times (0.7\% + 0.3\%) + 5\% \times 9.5 + X$

$X = 0.17$(美元)

出口利润 = 0.17×6.7×5 200 = 5 945.22(元)

销售价格 $=9.5\times6.7\times5\,200=330\,980$（元）

出口利润 = 销售价格×利润率

利润率 $=5\,945.22\div330\,980\times100\%=1.80\%$

③设采购成本（供货价格）$=X$

CIFC5 =（出口成本+国内费用）+国外运费+国外保费+佣金+出口利润

出口成本 = 采购成本−出口退税额

$=X-X\div(1+17\%)\times9\%$

20'FCL 装箱数量 $=25\div(0.5\times0.4\times0.24)=520$（箱）　（即 5 200 打）

国内费用 $=5\div10+(500+800+50+150+400+1\,200+2\,100)\div5\,200=1.5$（元/打）

国外运费 $=1\,350\div5\,200=0.259\,6$（美元/打）

国外保费 $=9.5\times(1+10\%)\times(0.7\%+0.3\%)$

佣金 $=5\%\times9.5$

出口利润 $=5\%\times9.5$

$9.5=[X-X\div(1+17\%)\times9\%+1.5]\div6.7+0.259\,6+9.5\times(1+10\%)\times(0.7\%+0.3\%)+5\%\times9.5+5\%\times9.5$

$X=57.80$（元/打）

④设 CIFC5 $=X$

CIFC5 =（出口成本+国内费用）+国外运费+国外保费+佣金+出口利润

出口成本 = 采购成本−出口退税额

$=57-57\div(1+17\%)\times9\%$

20'FCL 装箱数量 $=25\div(0.5\times0.4\times0.24)=520$（箱）　（即 5 200 打）

国内费用 $=5\div10+(500+800+50+150+400+1\,200+2\,100)\div5\,200=1.5$（元/打）

国外运费 $=1\,350\div5\,200=0.259\,6$（美元/打）

国外保费 $=X(1+10\%)\times(0.7\%+0.3\%)$

佣金 $=5\%X$

出口利润 $=8\%X$

$X=[57-57\div(1+17\%)\times9\%+1.5]\div6.7+0.259\,6+X(1+10\%)\times(0.7\%+0.3\%)+5\%X+8\%X$

$X=9.7$（美元）

（4）根据上述工作任务撰写《外贸业务员贸易磋商方案设计》

设计方案主要内容要求如下：

①建立业务关系函。

②询盘函。

③报价和还价核算步骤。

④发盘函。

⑤接受函。

德育园地

讲好中国故事 推进经贸合作

德国阿吉斯装备制造集团生产的固废金属和建筑垃圾粉碎处理设备是欧盟中国城市发展委员会德国联络办公室成功引入中国市场的优秀资源。当德国阿吉斯公司的产品准备入驻中国市场时,忽遇新冠疫情暴发,致使德国阿吉斯公司内部举棋不定,联络办公室负责人当即奔赴德国企业,与其董事会成员进行沟通,介绍中国在抗疫上展现的大国之力,讲好中国故事,传递正能量,挽救投资信心。经过联络人的客观介绍,德国阿吉斯公司董事会成员达成共识,在执行原定中国市场的商业计划同时,还制订了一套针对中国客户的特殊优惠价格体系,以此作为疫情期间"中国加油"的具体举措。

思考:在世界经济受疫情冲击严重的情况下,中国经济为何能逆市上扬(制度自信、道路自信)?为什么联络办公室负责人能够挽救德国阿吉斯公司在中国的投资信心?

项目三　出口合同订立

【工作情景】

湖南华兴进出口有限公司收到加拿大 Leisure 公司 2022 年 3 月 27 日的接受函后，根据与国外客户最终达成的交易条件，核算出成交金额为 327 828.00 元，上缴利润总额为 26 365.24 元，成交利润率为 8.0%，结果基本满意，于是双方开始订立出口合同。

【任务布置】

1. 认识出口合同

2. 制作合同

【操作提示】

1. 出口公司给国外客户寄出成交签约函，感谢对方的订单，说明随寄售货确认书，催促迅速会签合同，并希望信用证在 4 月 25 日前开到。

2. 什么样的合同才是有效合同？

3. 在合同中应主要订立哪些内容？

【课前学习任务】

任务一　认识出口合同

一、合同的形式(Form of Contract)

根据我国相关法律，当事人订立合同可采用书面形式、口头形式或其他形式，这 3 种形式具有相同的法律效力。但是，有些国家的法律法规强调必须采用书面合同。因此，一般说来，签订一定格式的书面合同会有利于合同的履行。合同的主要形式如图 3-1 所示。

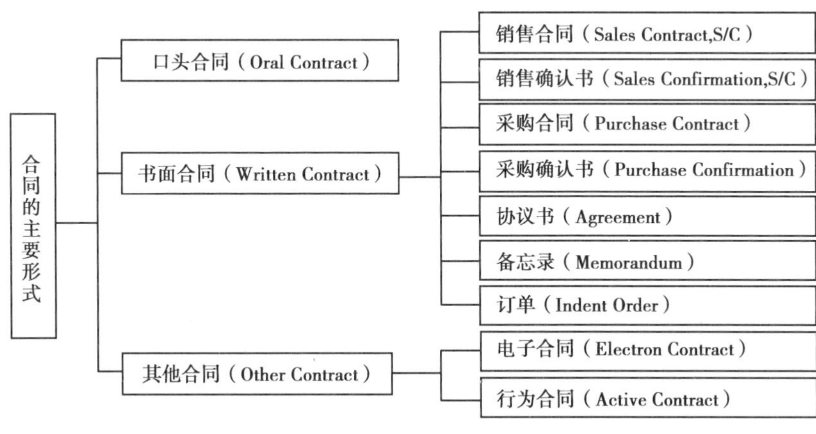

图 3-1

二、合同的基本格式

合同的基本格式如图 3-2 所示。

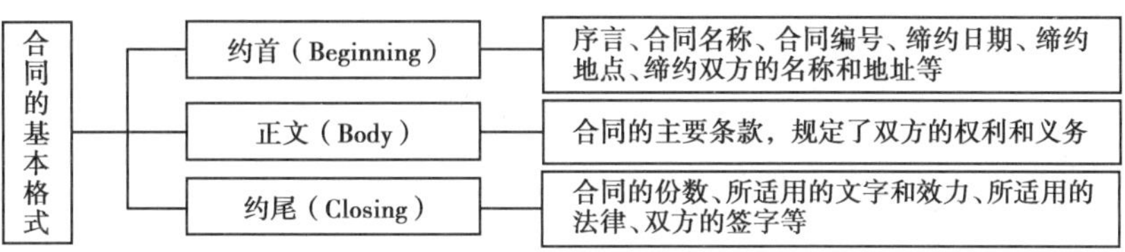

图 3-2

三、出口合同的主要内容

出口合同的主要内容如图 3-3 所示。

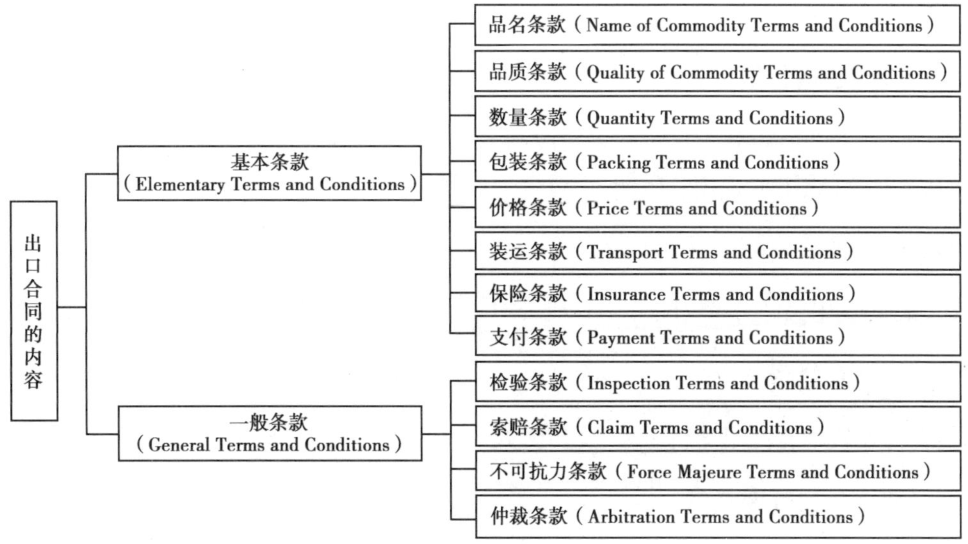

图 3-3

任务二　制作合同

一、拟订品名条款

买卖合同中的品名条款是在“品名”的标题下,列明缔约双方同意买卖货物的名称。

二、拟订品质条款

合同中应明确具体地规定货物的品质,如规格/等级、标准、商标/品牌名、产地名称等。凭样品买卖时,应列明样品的编号和提供的日期。凭标准买卖时,一般应列明所引用的标准和标准的版本、年份。

三、拟订数量条款

在数量条款中要订明成交货物的具体数量和计量单位。按质量成交的商品,还需订明计算质量的方法。有些大宗商品,如粮食、矿砂、化肥、食糖等,由于货物的性质难以准确地按约定数量交货,一般会对数量机动幅度条款/数量增减条款/溢短装条款(More or Less Clause)作出规定。

四、拟订包装条款

在包装条款中要订明包装材料、包装方式、包装件数、包装标志和包装费用等内容。

五、拟订价格条款

在价格条款中要订明商品的单价(Price on Unit)和总值(Total Amount)。

六、拟订装运条款

班轮运输的装运条款主要包括装运时间、装运港、目的港、是否允许分批与转船、装运通知。租船运输的装运条款还有滞期、速遣等项内容。

七、拟订保险条款

在保险条款中要订明保险投保人、保险公司、保险险别、保险费率和保险金额的约定等事项。

八、拟订支付条款

在支付条款中要订明支付工具、支付方式、支付时间和支付地点。

九、拟订争议处理条款

(一)拟订检验条款

在检验条款中主要应订明检验方式、检验内容、检验机构及检验费用的承担。

（二）拟订索赔条款

在索赔条款中主要应订明索赔的依据、索赔的期限、索赔的办法等。

（三）拟订不可抗力条款

它是一项免责条款，主要应订明不可抗力事件的规定、不可抗力事件的处理以及不可抗力事件的通知和证明。

（四）拟订仲裁条款

在仲裁条款中主要应订明仲裁地点、仲裁机构、仲裁程序规则、仲裁裁决的效力、仲裁费用的负担等。

【课上操作任务】

制作成交签约函。

在项目二中，国外客户 Leisure 公司给华兴公司发出接收函后，并附上了订单，姚石的助手外贸跟单员小刘审核订单（No. LES97100）完毕之后，认为该订单可以执行。于是，姚石根据来往的函电和订单开始缮制销售确认书（No. LX-LESSC10）。

湖南华兴进出口有限公司

Hunan Huaxing Imp. &Exp. Co. ,Ltd.

中国长沙五一路58号

58 Wuyi Road Changsha China

TEL:0086-731-62485800　　FAX:0086-731-62485801

DATE:April 1st,2022

Dear Sirs,

Thank you for your order No. LES97100, we are sending you the Sales Confirmation No. LX-LESSC10in duplicate. Please countersign them and return one copy for our record.

As the date of shipment is approaching, please kindly inform your bank to issue the relevant sight L/C in our favor. The L/C has to reach here before April 25th,2022, otherwise the shipment might be delayed.

Best regards.

Yours truly,

Yao Shi

SALES CONFIRMATION

S/C NO. :LX-LESSC10

Date:April 1st,2022

The Seller:Hunan Huaxing　　The Buyer:Leisure International

Imp. & Exp. Co. ,Ltd.
Address:58 Wuyi Road
Changsha China

Trading Corporation
Address:237 Johnson Rd. 39210
Vancouver B. C. , Canada

Marks & No.	Commodity & Specifications	Unit	Quantity	Unit Price (USD)	Amount (USD)
Leisure LES97100 Vancouver 1 ~ 500 CTNS	Huanle Brand Pac boots ART NO. SH226	pair	3,000	CIFC3 Vancouver	
				16.07	48,210.00
TOTAL CONTRACT VALUE:			Say United States Dollars Forty Eight Thousand Two Hundred and ten only.		

PACKING: Each pair to be packed in one box, six boxes one carton, and 3,000 boxes 1×40' FCL, total: 500 cartons

SHIPMENT: To be effected by the seller during May,2022 with transhipment and partial shipment allowed.

PORT OF LOADING & DESTINATION: From Guangzhou China to Vancouver Canada

PAYMENT: The Buyer should open an Irrevocable Sight Letter of Credit for full amount of the invoice through a bank acceptable to the seller. The L/C should reach the Seller before April 25th and valid for negotiation in Changsha until the 15th day after the date of shipment.

INSURANCE: To be covered by the seller for 110% of total invoice value against All Risks and War Risk as per the Ocean Marine Cargo Clauses of PICC Dated Jan. 1st,1981.

Confirmed by:

THE BUYER

THE SELLER
Hunan Huaxing Imp. & Exp. Co. ,Ltd.
Yao Shi

REMARKS:

1. The buyer shall establish the covering letter of credit which should reach the seller 30 days before shipment, failing which the seller shall have the right to rescind this contract without further notice, or to lodge a claim for losses thus sustained, if any.

2. In case of any discrepancy in quality/quantity, claim should be filed by the buyer within 30 days after the arrival of the goods at port of destination; while for quantity discrepancy, claim should be filed by the buyer within 15 days after the arrival of the goods at port of destination.

3. The seller shall not be responsible for failure or delay in delivery of the entire lot or a portion of the goods here due to natural disasters, war or other causes of force majeure, however, in such case the seller shall submit to the buyer a certificate issued by the China Council for the Promotion of International Trade attesting such event(s).

4. All disputes arising from the execution of, or relating to this contract, shall be settled through negotiation. In case no settlement can be reached through negotiation, the case shall then be submitted to the China international economic and trade arbitration commission for arbitration in accordance with arbitral rules. The arbitration shall take place in Changsha. The arbitration award is final and binding upon both parties.

5. The buyer is requested to sign and return one copy of this contract immediately after receipt of the same.

6. Special conditions: These shall prevail over all printed terms in case of any conflict.

知识链接

1. 合同审核

外销合同解读

对进出口合同进行审核十分重要，在实际业务中，业务员要制作“出口合同审核表”，见表 3-1，并通常将合同审核的工作任务交给跟单员来完成，审核的要点包括品名、规格、单价、数量、总金额、贸易术语、装运时间、装运港和目的港、包装、保险、付款、方式、码头及双方约定的其他条款等。

表 3-1

出口合同审核表							
出口方				进口方			
业务主管	货物名称	成交条件	装运港	目的港	集装箱量	运费率（%）	运费额（USD）
品名	成交数量	毛重/KG	净重/KG	长/CM	宽/CM	高/CM	
合计				总尺码			
货号	计量单位	包装件数	包装方式	单价/元	总额/元	单价(USD)	总额(USD)
	合计			货款支出		货款收入	
核算资料							
汇率	保险费率	加成比率	佣金率	包干费率	增值税率	退税率	定额费用率
合同核算			人民币/RMB		美元/USD		
收入：	销售收入						
	退税收入						
支出：	出口运费						
	出口保费						
	客户佣金						
	购货成本						
	国内费用						
利润：	利润额						
	利润率						

2. 商品品名命名的常用方法

商品命名的常用方法如图 3-4 所示。

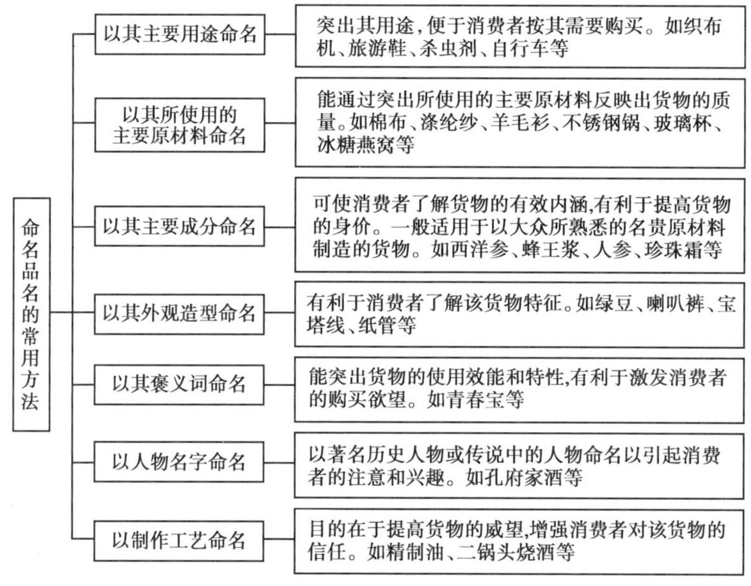

图 3-4

3. 关于订立商品品质条款的一些问题

规定商品品质的方法见表 3-2，应根据不同商品特点进行适当的选择。

表 3-2

表示方法	细　目	含　义
实物表示法	凭货物的实际品质表示法（Sale by Actual Quality）	买卖双方根据实际的货物情况，看货成交
	凭样品表示法（Sale by Sample）	凡以样品表示商品品质并以此作为交货依据的称为凭样品买卖（样品通常是指从一批商品中抽出来的或由生产、使用部门设计、加工出来的，足以反映和代表整批商品品质的少量实物）
说明表示法	凭规格表示法（Sale by Specification）	用具体指标表示商品品质的交易称为凭规格买卖。这种方法较科学、简单、方便，在国际贸易中广泛应用
	凭等级表示法（Sale by Grade）	用商品等级表示商品品质的交易称为凭等级买卖（商品的等级是指同类商品按其规格品质的不同分为不同等级）
	凭标准表示法（Sale by Standard）	用商品标准表示品质进行买卖的方式称为凭标准买卖，标准是以科学、技术和实践经验的综合成果为基础，经有关方面协商一致，由主管机构批准，以特定形式发布，作为共同遵守的准则和依据。如我国机电产品为了打入欧洲市场，采用 IEC（国际电工委员会）和 NEMA（美国全国电气制造商协会）的标准

续表

表示方法	细 目	含 义
说明表示法	凭说明书和图样表示法(Sale by Descriptions and Illustrations)	用说明书以及图样、照片、分析表和有关数据,来具体反映商品的性能、构造特点及其他品质情况的买卖方式
	凭品牌、商标或产地名称表示法(Sale by Brand, Trade Mark or Place of Origin)	用品牌、商标或产地名称表示商品品质的买卖方式

4. 关于订立商品数量条款的一些问题

货物计量单位类别及应用情况见表3-3。

表 3-3

计量单位	应用情形	常见单位
重量单位(Weight Units)	主要适用于羊毛、棉花、谷物、矿产品、盐、油类等天然矿产品;农副产品及矿砂、钢铁等部分工业制品	公吨(Metric Ton, MT),长吨(Long Ton, L/T),短吨(Short Ton, S/T),千克(Kilogram, KG),克(Gram, G),盎司(Ounce, OC),公担(Q),英担(BWT),美担(CWT)等
个数单位(Number Units)	主要适用于成衣、文具、纸张、玩具、车辆、拖拉机、活牲畜、机器零件等杂货类商品及一般制成品	只(PC),件(Piece, PCS),双(Pair, PR),套/台/架(Set, ST),打(Dozen, DZ),卷(Roll),令(Ream),罗(Gross, GR),袋(Bag, B)和包(Bale, B),部(Unit),箱(Case),张(Plate, PT),辆(Unit),头(Head),捆(Buddle, BDL),桶(Barrel, DR),听(Tin, Can)等
长度单位(Length Units)	主要适用于布匹、塑料布、电线、电缆、绳索、纺织品等	米(Meter, M),英尺(Foot, FT),厘米(CM),码(Yard, RD),英寸(Inch, IC)等
面积单位(Area Units)	主要适用于木材、玻璃、地毯、铁丝网、纺织品、塑料板、皮革等板型材料,皮质商品和塑料制品	平方米(Square Meter, SQM),平方英尺(Square Foot, SQFT),平方英寸(Square Inch, CUINCH),平方码(Square Yard, CURD)等
体积单位(Volume Units)	主要适用于化学气体、木材等	立方米(Cubic Meter, CUM),立方英尺(Cubic Foot, SQFT),立方英寸(Cubic Inch, CUINCH),立方码(Cubic Yard, CURD)等

续表

计量单位	应用情形	常见单位
容积单位(Capacity Units)	主要适用于小麦、玉米等谷物,以及汽油、天然瓦斯、化学气体、煤油、酒精、啤酒等流体、气体物品	蒲式耳(Bushel, BU),公升(liter, L),加仑(Gallon, GAL)等

5.关于订立货物包装条款的一些问题

货物的包装包括内包装和外包装,内包装又称为销售包装,外包装又称为运输包装。

1)关于销售包装的一些问题

销售包装的制作要刷制条形码(Product Code)。物品条形码表示一定的信息,它通过光电扫描阅读装置录入相应的计算机网络系统,即可判断出该种货物的生产国别、地区、生产厂家、品种规格及售价等。为适应国际市场需求和扩大出口,1991 年 4 月,我国正式加入国际物品编码协会,该协会分配给我国的国别号为 690,691 和 692(不包括港、澳、台地区)。凡标有 690,691 和 692 条码的商品即表示中国出口的货物,此外,我国的书籍代码是 978,杂志代码是 977。条形码标志主要用于商品的销售包装。它不仅能够促进和扩大商品在各国商场内的销售,而且使得货物的分类和输送更为迅速、准确,极大地方便了货物的储存和运输。总之,条形码是商品能够流通于国际市场的一种通用的国际语言和统一编号,是商品进入超市和大型百货商店的先决条件。

2)关于运输包装的一些问题

(1)纸箱包装与集装箱的配合

在设计制作纸箱的同时,可以根据货物的体积、形状来定制,要将集装箱的重量和容积考虑进来,以便合理计算内装件数,尽可能占用集装箱空间,减少运费损失。

(2)在实际业务中,经常使用的集装箱种类

①20 英尺集装箱,也称 20 英尺货柜,它是国际上计算集装箱的标准单位,英文为 Twenty-foot Equivalent Unit,简称“TEU”。规格为 8 英尺(约 2.4 米)×8 英尺(约 2.4 米)×20 英尺(约 6.1 米),内径尺寸:5.9 米×2.35 米×2.38 米,最大毛重为 20 吨,最大容积为 31 立方米,一般可装 17.5 吨或 25 立方米。

②40 英尺集装箱。规格为 8 英尺(约 2.4 米)×8 英尺(约 2.4 米)×40 英尺(约 12.2 米),内径尺寸:12.03 米×2.35 米×2.38 米,最大毛重为 30 吨,最大容积为 67 立方米,一般可装 25 吨或 55 立方米。一个 40 英尺(约 12.2 米)集装箱相当于 2 个 TEU。

小案例

某公司出口童车至加拿大多伦多,童车 4 辆装 1 纸箱,纸箱尺码为 75.5 厘米×44 厘米×30 厘米,请计算一个 20 英尺的集装箱可装多少辆童车。

(3)运输包装标志

①运输标志(Shipping Mark)。

运输标志俗称唛头,由一个简单的几何图形和字母、数字、简单文字组成。通常印刷在外包装明显的部位,也是唯一体现在装运单据上的包装标志。

为适应多式联运及电子计算机在运输、单证制作和流转方面的应用,国际标准化组织和

国际货物装卸协会推荐使用的标准运输标志由4部分构成:收货人名称缩写、参考号、目的地、件数代号。

运输标志中的参考号常用订单号、合同号、信用证号、发票号码等。目的地表明货物最终运抵地点,通常为港口。如需转运则标明转运的地点,例如:London Via Hongkong,这里指在中国香港转船。

②指示性标志(Indicative Mark)。

指示性标志是指针对易碎、易损、易变质的商品的性质,用醒目的图形和简单的文字提醒有关人员在装卸、搬运和储存时应注意的事项。例如:"小心轻放""易碎""防湿""防热""防冻""由此吊起""由此开启""重心点"等。文字最好使用中英文两种。

③警告性标志(Warning Mark)。

警告性标志又称危险品标志,是指对一些易燃品、爆炸品、有毒品、腐蚀性物品、放射性物品等危险品在其运输包装上清楚而明显刷制的标志,以示警告。

除上述包装标志外,在货物的包装上一般还需刷制侧唛,即每件货物的品名、货号、装箱数量及配比、毛重(Gross Weight)、净重(Net Weight)、包装容器的体积(Capacity)和货物的产地(Made in China)等标志。

(4)中性包装和定牌、无牌

采用中性包装和定牌、无牌,是国际贸易中常用的习惯做法。

中性包装是指在商品和内外包装上不注明生产国别和生产厂名,也不注明商标或牌号的包装。中性包装分两种:无牌中性包装和定牌中性包装。前者指既无生产地名和厂商名称,又无商标、牌号;后者指包装上仅有买方指定的商标或牌号,但无生产地名和出口厂商的名称。采用中性包装,是为了打破某些进口国家或地区的关税和非关税壁垒,以及适应交易的特殊需要(如转口贸易等)。它是出口国厂商加强对外竞争和扩大出口的一种手段,在外贸业务中可酌情采用。但在实际业务中必须注意避免触犯某些国家的法律或侵犯第三方工业产权的行为。

定牌是指卖方按买方要求在出售的商品或包装上使用买方指定的商标和牌号。其目的是利用买方的经营能力、商业信誉或名牌声誉,以提高售价和扩大销路。出口企业在接受客户定牌的同时,还要注意买方商标或品牌的合法性,防止侵犯他人工业产权。

无牌是指按买方要求,卖方在其出售的商品或包装上免除任何商标和牌号。其主要目的是避免浪费、节约广告费用、降低销售成本,以薄利多销。主要用于半制成品和低值易耗的日用消费品。

6.关于订立货物的装运条款的一些问题

(1)国际货物运输方式的主要种类(表3-4)

表3-4

种　类	细　目	次细目
海洋运输(Ocean Transport)	班轮运输(Liner Transport)	
	租船运输(Charter Transport)	定程租船(Voyage Charter)
		定期租船(Time Charter)
		光船租船(Bare Boat Charter)

续表

<table>
<tr><th>种　类</th><th>细　目</th><th>次细目</th></tr>
<tr><td rowspan="3">铁路运输(Railway Transport)</td><td>国际铁路联运</td><td></td></tr>
<tr><td rowspan="2">国内铁路运输</td><td>铁路转运</td></tr>
<tr><td>港澳铁路转运</td></tr>
<tr><td rowspan="4">航空运输(Air Transport)</td><td colspan="2">班机运输(Airline Transport)</td></tr>
<tr><td colspan="2">包机运输(Chartered Carrier Transport)</td></tr>
<tr><td colspan="2">集中托运(Consolidation)</td></tr>
<tr><td colspan="2">航空快递(Air Express Service)</td></tr>
<tr><td>公路运输(Road Transport)</td><td colspan="2"></td></tr>
<tr><td>内河运输(Inland Transport)</td><td colspan="2"></td></tr>
<tr><td>邮政运输(Parcel Transport)</td><td colspan="2"></td></tr>
<tr><td>管道运输(Piping Transport)</td><td colspan="2"></td></tr>
<tr><td>集装箱运输(Container Transport)</td><td colspan="2"></td></tr>
<tr><td>国际多式联运
(International Multimodal Transport)</td><td colspan="2"></td></tr>
<tr><td rowspan="6">大陆桥运输(Land Bridge Transport)</td><td>西伯利亚大陆桥</td><td></td></tr>
<tr><td rowspan="4">欧亚大陆桥</td><td>第一欧亚大陆桥</td></tr>
<tr><td>第二欧亚大陆桥</td></tr>
<tr><td>第三欧亚大陆桥</td></tr>
<tr><td>泛欧亚大陆桥</td></tr>
<tr><td>北美大陆桥</td><td></td></tr>
</table>

(2)国际货物运输常见货运单证种类(表3-5)

表 3-5

中文名称	英文名称	英文简称
国际货物托运委托书	Shipper's Letter of Instruction Booking Note	B/N
装货单	Shipper's Order	S/O
收货单	Mate's Receipt	M/R
集装箱设备交接单	Equipment Interchange Receipt	EIR
集装箱装箱单	Container Load Plan	CLP
集装箱场站收据	Dock Receipt	D/R
海运提单	Bill of Lading	B/L
海运单	Sea Way Bill	SWB
提货单	Delivery Order	D/O

续表

中文名称	英文名称	英文简称
载货清单	Cargo Manifest	M/F
装货清单	Loading List	L/L
国际多式联运提单	Combined Transport Bill of Lading	CT B/L
拼箱装货清单	Consolidated Cargo Manifest	CCM
承运货物收据	Cargo Receipt	C/R
航空总运单	Master Air Way Bill	MAWB
航空分运单	House Air Way Bill	HAWB
交付凭证	Proof of Delivery	POD
货物运费更改通知单	Cargo Charges Correction Advice	CCA

海运提单的主要种类如图 3-5 所示。

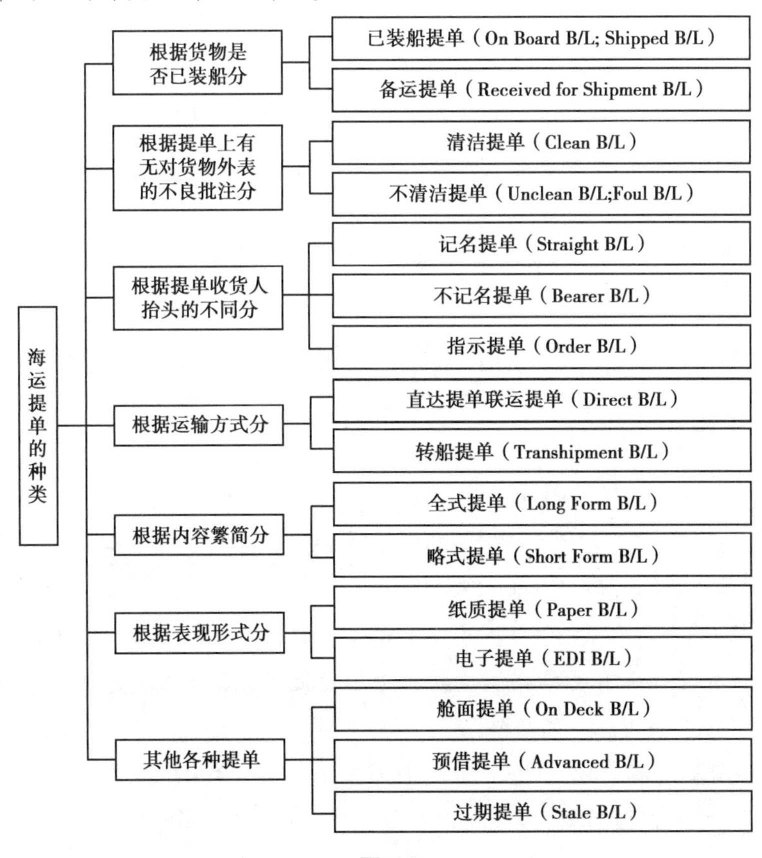

图 3-5

(3)海运(Ocean Transport)出口货物的运作程序

海运出口货物的运作程序根据贸易条件不同而有所差别。CIF 贸易条件下班轮装运程序是:订舱、办理保险、货物进港、报关、装船、发装船通知、支付运费。

(4)航空运输办理出口货物的程序

①出口单位向空运代理(以下简称“空代”)提供“空运货物出口委托书”和出口合同各一份。

②空代根据委托书向航空公司办理订舱手续,订妥后及时通知发货人备货和准备单证。

③出口单位备妥货物及所有出口单证后送交空代,以便办理报关手续。

④空代接货时,根据发票、装箱单,逐一清点、核对,查验有无残损。

⑤空代向航空公司交货时,应预先制作交接清单,一式两份。

⑥空代将报关单证交海关后,如未发现问题,便在“航空运单”正本、“出口收汇核销单”和“出口报关单”上加盖放行章。

⑦出口单位凭空代签发的“分运单”向银行办理结汇。如果出口单位向航空公司托运,就凭其签发的“主运单”办理结汇。

⑧货到目的地后,航空公司以书面或电话通知当地空代或收货人提货。

(5)国际铁路联运及国内铁路货物运输托运程序

①国际铁路联运托运程序。

A. 出口单位或货代向铁路车站填报铁路运单,一式五联。第三联为“运单副本”,由始发站盖章后交发货人供办理货款结算和索赔用;第五联为“到达通知单”,随货物交收货人。

B. 始发站审核运单合格后签署货物进站日期或装车日期,表示接受托运。

C. 发货人按照规定日期将货运往车站或指定的货位。

D. 车站核对单货无误,装车后由始发站在运单上加盖承运日期戳,负责发运。火车装运完毕后加以施封,铅封内容有站名、封志号、年、月、日。

E. 对零担货、发货人无须事先安排要车计划,但须向始发站申请托运,车站受理后,发货人按指定日期将货运到车站,经检查、过磅后交铁路保管,车站在运单上加盖承运日期戳,负责发运。

②国内铁路货物运输托运程序。

A. 出口单位或货代(当地外运公司)向当地铁路部门办理托运后,均凭托运地外运公司签发的“承运货物收据”(Cargo Receipt)向银行办理结汇。

B. 出口单位或货代应委托外运公司为收货人办理接货、保管、租车过轨等中转手续。

C. 出口单位或货代将有关单证,如“供港货物委托书”、“出口许可证”(如需要)、“报关单”、“商检证”、“商业发票”、“装箱单”或“重量单”等寄给外运公司,货物装车后24小时内发起运电报以便外运公司办理中转。如发生单证不全或有差错、电报不及时、发生货物破损、变质、被盗等,货车不能过轨,造成压车留站,需支付很多压车费用。

D. 凡具备过轨手续的货车,由外运公司报关,经海关审单无误后,即会同联检单位对过轨货车进行联检,没有问题则由海关、边检站共同在“出口货车组成单”上签字放行。

E. 放行后的货车由铁路运到境内最后一站区,然后验收并托运过境。过境后由承运人向海关报关,并在境内最后一站办理起票,承运后,即将过轨货车送到目的站,由承运人负责卸车并将货物分别交给收货人。

(6)集装箱运输(Container Transport)的机构、装箱/交接方式及其出口操作程序

①集装箱运输机构。

A. 集装箱堆场(Container Yard, CY)。

B. 集装箱货运站(Container Freight Station, CFS)。

②集装箱运输的装箱/交接方式。

A. 装箱方式。

a. 整箱货(Full Container Load, FCL):适用于货方的货量可以装满一个或数个整箱的情况。整箱货由货方在工厂或仓库自行装箱,也可由承运人代为装箱,装箱后加锁、铅封并打上印记,直接送往集装箱堆场(Container Yard, CY)等待装运,承运人也可在内陆转运站接箱。货到目的港(地)后收货人可直接从目的港(地)集装箱堆场提走。

b. 拼箱货(Less Than Container Load, LCL):拼箱货是指货量不足一整箱,由货方将货物运到集装箱货运站或内陆转运站(Container Freight Station, CFS),再由承运人或其代理人根据货物的性质和所到目的地进行分类整理,将不同发货人的货物拼装在一个集装箱内,货到目的港(地)后,由承运人拆箱后分拨给各收货人。

B. 交接方式(4 种 9 类)。

a. FCL—FCL(整箱交,整箱收),适用于 CY—CY(场到场),Door—Door(门到门),CY—Door(场到门),Door—CY(门到场)。

b. FCL—LCL(整箱交,拆箱收),适用于 CY—CFS(场到站),Door—CFS(门到站)。

c. LCL—FCL(拼箱交,整箱收),适用于 CFS—CY(站到场),CFS—Door(站到门)。

d. LCL—LCL(拼箱交,拆箱收),适用于 CFS—CFS(站到站)(很少使用)。

其中 CY—Door,Door—Door,CFS—Door 目的港至收货人仓库这段路运费很难掌握,故一般不接受。

③集装箱运输的出口操作程序。

A. 订舱(即订箱)。货代填制托运单,办理订箱手续。

B. 接受托运并出具手续。船方接受订舱后在托运单上加填船名、航次和编号(该编号与提单号一致),同时还应在装货单上加盖船公司或其代理的图章以示确认,然后将有关各联退还发货人,或供货代办理报关、装船和换取提单之用。

C. 发送空箱。整箱货所需空箱由船方运交,或由发货人领取;拼箱货所需空箱在货运站领取。

D. 整箱货的装箱与交货。发货人收到空箱后,应在装箱前(不晚于 24 小时)向海关报关,并在海关监督下装箱。装箱完毕后,由海关在箱门处施加铅封,堆场清点收货箱无误后,代表船方在场站收据上签字并将该收据退还来人,证明收到货物,并开始承担责任。

E. 拼箱货的装箱与交货。发货人可先报关,然后将货物递交货运站;也可委托货运站办理报关,则发货人应将报关"委托书"及报关所需单证连同货物一并交货运站。货运站收货

后再进行拼装。这时最好派人去现场监装,以防短装、漏装、错装。货运站清点收货或在拼装完毕后,代表船方在场站收据上签字并将该收据退交发货人,证明收到货物并开始承担责任。

F. 货物进港。发货人或货运站接到装船通知后于船舶开装前5天将重箱运进指定港区备货,通常在船舶吊装前24小时截止货箱进港。

G. 换取提单。场站收据是船方收货的凭证,也是发货人换取提单的唯一凭证。

H. 货箱装船。集装箱船在码头靠泊后,便由港口理货员按照积载计划装船。

I. 寄送资料。船公司或其代理应于船舶开航前2小时向船方提供"提单"副本、"订仓单"、"装箱单"、"积载图"、"特种集装箱单"、"危险货物说明书"、"冷藏集装箱清单"等随船资料,并于起航后(近海24小时内,远洋48小时内)以电告或邮寄方式向卸货港或中转港发出卸船的必要资料。

(7)国际多式联运(International Multimodal Transport 或 International Combined Transport)

①国际多式联运应具备的条件。

A. 多式联运经营人与托运人之间要签订一份多式联运合同,以明确双方的权利、义务、责任和豁免。

B. 必须通过两种或两种以上运输方式的连贯运输。

C. 必须使用一份包括全程的多式联运单据(Multimodal Transport Documents, MTD)(我国使用 C. T. B/L)。

D. 必须由一个多式联运经营人对全程运输负总的责任,并由多式联运经营人对全程负责。

E. 必须是国际间的货物运输。

F. 必须是全程统一运价,一次收取。其中包括全程各段运费的总和、经营管理费用和合理利润。

②国际多式联运经营人的性质。

国际多式联运经营人具备双重身份,对货主来说它是承运人,对实际承运人来说,它又是托运人。目前,我国有"外运""中远"等航运公司可经营多式联运业务。

③国际多式联运的货物托运和交接方式。

A. 货物托运。多式联运经营人根据托运人的委托安排运输路线,进行订舱(或订车)委载,办理接货、仓储、装箱,再将集装箱发往实际承运人指定的场站备运。起运后,由实际承运人向多式联运经营人签发提单或运单(提单上的发货人为多式联运经营人,收货人及通知方应为多式联运经营人的国外分支机构或其代理),同时由多式联运经营人向托运人签发多式联运提单(多式联运提单上的收货人和发货人是真正的、实际的收货人和发货人,通知方则是目的港或最终交货地址的收货人或该收货人的代理人)。根据托运人的要求,既可签发可转让的,也可签发不可转让的"多式联运提单"。如属前者,收货人一栏采用指示抬头;如属后者,收货人一栏列明收货人名称,并注明不可转让。托运人凭证办理结汇。

B. 交接方式。国际多式联运下的集装箱交接方式与一般集装箱运输相同,也是 4 类 9 种方式。

④多式联运单据(Multimodal Transport Documents, MTD)。

多式联运单据是证明多式联运合同以及证明多式联运经营人已收到指定货物并负责按合同条款运输货物到目的地的单据。它是货物所有权的凭证,可以凭单据提取货物,也可以凭单据进行转让、流通或抵押。

表面上看,它与海运提单中的联运提单有共同之处,但是从本质上看,两者仍有较大区别。其主要区别如下:

A. 适用的运输方式不同。两者所适用的运输方式虽然都是至少两种不同运输方式组成的联合运输,但是联运提单中适用于海运与其他不同的运输方式,尤其是以海运为第一运输所组成的联合运输,而多式联运单据所适用的多式联运是任何两种或两种以上不同运输方式组成的联合运输。

B. 签发运输单据人的身份不同。联运提单由第一程的承运人或其代理人签发,而多式联运单据由多式联运经营人或其代理人签发。

C. 签发运输单据人的责任范围不同。联运提单与多式联运单虽然都是包括全程运输的联合运输单据,但是签发海运提单的承运人仅对第一程运输负责,而签发多式联运单据的承运人要对全程运输负责。

⑤多式联运的优点及应注意的问题。

A. 优点:责任统一,手续简便;运输时间缩短,货运质量高,中途无须拆箱倒载;节省运杂费、利息支出(如,货物装上运输工具即可结汇,提前 7 ~ 10 天结汇,减少利息开支)。

B. 应注意的问题:所运货物应适合集装箱运输,装运港和目的港应有集装箱航线和装卸设备,装箱点和起运点应办理海关手续。

(8)大陆桥运输(Land Bridge Transport)

大陆桥的意思是在茫茫大海之中把一块大陆当作桥梁。大陆桥运输是指将横贯大陆上的铁路或公路运输系统作为中间桥梁,把大陆两端的海洋连接起来的运输方式。大陆桥运输一般是以集装箱为媒介,故又称国际铁路集装箱运输,也称大陆桥集装箱运输。

国际贸易货物使用大陆桥运输具有运费低廉、运输时间短、货损货差率小、手续简便等特点,大陆桥运输是一种经济、迅速、高效的现代化的运输方式。

大陆桥运输是集装箱运输开展以后的产物,始于 1967 年,发展到现在已形成西伯利亚大陆桥、欧亚大陆桥和北美大陆桥 3 条大陆桥运输路线。

小链接

跨境电商 B2B 平台中的知识应用

跨境电商 B2B 平台整合了各种运输方式的物流服务,要求我们能够运用所学的相关知识选择合适的运输方式。在平台上在线办理运输的过程中,也会运用到很多相关的知识,接触到所需的各类单据。另外,办理运输的同时,也要做好配套的运输保险。阿里巴巴国际站的国际货物运输服务包括海运、空运、陆运和国际快递等方式，由中国人民财产保险股份有限公司(PICC)提供保险服务。出口商可以在平台上在线查询船期、运价明细、费用总计等信息，并办理在线订舱、在线查询放舱信息等业务；提供在线查看空运运费、在线比价、在线下单等服务。

在海运方式下，卖方办理运输可以选择拼箱和整箱两种方式，在进行运价查询时，拼箱时输入的是货物的体积和重量；整箱时，则选择集装箱的规格和个数。运价查询显示的是堆场到堆场(CY/CY)服务条款，即承运人在装货港集装箱堆场接收整箱货物并负责运至卸货港集装箱堆场整箱交付收货人。价格对应指定港口航线/航次即时有效，随时变动，所见即所得。运价显示为普箱打包价格，包含基础海运费(BAS)/燃油附加费(SBF)和紧急风险附加费(ERS)，而不包括低硫费(LSS)、紧急风险附加费(ENS)、码头操作费(THC)及装港各项费用。如果卖方原因造成未能按时完成提空箱、装柜、报关、进港等操作导致无法装船而需改期出运的，均须向船公司支付50USD/F，改签订单或取消订单产生的退关、堆存、滞箱、运输单证更改等额外费用均由客户自行承担。

在“一带一路”倡议下，阿里巴巴国际站在陆运方面整合了“中欧班列”，将跨境电商的货物运往中亚和欧洲，并提供“门到门”服务。

7. 关于订立货物保险条款的一些问题

(1)海上货物运输保险的基本原则

①可保权益原则(Insurable Interest)。

可保权益原则是指投保人或被保险人与保险标的之间有利益关系。

②最高诚信原则(Utmost Good Faith)。

最高诚信原则是指当事人双方在签订保险合同时必须诚实、守信。

③补偿原则和代位追偿原则(Indemnity and Subrogation)。

补偿原则是指凡是在保险人承保责任范围内发生的损失，保险人应作赔偿，但赔偿金额不能超过保险金额或实际损失，且以两者中低的为限。

代位追偿原则是指保险人赔偿之后，有权取代被保险人的地位，获得被保险人向第三者进行追偿的权益，或获得货物的有关权益。

④权益转让原则(Interest Transfer)。

权益转让原则是指保险单是可以背书转让的，保险单的转让不需要保险人的同意，也不需要通知保险人。在CIF、CIP等贸易术语条件下，卖方(投保人)将提单、保险单等合格的单据交银行议付货款，即转让了保险单，保险事故发生后，买方即可凭该保险单向保险人索赔。

⑤近因原则(Proximate Cause)。

近因原则是指如果引起货物损失的最直接原因是承保责任范围内的，保险人要赔偿；若承保的风险不是造成损失的最直接原因，保险人不赔偿。

(2)《中国保险条款》(CIC)中所列海上货物保险常用条款及险别(1981 年 1 月 1 日修订本,见表 3-6)

表 3-6

<table>
<tr><td rowspan="3">基本险
(Basic Risk)</td><td colspan="2">平安险 FPA(Free from Particular Average)</td></tr>
<tr><td colspan="2">水渍险 WPA(With Particular Average)</td></tr>
<tr><td colspan="2">一切险(All Risks)</td></tr>
<tr><td rowspan="20">附加险
(Additional Risk)</td><td rowspan="11">一般附加险
(General Additional Risk)</td><td>偷窃、提货不着险(Theft, Pilferage & Non-delivery)</td></tr>
<tr><td>淡水雨淋险(Fresh Water & Rain Damage)</td></tr>
<tr><td>短量险(Risk of Shortage)</td></tr>
<tr><td>混杂、玷污险(Risk of Intermixture and Contamination)</td></tr>
<tr><td>渗漏险(Risk of Leakage)</td></tr>
<tr><td>碰损、破碎险(Risk of Clash and Breakage)</td></tr>
<tr><td>钩损险(Hook Damage)</td></tr>
<tr><td>受潮受热险(Damage Claused by Sweating and Heating)</td></tr>
<tr><td>包装破裂险(Breakage of Packing)</td></tr>
<tr><td>串味险(Risk of Odour)</td></tr>
<tr><td>锈损险(Risk of Rust)</td></tr>
<tr><td rowspan="6">特别附加险
(Special Additional Risk)</td><td>交货不到险(Failure to Delivery)</td></tr>
<tr><td>进口关税险(Import Duty Risk)</td></tr>
<tr><td>舱面险(On Deck Risk)</td></tr>
<tr><td>拒收险(Rejection Risk)</td></tr>
<tr><td>黄曲霉素险(Anatoxn Risk)</td></tr>
<tr><td>出口货物到中国香港(包括九龙在内)或中国澳门存仓火险责任扩展条款(Fire Risk Extension Clause for Storage of Cargo at Destination Hongkong, including Kowloon or Macao)</td></tr>
<tr><td rowspan="3">特殊附加险
(Particular Additional Risk)</td><td>战争险(War Risk)</td></tr>
<tr><td>罢工险(Strikes Risk)</td></tr>
<tr><td>战争险的附加费用险
(Additional Expense-war Risk)</td></tr>
</table>

CIC 中 3 种基本险别责任大小比较见表 3-7。

表 3-7

险　别	责任大小	责　任
平安险	最小	对自然灾害造成的全部损失和意外事故造成的全部和部分损失负赔偿责任,而对自然灾害造成的部分损失,一般不负赔偿责任
水渍险	居中	凡因自然灾害和意外事故造成的全部和部分损失,保险公司均负责赔偿
一切险	最大	除包括平安险、水渍险的责任范围外,还包括被保险货物在运输途中,由于一般外来原因造成的全部和部分损失,如货物被盗窃、钩损、碰损、受潮、发热、淡水雨淋、短量、包装破裂和提货不着等
一切险=平安险+水渍险+一般附加险		

CIC 海运货物的风险种类、内容、损失种类及险别对应见表 3-8。

表 3-8

<table>
<tr><th>风险种类</th><th>风险内容</th><th colspan="3">损失种类</th><th colspan="2">险别种类</th></tr>
<tr><td rowspan="3">海上风险</td><td rowspan="2">自然灾害:恶劣气候、雷电、洪水、流冰、地震、海啸、火山爆发等</td><td rowspan="3">海损</td><td rowspan="3">全部损失</td><td rowspan="2">实际全损</td><td rowspan="3">基本险别</td><td>平安险</td></tr>
<tr><td>水渍险</td></tr>
<tr><td>意外事故:船舶搁浅、触礁、沉没、碰撞、爆炸、火灾、失踪等</td><td>推定全损</td><td>一切险</td></tr>
<tr><td rowspan="2">外来风险</td><td>一般外来原因:偷窃、雨淋、串味、破损、锈损、渗漏、玷污、受潮、发霉、短量、包装破裂和钩损等</td><td rowspan="2">其他损失</td><td rowspan="2">部分损失</td><td>共同海损</td><td rowspan="2">附加险别</td><td>一般附加险</td></tr>
<tr><td>特殊外来原因:战争、交货不到、拒收、罢工、没收、黄曲霉素、存仓着火等</td><td>单独海损</td><td>特殊附加险</td></tr>
</table>

小链接

全部损失是指整批或不可分割的一批保险货物全部灭失或可视同全部灭失的损害。

整批或不可分割的一批保险货物全损,一般包括以下 4 种情况。

①一张保险单所承保的全部货物的损失是全损。

②一张保险单上的一类货物的全部损失是全损。

③在装卸过程中一整件货物的损失是全损。

④一张保险单上承保几张提单的货物,只要其中一张提单项下的货物全部损失,也是全损。

⑤当货物用驳船装载运往或运离海轮时,每一驳船货物的全部损失是全损。

(3)伦敦保险协会海运货物保险条款(Institute Cargo Clauses, ICC,见表 3-9)

表 3-9

责任范围	A	B	C
1. 火灾、爆炸	√	√	√
2. 船舶、驳船的触礁、搁浅、沉没、倾覆	√	√	√
3. 陆上运输工具的倾覆或出轨	√	√	√
4. 船舶、驳船或运输工具同除水以外的任何外界物体碰撞	√	√	√
5. 在避难港卸货	√	√	√
6. 地震、火山爆发或雷电	√	√	×
7. 共同海损牺牲	√	√	√
8. 抛货	√	√	√
9. 浪击落海	√	√	×
10. 海水、湖水或河水进入船舶、驳船、运输工具、集装箱大型海运箱或存货地	√	√	×
11. 货物在船舶或驳船装卸时落海或跌落,造成任何整件的全损	√	×	×
12. 由于被保险人以外的其他人(如船长、船员等)的故意违法行为所造成的损失或费用	√	×	×
13. 海盗行为	√	×	×
14. 下列"除外责任"范围外的一切风险	√	×	×
除外责任	A	B	C
1. 被保险人的故意违法行为所造成的损失和费用	×	×	×
2. 自然渗漏,重量和容量的自然损耗或自然磨损	×	×	×
3. 包装或准备不足或不当造成的损失或费用	×	×	×
4. 保险的货物内在缺陷或特性造成的损失或费用	×	×	×
5. 直接由于迟延引起的损失或费用	×	×	×
6. 由于船舶所有人、经理人、租船人或经营人破产或不履行债务所造成的损失和费用	×	×	×
7. 由于使用任何原子武器或核裂变等造成的损失和费用	×	×	×
8. 船舶不适航,船舶、装运工具、集装箱等不适货	×	×	×
9. 战争险	×	×	×
10. 罢工险	×	×	×

说明:"√"代表承保风险,"×"代表免责风险。

(4)我国陆运、空运及邮运货物保险的险别(表3-10)

表3-10

运输类别	风险与损失	险　别
陆上运输	车辆碰撞、倾覆和出轨,路基坍塌,桥梁折断和道路损坏,以及火灾和爆炸等意外事故所造成的风险与损失,雷电、洪水、地震、火山爆发、暴风雨以及霜雪冰雹等自然灾害,战争、罢工、偷窃、货物残损、短少、渗漏等外来原因所造成的风险与损失	陆运险(Overland Transportation Risks)
		陆运一切险(Overland Transportation All Risks)
航空运输	雷电、火灾、爆炸、飞机遭受碰撞、倾覆、坠落、失踪、战争、破坏以及被保险物由于飞机遇到恶劣气候或其他危难事故而被抛弃等	航空运输险(Air Transportation Risks)
		航空运输一切险(Air Transportation All Risks)
邮包运输	自然灾害、意外事故以及各种外来风险	邮包险(Parcel Post Risks)
		邮包一切险(Parcel Post All Risks)

(5)保险手续

①出口货物保险手续(按CIF条件成交)。

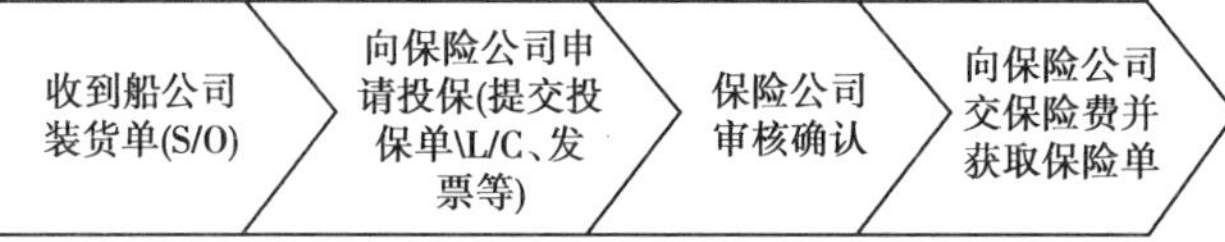

②进口货物保险手续(按FOB/CFR条件成交)。

A. 预约保险手续。

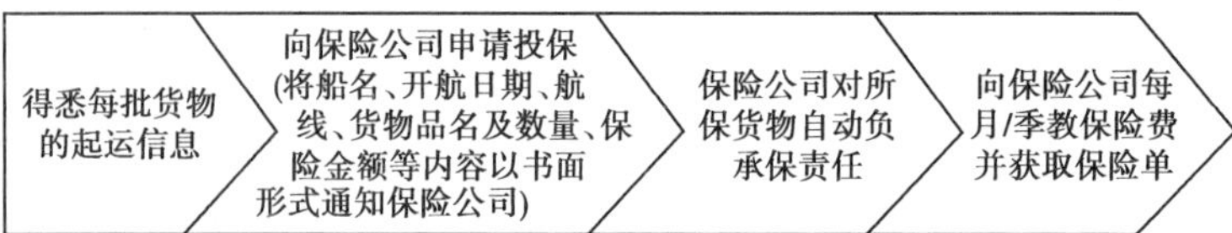

B. 逐笔保险手续。

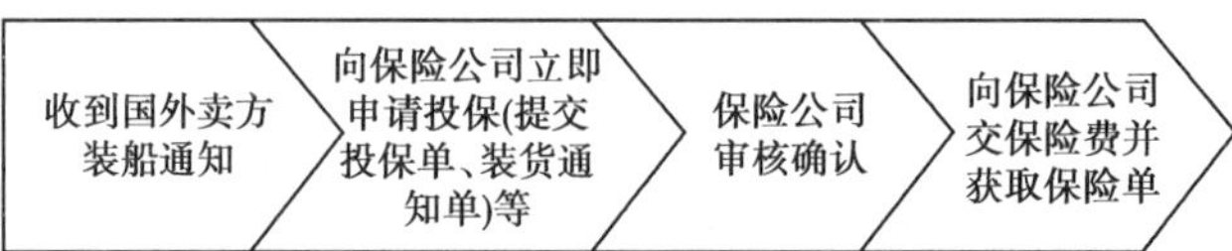

8. 关于订立货物的支付条款的一些问题

（1）国际货款的支付工具（表 3-11）

表 3-11

<table>
<tr><th>种　类</th><th>含　义</th><th colspan="2">细　目</th><th>含　义</th></tr>
<tr><td rowspan="9">汇票
（Bill of Exchange）</td><td rowspan="9">一个人向另一个人签发的，要求见票时或在将来的固定时间或可以确定的时间，对某人或其指定人或持票人支付一定金额的无条件的书面支付命令</td><td rowspan="2">按出票人不同分</td><td>银行汇票
（Banker's Draft）</td><td>出票人是银行，受票人也是银行的汇票</td></tr>
<tr><td>商业汇票
（Commercial Draft）</td><td>出票人是企业或个人，受票人可以是企业或个人，也可以是银行的汇票</td></tr>
<tr><td rowspan="2">按有无随附商业单据分</td><td>光票
（Clear Draft）</td><td>不附带商业单据的汇票。银行汇票多是光票</td></tr>
<tr><td>跟单汇票
（Documentary Draft）</td><td>附带商业单据的汇票。商业汇票一般为跟单汇票</td></tr>
<tr><td rowspan="2">按付款时间不同分</td><td>即期汇票
（Sight Draft）</td><td>在提示或见票时立即付款的汇票，简称现汇</td></tr>
<tr><td>远期汇票
（Time Draft）</td><td>在一定期限或特定日期付款的汇票，简称期汇。主要有：见票后若干天、出票后若干天付款、提单签发日后若干天付款和特定日期付款</td></tr>
<tr><td rowspan="2">按交付单据方式分</td><td>付款交单汇票
（Document against Payment）</td><td>付款人付清货款后才交付货运单据的汇票</td></tr>
<tr><td>承兑交单汇票
（Document against Acceptance）</td><td>付款人承兑汇票后即交付货运单据的汇票</td></tr>
<tr style="display:none"><td></td><td></td><td></td></tr>
<tr><td rowspan="4">本票
（Promissory Note）</td><td rowspan="4">一个人向另一个人签发的，保证于见票时或定期或在可以确定的将来时间，对某人或某指定人支付一定金额的无条件的书面承诺。简言之，本票是出票人对受款人承诺无条件支付一定金额的票据</td><td rowspan="2">按出票人不同分</td><td>商业本票
（Trader's Note）</td><td>由工商企业或个人签发的本票，有即期和远期之分</td></tr>
<tr><td>银行本票
（Banker's Note）</td><td>由银行签发的本票都是即期的。在国际贸易结算中使用的本票多是银行本票</td></tr>
<tr><td colspan="2">国际小额本票
（International Money Order）</td><td>多由设在美元清算中心的美国银行签发，以美元定值，用于跨国的中小额货币支付</td></tr>
<tr><td colspan="2">旅行本票（Traveller's Note）</td><td>发行人即是付款人的旅行支票</td></tr>
</table>

续表

<table>
<tr><th>种　类</th><th>含　义</th><th colspan="2">细　目</th><th>含　义</th></tr>
<tr><td rowspan="6">支票
(Cheque/Check)</td><td rowspan="6">存款人对银行的无条件支付一定金额的委托或命令,即以银行为付款人的即期汇票</td><td rowspan="2">按是否划线分</td><td>一般支票
(General Cheque)</td><td>也称公开支票、现金支票,该类支票上不带划线,其持票人可以凭其向银行提取现金,也可以委托银行收款入账</td></tr>
<tr><td>划线支票
(Crossed Cheque)</td><td>正面有两道平行横线的支票,这种支票的持票人只能凭其要求银行代收票款入账,划线支票还可以分一般划线和特殊划线</td></tr>
<tr><td rowspan="2">按收款人写法分</td><td>记名支票
(Cheque Payable to Order)</td><td>在收款人一栏写明具体的收款人姓名的支票。转让时需背书</td></tr>
<tr><td>不记名支票
(Cheque Payable to Bearer)</td><td>不记名支票也称空白支票或来人支票,即收款人一栏不写明具体的收款人姓名,只注明"仅付来人"的支票。转让时需背书</td></tr>
<tr><td rowspan="2">按是否有他人保付分</td><td>保付支票
(Confirmed Cheque)</td><td>由付款银行注明"保付"字样并签字的支票</td></tr>
<tr><td>不保付支票
(Unconfirmed Cheque)</td><td>付款银行不注明"保付"字样的支票</td></tr>
</table>

小链接

汇票的使用程序如下:

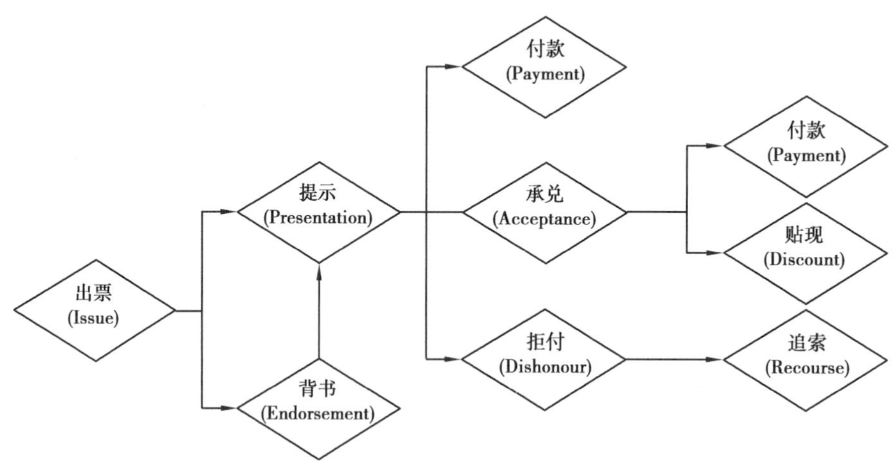

(2)国际货款支付方式

①国际货款支付主要方式见表 3-12。

表 3-12

<table>
<tr><th>种 类</th><th>定 义</th><th>当事人</th><th colspan="2">细 目</th></tr>
<tr><td rowspan="3">汇付
(Remittance)</td><td rowspan="3">又称汇款,指付款人主动通过银行或其他途径将款项交收款人。国际货款如果采用汇付,一般由买方按合同约定的条件(如收到单据或货物),将货款通过银行汇交卖方</td><td rowspan="3">通常有4个当事人:汇款人、收款人、汇出行和汇入行</td><td colspan="2">信汇
(Mail Transfer, M/T)</td></tr>
<tr><td colspan="2">电汇
(Telegraphic Transfer, T/T)</td></tr>
<tr><td colspan="2">票汇(Remittance by Banker's Demand Draft, D/D)</td></tr>
<tr><td rowspan="2">托收
(Collection)</td><td rowspan="2">债权人(出口人)出具汇票,委托银行向债务人(进口人)收取货款的一种支付方式。在国际贸易结算中所使用的托收方式一般都通过银行办理,所以它又叫银行托收</td><td rowspan="2">主要有委托人、托收银行、代收银行和付款人</td><td colspan="2">付款交单
(Documents against Payment, D/P)</td></tr>
<tr><td colspan="2">承兑交单
(Documents against Acceptance, D/A)</td></tr>
<tr><td rowspan="10">信用证
(Letter of Credit, L/C)</td><td rowspan="10">由银行(开证行)依照客户(申请人)的要求和指示或自己主动,在符合信用证的条款下,凭规定单据向第三者(受益人)或其指定方进行付款的书面说明。即信用证是一种银行开立的有条件的承诺付款的书面文件,是一种比较安全的货款收付方式。现在世界上许多国家都通过SWIFT开立或通知信用证</td><td rowspan="10">主要有开证申请人、开证银行、通知银行、受益人、议付银行、付款银行</td><td rowspan="2">按是否附有货运单据分</td><td>跟单信用证
(Documentary L/C)</td></tr>
<tr><td>光票信用证
(Clean L/C)</td></tr>
<tr><td rowspan="2">按其性质分</td><td>不可撤销信用证
(Irrevocable L/C)</td></tr>
<tr><td>可撤销信用证
(Revocable L/C)</td></tr>
<tr><td rowspan="2">按有无另一银行保证兑付分</td><td>保兑信用证
(Confirmed L/C)</td></tr>
<tr><td>不保兑信用证
(Unconfirmed L/C)</td></tr>
<tr><td rowspan="2">按付款时间的不同分</td><td>即期信用证
(Sight L/C)</td></tr>
<tr><td>远期信用证
(Time L/C)</td></tr>
<tr><td rowspan="2">按是否可转让分</td><td>可转让信用证
(Transferable Credit)</td></tr>
<tr><td>不可转让信用证
(Non-transferable Credit)</td></tr>
</table>

续表

<table>
<tr><th>种　类</th><th>定　义</th><th>当事人</th><th colspan="2">细　目</th></tr>
<tr><td rowspan="6">信用证
(Letter of Credit, L/C)</td><td rowspan="6">由银行(开证行)依照客户(申请人)的要求和指示或自己主动,在符合信用证的条款下,凭规定单据向第三者(受益人)或其指定方进行付款的书面说明。即信用证是一种银行开立的有条件的承诺付款的书面文件,是一种比较安全的货款收付方式。现在世界上许多国家都通过SWIFT开立或通知信用证</td><td rowspan="6">主要有开证申请人、开证银行、通知银行、受益人、议付银行、付款银行</td><td rowspan="2">按是否能循环分</td><td>循环信用证(Revolving Credit)</td></tr>
<tr><td>非循环信用证(Non-revolving Credit)</td></tr>
<tr><td colspan="2">对开信用证(Reciprocal Credit)</td></tr>
<tr><td colspan="2">对背信用证(Back to Back Credit)</td></tr>
<tr><td colspan="2">预支信用证(Anticipatory L/C)</td></tr>
<tr><td colspan="2">红条款信用证(Red Clause Credit)</td></tr>
<tr><td>备用信用证
(Standby Letter of Credit)</td><td colspan="4">是适用于跟单信用证统一惯例的一种特殊性质的信用证,它是开证行对受益人承担一项义务的凭证。在备用信用证项下,开证行保证在开证申请人未能履行其应履行的义务时,受益人只要凭备用信用证的规定向开证行开具汇票,并随附开证申请人未履行义务声明或证明文件,即可得到开证行偿付,该种信用证一般用在投标、履约、还款保证、预付、赊销等业务中</td></tr>
<tr><td>银行保函
(Letter of Guarantee, L/G)</td><td colspan="4">又称银行保证函、银行保证书,是指银行或其他金融机构根据委托人的申请,为担保委托人履行某项契约的义务而向受益人做出的承担有条件地支付一定金额的经济赔偿责任的书面担保。银行保函除用于进出口贸易外,还常用于投标、用作还款保证</td></tr>
</table>

②各种支付方式的结合使用。

在进出口的实际业务中,在特定情况下,为了促成交易和安全收、付汇,也可以将各种不同的支付方式结合起来使用。

A. 信用证与汇付的结合使用。

在这种方式下,部分货款用信用证收付,余数用汇付方式结算。一般用在成交数量大,交易数量机动幅度也比较大的商品上,如粮食、矿砂等货物的交易。

B. 信用证与托收的结合使用。

这种方式下,部分货款用信用证收付,余数用托收方式结算。这种方式对于进出口双方都有益处。

C. 汇付、托收和信用证的结合使用。

在大型的成套设备、大型机械产品的交易中分期付款、延期付款时一般采用此法。

9. 关于订立货物的争议条款的一些问题

(1)货物的检验检疫条款的订立

①一般货物检验条款的主要内容见表3-13。

表 3-13

项　目	细　目	
检验方式（检验时间和地点）	在出口国检验	产地（工厂）检验
		装运港（地）检验
	在进口国检验	目的港（地）检验
		买方营业处所（最终用户所在地）检验
	出口国检验、进口国复验	
	装运港（地）检验重量、目的港（地）检验品质	
检验机构	国际上的检验机构	官方检验机构，如美国食品药物管理局（FDA）、美国动植物检疫署、美国粮谷检疫署、日本通商省检验所等
		半官方检验机构，如美国担保人实验室（Underwriter's Laboratory）
		非官方检验机构，如美国劳埃氏公证行（Lloyd's Surveyor）、瑞士通用公证行（Societe Generale De Surveillance，SGS）等
	我国的检验机构	中华人民共和国质量监督检验检疫局（General Adminstation of Quality Supervision，Inspection and Quarantine of People's Republic of China）设在各地直属出入境检验检疫局，通常称为国家商检部门。2018 年 4 月出入境检验检疫管理职责划入海关总署，自 2018 年 4 月 20 日起以海关名义对外开展工作
检验内容	商品品质、商品数量、商品重量、商品原生产地、动物产品、食品卫生检验、动物产品兽医检验、动物产品消毒处理检验、商品残损检验等	
检验标准	国际检验标准	对买卖双方具有法律约束力的标准，其中最常见的是买卖合同和信用证
		与贸易有关国家所制定的强制执行的法规标准，如货物原产地标准、安全法规标准、卫生法规标准、环保法规标准、动植物检疫法规标准
		国际权威性标准，包括国际标准、区域性标准化组织标准、国际商品行业协会标准和某国权威性标准 4 种
	我国的检验标准	法律、行政法规规定的检验标准
		对外贸易合同规定的检验标准
		样品
		生产国标准
		有关国际标准
		国家商检部门指定的标准

②出口货物检验的程序如下：

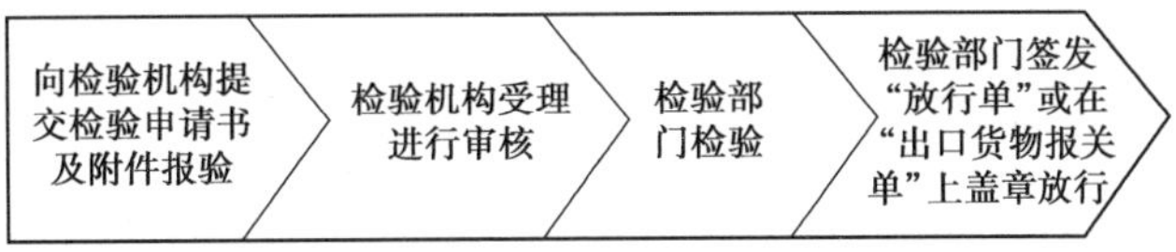

向检验机构提交检验申请书及附件报验 → 检验机构受理进行审核 → 检验部门检验 → 检验部门签发“放行单”或在“出口货物报关单”上盖章放行

(2)索赔条款的订立

①国际货物索赔条款的主要内容见表3-14。

表3-14

<table>
<tr><th>项　目</th><th colspan="2">细　目</th></tr>
<tr><td rowspan="12">异议与索赔条款
(Discrepancy and Claim Clause)</td><td rowspan="2">索赔的依据</td><td>法律依据</td></tr>
<tr><td>事实依据</td></tr>
<tr><td rowspan="4">索赔的期限</td><td>货到目的港后××天起算</td></tr>
<tr><td>货到目的港卸离海轮后××天起算</td></tr>
<tr><td>货到买方营业处所或用户所在地后××天起算</td></tr>
<tr><td>货物检验后××天起算</td></tr>
<tr><td rowspan="6">索赔的金额</td><td>在合同被宣告无效的一段合理时间内,合同价格与替代货物的交易价格或转卖价格之间的差额</td></tr>
<tr><td>如果合同被宣告无效,而货物又有时价,索赔金额则是合同规定的价格与宣告合同无效时的时价之间的差额,而不能是合理时间之外转售或采购时的价格</td></tr>
<tr><td>如果卖方延迟交货,而恰值该货市价下跌,则合同规定交货时的交货地价格与实际交货时的交货地价格之差,连同实际给买方造成的实际损失,即为索赔金额</td></tr>
<tr><td>如果卖方交货的品质、包装不符合合同规定,那么,实际交付的货物价格与符合合同规定的货物时价之间的差额为索赔金额</td></tr>
<tr><td>如果买方延迟派船接货,卖方同意保留合同,那么卖方因买方延迟派船而增加的仓租、利息、保险费就是合理的索赔金额</td></tr>
<tr><td>如果买方在接收货物之后宣告合同无效,则以接收日的时价与合同价格之间的差额为索赔金额,而不是以宣告日的时价为准</td></tr>
<tr><td>罚金或违约金条款
(Penalty Clause)</td><td colspan="2">一般适用于卖方延迟交货或买方延期接运货物、拖延开立信用证、拖欠货款等场合,违约金的数额一般由合同当事人商定,我国现行合同法也没有对违约金数额作出规定,而以约定为主</td></tr>
<tr><td>定金罚则
(Deposit Clause)</td><td colspan="2">在买卖合同中,只要约定了定金条款,无论合同当事人哪一方违约,都要承担与定金数额相等的损失,这可促使合同双方自觉履行合同义务</td></tr>
</table>

②买方的索赔及其处理。

在出口贸易中,买方对卖方提出的索赔主要有品质索赔、数量索赔和延迟交货索赔。

A.品质索赔与处理。

较为常见的是品质与合同所列的规格或样品不符。

对于品质异议,卖方在收到买方索赔后应根据《公约》的有关规定,买方对方卖方所交货物的品质缺陷,可以采取以下处理方法:

a.实际履行——交付替代物或更换货物。其前提是卖方所交货物不符合合同的情形已相当严重。

b. 撤销合同——退货。其前提是在卖方所交货物与合同的规定存在严重不符的情形下。

c. 减价。如果买方愿意收下这批与合同不符的货物,这时不管买方是否已经支付货款,均可以要求减价。减价的计算办法按照实际交付货物在交货时的价值与符合合同的货物在同一时间的价值之间的比例计算。

d. 损害赔偿。即使选择了拒收货物或要求交付替代物或换货,买方仍有权要求卖方赔偿因其违约而造成的损失。

B. 数量索赔与处理。

买方提出的数量异议主要有两种情况:数量短少和数量超额。

a. 数量短少。买方对于卖方所交货物的数量短少,可以采取的补救方法有:拒收货物、要求补交短少的货物和要求损害赔偿。(损害赔偿额通常为补进短少部分的价格与合同价的差额。)

b. 超交索赔。如果卖方交付货物的数量多于合同规定的数量,这时买方可以采取两种补救措施:一种是收下符合合同规定的数量,拒收超过合同规定数量的部分;另一种是收下全部货物。除支付合同规定数量部分的货物价款外,对于超过合同规定数量的部分货物同样按合同规定的价格支付货款。

C. 延迟交货索赔与处理。

根据《公约》的规定,卖方延迟交货,买方可以采取的补救措施如下:

a. 要求实际履行。通常给予卖方一段合理的额外时间,让其履行交货义务。在这段额外期限内,买方不得采取任何补救办法,但仍保留对延迟交货可能造成的损害要求赔偿的权利。

b. 撤销合同。如果卖方延迟履行交货义务,给买方造成损失重大的,即构成重大违约,则买方有权撤销合同。

c. 损害赔偿。损害赔偿是卖方延迟交货的一种主要补救办法。根据不同的情况,延迟交货的损害赔偿额包括差价损失、停工待料的损失、买方对第三方延期交货所造成的损失等。在进行损害赔偿时,如果买卖合同中已有违约金的规定,则一般不另行计算实际损害额,而以违约金的规定进行索赔。只有当违约金与实际损害存在很大差异时,买卖双方才可以进行相应调整。

(3)不可抗力条款的订立

①不可抗力的含义。

不可抗力(Force Majeure)是指买卖合同签订后,不是由于合同当事人的过失或疏忽,而是由于发生了合同当事人无法预见、无法预防、无法避免和无法控制的事件,以致不能履行或不能如期履行合同,发生意外事件的一方可以免除履行合同的责任或推迟履行合同。

②合同中的不可抗力条款。

不可抗力条款是一项免责条款。一般包括以下几点,如图 3-6 所示。

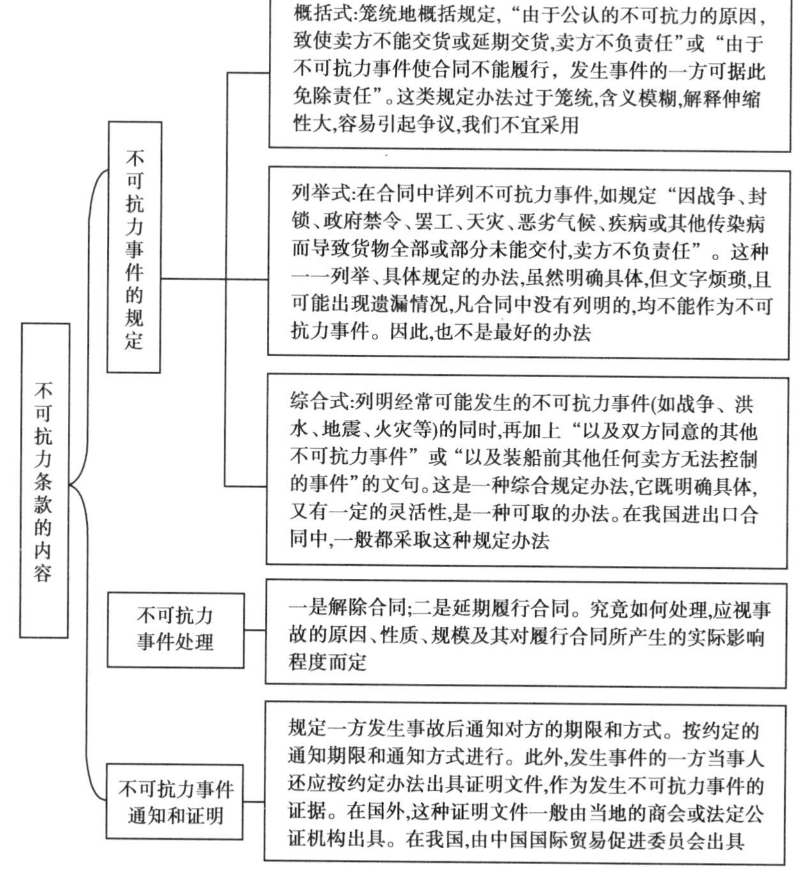

图 3-6

(4)仲裁条款的订立

①解决国际贸易争议的办法。

目前主要有 4 种:一是当事人双方自行协调(Consultation)解决;二是由第三方介入进行中间调解(Conciliation);三是提交仲裁机构仲裁(Arbitration)解决;四是向人民法院提起诉讼(Litigation)。比较后面的 3 种方式各有长短,在实践中当事人应结合具体情况予以选择,见表 3-15。

表 3-15

比较内容	调　解	仲　裁	诉　讼
性质	民间机构	民间机构	国际司法
管辖权	需双方当事人同意,自由选择时间、地点、形式程序等	当事人自主选择仲裁方式、仲裁地点、仲裁机构、仲裁员、仲裁程序、仲裁所适用的法律等	法定管辖
灵活性	程序灵活,需要的时间较短,费用较低	程序灵活、迅速及时、收费不高	程序复杂、需要的时间较长、收费较高
保密性	不公开审理,保密	不公开审理,保密	公开审理

续表

比较内容	调　解	仲　裁	诉　讼
强制性	和解协议效力较低，可提起诉讼	一裁终局，申请法院强制执行	法院判决的强制性，二审终审
和解性	非对抗性，有利于其后合作	有利于保持当事人间的友好关系	不利于保持当事人间的关系

②仲裁条款的规定。

仲裁条款一般包括仲裁地点、仲裁机构、仲裁程序规则、仲裁裁决的效力、仲裁费的负担等。

小链接

我国常设的仲裁机构主要是中国国际经济贸易仲裁委员会和海事仲裁委员会。根据业务发展的需要，中国国际经济贸易仲裁委员会又分别在深圳和上海设立了分会。外国仲裁常设机构有：英国伦敦仲裁院、瑞典斯德哥尔摩商会仲裁院、瑞士苏黎世商会仲裁院、日本国际商事仲裁协会、美国仲裁协会、意大利仲裁协会等。俄罗斯和东欧各国商会中均设有对外贸易仲裁委员会。国际组织的仲裁机构有设在巴黎的国际商会仲裁院等。

知识拓展

1. 投保险别的选择

在办理货物运输保险时，保险选择恰当，可保证货物获得充分的经济保障，并节省保险费开支。下面侧重介绍几种主要商品易受损情况以及适宜投保的主要险别，见表3-16。

表3-16

几种商品	投保险别
粮食、籽仁、豆类、花生仁、饲料等粮谷类	一切险或水渍险加保短量险和受潮受热险
食用油、植物油	水渍险加保短量险和玷污险
袋装、灌装、坛装等食品	一切险或在平安险、水渍险基础上加保撞损险、破碎险
冷冻肉类或速冻食品	冷藏货物险
活牲畜、活禽、活鱼	牲畜、活家禽死亡险
各种饮料或酒	一切险或在平安险、水渍险基础上加保撞损险、破碎险
玻璃、陶瓷制品	在平安险、水渍险基础上加保撞损险、破碎险
金、银、钻石、珠宝等首饰	在平安险、水渍险基础上加保偷窃提货不着险
金银条、板、管、块	在平安险、水渍险基础上加保短量险
矿石、矿砂、水泥等	在水渍险基础上加保短量险、包装破裂险
纤维类（毛、棉、麻、丝、绸等）	一切险
家用电器和仪器、仪表、机床	在平安险、水渍险基础上加保撞损险、破碎险和偷窃提货不着险

2. 汇付方式的业务程序

汇付方式的业务程序，如图 3-7 和图 3-8 所示。

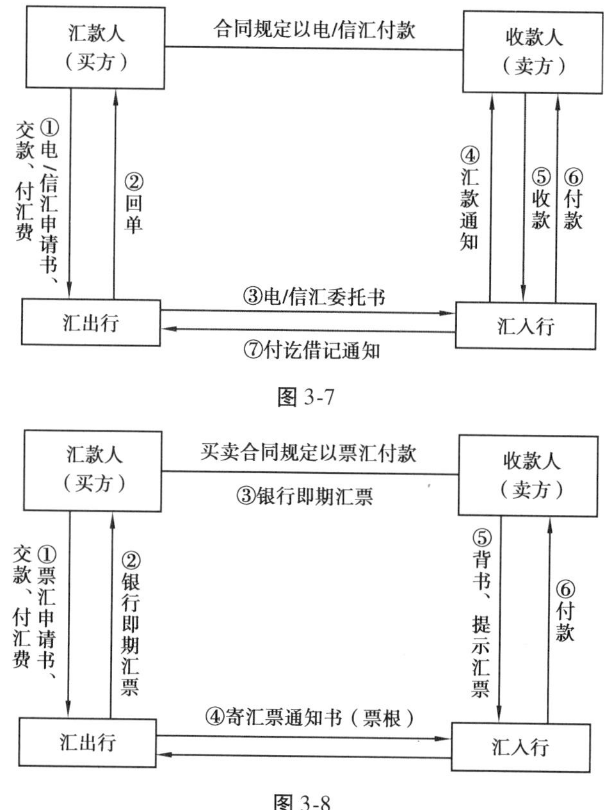

图 3-7

图 3-8

3. 汇付方式在国际贸易中的使用

在国际贸易中，汇付方式通常是用于预付货款（Payment in Advance）、随订单付款（Cash with Order）和赊销（Open Account）等业务。此外还用于支付定金、分期付款、待付货款尾数以及佣金等费用的支付。因为无论何种汇付方式下，银行都只提供服务而不提供信用担保，属于商业信用，风险较大，所以在采用汇付方式时，一定要注意在合同中明确汇付的时间、方式以及金额等。

4. 托收的业务程序

托收的业务程序如图 3-9、图 3-10 和图 3-11 所示。

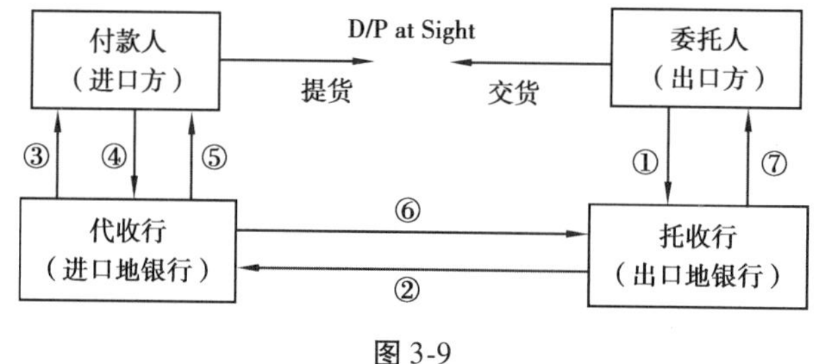

图 3-9

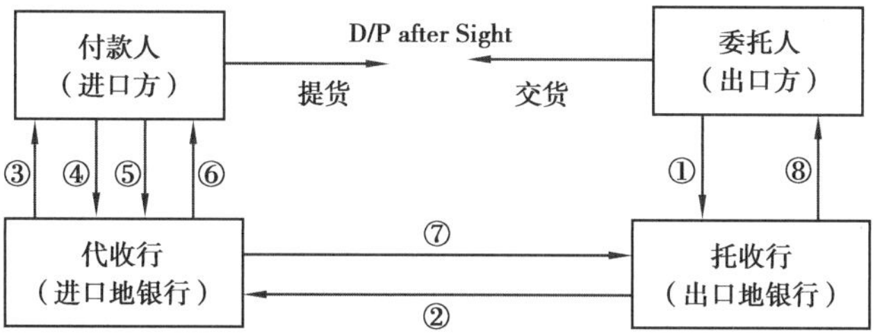

付款人
（进口方）
D/P after Sight
提货
交货
委托人
（出口方）
③
④
⑤
⑥
①
⑧
代收行
（进口地银行）
⑦
②
托收行
（出口地银行）

图 3-10

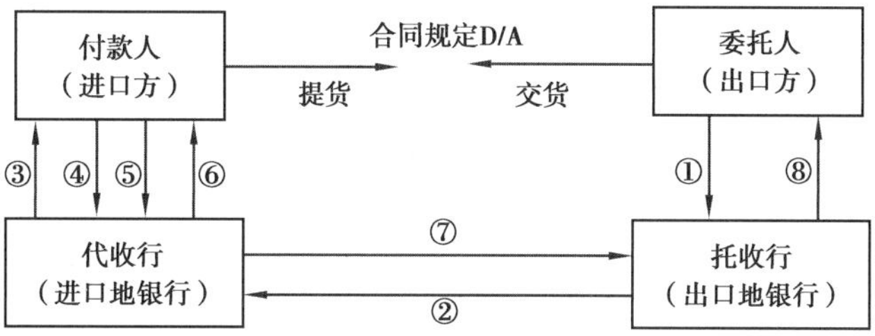

付款人
（进口方）
合同规定D/A
提货
交货
委托人
（出口方）
③
④
⑤
⑥
①
⑧
代收行
（进口地银行）
⑦
②
托收行
（出口地银行）

图 3-11

5. 托收的注意事项

在采用托收方式时，为保证货款的安全及时收回，应做到以下几点：

①认真考察国外进口商的资信情况，了解商品的市场动态，根据实际情况掌握成交金额。

②考察贸易管制和外汇管制情况。对管制较严的国家，不宜采用托收方式。

③出口合同争取以 CIF 或 CIP 条件成交，由出口商办理货运保险。在不采取 CIF 或 CIP 条件成交时，可以投保卖方利益险。

④事先了解某些国家的特殊惯例，以酌情采用。

⑤建立健全托收管理制度。

⑥采用国际保理结算方式。

6. 信用证的业务程序（图 3-12）

开证申请人
（进口方）
买卖合同规定以信用证付款
信用证受益人
（出口方）
①申请开证
⑧付款赎单
③通知
⑤议付
④审证、交单
付款行/
开证行
②开证
⑥索偿
⑦偿付
通知行/
议付行

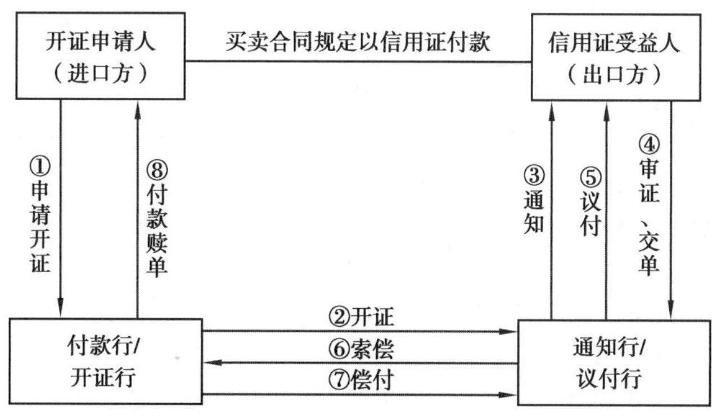

图 3-12

7. 信用证项下出口商的风险

①进口商不开证或不按规定的日期开证。

②进口商使用假信用证。

③进口商开立软条款信用证,即进口商开立附带限制性条款或隐性条款的信用证,或有政策不符的情况。因此,出口商务必须做好审证工作,以便安全收汇。

④关注开证行的信誉。要求开证申请人选择信誉好、实力强的开证行,以确保收汇的安全性。

能力实训

根据项目 2 模拟操作中的第 2 题的内容和以下业务背景资料,填制出口合同。

通过反复磋商,2022 年 9 月 18 日,双方达成如下条款:

单价:8.80 美元/副 CFR Dubai, UAE。

装运期:最迟 2022 年 10 月 18 日装船,不允许转运,不允许分批装运。

支付:20% 货款在合同签订后 10 天内电汇支付;余款用即期付款交单方式支付。

数量与金额允许有不超过 1% 的增减。

请填写以下合同的各条款内容,使其成为一份完整的出口合同。

SALES CONTRACT

NO. LY0723　　　　DATE: Sep. 18th, 2022

THE SELLER: Qingdao Lihua Co., Ltd.
No. 1 Renmin Rd., Qingdao
China

THE BUYER: Tim Co., Ltd.
No. 1 Roak Rd., Dubai
UAE

This Contract is made by and between the Buyer and Seller, whereby the Buyer agrees to buy and the Seller agrees to sell the under-mentioned commodity according to the terms and conditions stipulated as below:

Commodity & Specification	Quantity	Unit Price	Amount
(1)	(2)	(3)	(4)
Total			
Total Contract Value: (5)			

MORE OR LESS CLAUSE:

(6) ________________

PACKING: in cartons

TIME OF SHIPMENT:

(7) ________________

PORT OF LOADING AND DESTINATION:

(8) ________________

Transshipment is (9) ________ and partial shipment is (10) ________

INSURANCE: (11) ________________

TERMS OF PAYMENT:(12) ____

____

____

REMARKS:

This contract is made in two original copies and becomes valid after both parties' signature, one copy to be held by each party.

Signed by:

THE SELLER: THE BUYER:

德育园地

依法经营 筑外贸企业成长之路

浙江省地处沿海经济带,外贸型企业众多。近年来,企业成本上涨导致盈利空间收窄,很多中小企业对外贸订单来者不拒,以求薄利多销,犯罪分子于是乘虚而入,实施合同诈骗。

2023 年 2 月,宁波市公安局鄞州分局破获了一起涉嫌合同诈骗案件,犯罪嫌疑人设立外贸空壳公司,虚构国外客户订单,通过空壳公司下单给工厂并支付少量订金,待工厂出货后,假冒外商名义找各种理由拒付或要求工厂货款打折,对工厂实施诈骗。

思考:为什么有些企业用假订单实施诈骗行为?依法经营对一个企业有何影响?

项目四　出口合同履行

【工作情景】

湖南华兴进出口有限公司收到对方于2022年4月6日寄来的会签函、会签合同和4月20日开证行开来的信用证通知书和信用证。

会签函:

Leisure International Trading Corporation

237 Johnson Road,39210 Vancouver B. C. ,Canada

Telephone: 01-11-4533212 Fax: 01-11-4533211

To: Hunan Huaxing Imp. &Exp. Co. ,Ltd.　　　　DATE:April 6th,2022

FAX: 0086-731-62485801

Dear Sir/Madame,

We acknowledge receipt of your Sales Confirmation No. LX-LESSC10 with great pleasure. We have signed it and returned one for your file as requested.

Meanwhile we have informed our banker, Bank of Montreal to open the relevant L/C in your favor, which will arrive at your end in a couple of days. We, therefore, hope you will make delivery at an early date.

Best regards.

Leisure International Trading Corporation

Gerald Meier

Chief Manager

会签合同:

SALES CONFIRMATION

S/C NO. :LX-LESSC10

Date:April 1st,2022

The Seller:Hunan Huaxing Imp. &Exp. Co. ,Ltd.

Address:58 Wuyi Road Changsha, China

The Buyer:Leisure International Trading Corporation

Address:237 Johnson Rd. 39210 Vancouver B. C. , Canada

Marks & No.	Commodity & Specifications	Unit	Quantity	Unit Price (USD)	Amount (USD)
Leisure LES 97100 Vancouver 1-500CTNS	Huanle Brand Pac boots Art. No. SH226	pair	3,000	CIFC3 Vancouver	
				16.07	48,210.00
TOTAL CONTRACT VALUE:		Say United States Dollars Forty Eight Thousand Two Hundred and ten only.			

PACKING: Each pair to be packed in one box, six boxes to a carton, and 3,000 boxes to a 40' container. Total: 500 cartons.

SHIPMENT: To be effected by the seller during May, 2022 with transshipment and partial shipment allowed.

PORT OF LOADING & DESTINATION: From Guangzhou China to Vancouver Canada.

PAYMENT: The buyer should open an Irrevocable Sight Letter of Credit for full amount of the invoice through a bank acceptable to the seller. The L/C should reach the Sellers before April 25th and valid for negotiation in Changsha until the 15th day after the date of shipment.

INSURANCE: To be covered by the seller for 110% of total invoice value against All Risks and War Risk as per the Ocean Marine Cargo Clauses of PICC Dated Jan. 1st, 1981.

Confirmed by:

THE BUYER
Leisure International Trading Corporation
Gerald Meier

THE SELLER
Hunan Huaxing Imp. & Exp. Co., Ltd.
Yao Shi

REMARKS:

1. The buyer shall establish the covering letter of credit which should reach the seller 30 days before shipment, failing which the seller shall have the right to rescind this contract without further notice, or to lodge a claim for losses thus sustained, if any.

2. In case of any discrepancy in quality/quantity, claim should be filed by the buyer within 30 days after the arrival of the goods at port of destination; while for quantity discrepancy, claim should be filed by the buyer within 15 days after the arrival of the goods at port of destination.

3. The seller shall not be responsible for failure or delay in delivery of the entire lot or a portion of the goods here due to natural disasters, war or other causes of force majeure, however, in such case the seller shall submit to the buyer a certificate issued by the China Council for the Promotion of International Trade attesting such event(s).

4. All disputes arising from the execution of, or relating to this contract, shall be settled through negotiation. In case no settlement can be reached through negotiation, the case shall then be submitted to the China international economic and trade arbitration commission for arbitration in accordance with arbitral rules. The arbitration shall take place in Changsha. The arbitration award is final and binding upon both parties.

5. The buyer is requested to sign and return one copy of this contract immediately after receipt of the same.

6. Special conditions: These shall prevail over all printed terms in case of any conflict.

信用证通知书：

中国银行

BANK OF CHINA

ADDRESS：50 HUQIU ROAD

CABLE：CHUNGKUO

TELEX：33062 BOCSH ECN

信用证通知书

Notification of Documentary Credit

SWIFT：BKCHCNBJ30

DATE：2022/04/20

<table>
<tr><td colspan="2">To：致：
Hunan Longxing IMP. & EXP. CO., LTD.
58 Wuyi Road
CHANGSHA, CHINA</td><td colspan="2">WHEN CORRESPONDING PLEASE QUOTE
OUR REF. NO. 01CBM21</td></tr>
<tr><td colspan="2">The first Canadian Bank M
Bank of Montreal
International Banking(B. C.)</td><td colspan="2">Transmitted to us through 转递行</td></tr>
<tr><td colspan="2">LC NO. 信用证号
LES-LXLC10
DATED 开证日期
APRIL 14TH 2022</td><td colspan="2">Amount 金额
USD 482,100.00</td></tr>
<tr><td colspan="4">Dear sirs, 敬启者
We have pleasure in advising you that we have received from the a/m bank a(n)
兹通知贵公司，我行收自上述银行</td></tr>
<tr><td>( ) pre-advising of
( ) telex issuing
(×) original</td><td>预先通知
电传开立
正本</td><td>( ) mail confirmation of
( ) ineffective
( ) duplicate</td><td>证实书
未生效
副　本</td></tr>
<tr><td colspan="4">Letter of credit, contents of which are as per attached sheet(s).
This advice and the attached sheet(s) must accompany the relative documents when presented for negotiation.
信用证一份，现随附通知。贵司交单时，请将本通知书及信用证一并提交。
(×) Please note that this advice does not constitute our confirmation of the above L/C nor does it convey any engagement or obligation on our part.
本通知书不构成我行对此信用证之保兑及其他任何责任。
( ) Please note that we have added our confirmation to the above L/C, negotiation is restricted to ourselves only.
上述信用证已由我行加具保兑，并限向我行交单。</td></tr>
</table>

信用证：

<table>
<tr><td>MT 700　　　　ISSUE OF A DOCUMENTARY CREDIT
FM：Bank of Montreal International Banking (B. C.)
P. O./C. P. 49350 Vancouver V7X 1L5
TO：Advising Bank：</td></tr>
</table>

续表

Bank of China, Hunan Branch 50 Furong Road Changsha, P. R. China		
SEQUENCE OF TOTAL	27:	1/1
FORM OF DOC. CREDIT	40A:	IRREVOCABLE
DOC. CREDIT NUMBER	20:	LES-LXLC10
DATE OF ISSUE	31C:	220414
APPLICABLE RULES	40E:	UCP LATEST VERSION
DATE AND PLACE OF EXPIRY	31D:	DATE 220615 PLACE IN CANADA
APPLICANT	50:	LEISURE INTERNATIONAL TRADING CORPRATION 237 JOHNSON ROAD, 39210 VANCOUVER, B. C., CANADA
BENEFICIARY	59:	HUNAN LONGXING IMP. & EXP. CO.,LTD 58 WUYI ROAD CHANGSHA, CHINA
AMOUNT	32B:	CURRENCY AMOUNT USD482,100.00
AVAILABLE WITH/BY	41D:	ANY BANK IN CHINA, BY NEGOTIATION
DRAFTS AT...	42C:	AT SIGHT
DRAWEE	42A:	BANK OF MONTREAL INTERNATIONAL BANKING (B. C.) P. O./C. P. 49350 VANCOUVER V7X 1L5
TRANSSHIPMENT	43T:	ALLOWED
PORT OF LOADING/ AIRPORT OF DEPARTURE	44E:	GUANGZHOU, CHINA
PORT OF DISCHARGE	44F:	VANCOUVER. B. C
SHIPMENT PERIOD	44D:	NOT LATER THAN MAY 31,2022
DESCRIPTION OF GOODS AND/ OR SERVICES	45A:	500CTNS (3000PAIRS) OF HUANLE BRAND PAC BOOTS ART. NO. SH227 AT USD16.07/PAIR, CIFC3 VANCOUVER AS PER BUYER'S PURCHASE ORDER NO. LES97100
DOCUMENTS REQUIRED	46A:	+SIGNED COMMERCIAL INVOICE IN 3 COPIES MENTIONING L/C NO. AND VESSEL'S NAME. +FULL SET CLEAN ON BOARD MARINE BILLS OF LADING, MADE OUT TO ORDER, BLANK ENDORSED AND MARKED "FREIGHT PREPAID" NOTIFY BUYER. SHIPPING MARK: LEISURE/LES97100/VANCOUVER/NO. 1-UP +INSPECTION CERTIFICATE ISSUED BY THE REPRESENTATIVE OF LEISURE INTERNATIONAL TRADING CORPORATION WHOSE SIGNATURE MUST BE COMPLIANCE WITH THE ONE IN THE FILE OF THE ISSUING BANK +BENIFICIARY CERTIFICATE STATING THAT ONE SET OF DOCUMENT IS TO BE SENT TO THE APPLICANT IMMEDIATELY AFTER THE SHIPMENT.

续表

DOCUMENTS REQUIRED	46A:	+ INSURANCE POLICY/CERTIFICATE IN NEGOTIABLE FORM, COVERING "ALL RISKS", "WAR RISK" FOR 110% OF INVOICE VALUE AS PER OCEAN MARINE CARGO CLAUSES OF PICC, DATED 1/1/1981. +PACKING LIST SHOWING ART. NO, GROSS WEIGHT, NET WEIGHT AND MEASUREMENT OF EACH PACKAGE. +CERTIFICATE SIGNED BY BENIFICIARY STATING THAT ONE SET OF INVOICE AND B/L HAVE BEEN FAXED DIRECT TO THE BUYER.
ADDITIONAL CONDITION	47A:	+ ALL DOCUMENTS MUST INDICATE THE NUMBER OF THIS CREDIT + ALL PRESENTATIONS CONTAINING DISCREPANCIES WILL ATTRACT A DISCREPANCY FEE OF USD 50.00 PLUS TELEX COSTS OR OTHER CURRENCY EQUIVALENT. THIS CHARGE WILL BE DEDUCTED FROM THE BILL AMOUNT WHETHER OR NOT WE ELECT TO CONSULT THE APPLICANT FOR A WAIVER
PERIOD FOR PRESENTATION	48:	WITHIN 15 DAYS AFTER THE DATE OF SHIPMENT, BUT WITHIN THE VALIDITY OF THIS CREDIT
CHARGES	71B:	ALL CHARGES OUT OF ISSUING BANK ARE FOR ACCOUNT OF BENEFICIARY.
CONFIRMATION INS TRUCTION	49:	WITHOUT
INFORMATION TO PRESENTING BANK	78:	ALL DOCUMENTS ARE TO BE REMITTED IN ONE LOT BY COURIER TO BANK OF MONTREAL INTERNATIONAL BANKING (B.C.) P.O./C.P. 49350 VANCOUVER V7X 1L5

信用证解读

【任务布置】

1. 备货
2. 催证、审证、改证
3. 租船订舱、报检报关、投保与装运
4. 制单结汇

【操作提示】

1. 审核信用证

姚石组织安排单证员王丹审核信用证。

2. 撰写改证函

姚石根据审证结果草拟改证函,清晰列明不符点,告知客户如何进行修改。

改证函日期:2022 年 4 月 25 日。

3. 修改信用证

王丹于 2022 年 4 月 28 日收到对方信用证修改通知书。

4. 备货

姚石组织安排跟单员刘倩负责前程跟单工作,具体工作任务包括选择供应商跟单、样品跟单、原材料采购跟单、生产进度跟单、品质跟单、包装跟单。

5. 订舱

订舱文件主要包括"出口货物订舱委托书""托运单""商业发票""装箱单"。

单证员王丹根据订舱单据的填制要求认真填写出口货物订舱委托书和其他订舱单证。

公司编号	公司开户银行	银行账号	INVOICE NO.
BH04JL	中国建设银行	89705645436	LX-LESINV10

出口货物订舱委托书日期:5 月 9 日　　船名:Jiefang　　航次:V. 301

商业发票日期:5 月 9 日

6. 报检报关

海关监管条件为"B",出口商在订妥舱位收到配舱回单后必须向海关办理报检报关手续。

7. 装船

报关完毕后,海关在装货单 S/O 上盖放行章,货物即可装船,船公司签发大副收据(M/R),卖方付清相关费用后,用大副收据换取提单。

出口日期:5 月 20 日。

申报及出单日期:5 月 13 日。

8. 投保

以 CIF 条件成交的出口货物订妥舱位(收到配舱回单后),向海关申报出口的同时,应向中国人民保险公司办理投保手续。请根据投保单的基本规定认真填写"出口货物投保单"。投保日期:2022 年 5 月 17 日。

9. 拟写装船通知

出口货物在海关验讫放行(即收到盖有海关验讫放行章的装货单)后,即可办理货物的装运手续;与此同时,出口商应向进口商发出货物装运通知。

装运通知的内容主要包括合同号码、货物名称、货物金额、货物数量、包装件数、承运船名、运输航次、提单号码。

如果信用证中对装船通知有具体规定,则应根据信用证规定的时间和内容及时发出。

装船通知日期:2022 年 5 月 20 日。

10. 收到回执后操作

在收到承保回执后,根据出口单据制作的要求及国外银行开来的信用证中对单据的要求(Documents Requirement)和修改书中的具体规定,缮制全套出口结汇单据。

在国际贸易中，合同一经有效确立，有关当事人就必须履行合同规定的义务。由于采用的价格术语和支付方式不同，双方履行合同的程序也有所不同。对出口方而言（以 CIF 条件下信用证方式收取货款的出口合同为例），涉及备货、催审信用证、租船订舱、投保、报检报关、装船、制单结汇、核销退税等项工作。其中以货（备货）、证（催、审、改证）、船（租船订舱、办理货运手续）、款（制单结汇）四项工作最为重要。

【课前学习任务】

任务一　备货

备货工作主要包括下列内容：及时向生产、加工或供货单位下达任务，安排生产、加工、收购和催交，核实货物的品质、规格、数量、包装、刷唛情况，验收和清点货物。

出口商与国内生产企业签订国内购货合同，落实备货。

任务二　催证、审证、改证

一、催证

在正常情况下无须催证。但在实际业务中，有时国外进口商在遇到市场发生变化或资金发生短缺的情况时，往往会拖延开证。对此，出口方应催促对方及时开证，特别是大宗商品交易或按买方要求而特制的商品交易，更应结合备货情况及时进行催证。对于我国出口企业来说，必要时也可请我国驻外机构或中国银行协助或代为催证。当对方仍拒不开证时，我方要声明保留索赔权或拒交货物。

二、审证

依据买卖合同和国际商会现行的《跟单信用证统一惯例》规定，对信用证进行认真仔细的审查与核对，着重审核信用证与买卖合同在内容上是否一致。主要进行以下专项审核：

①对信用证的开证日期、开证地点、开证申请人和受益人的名称、地址等的审核。

②对信用证商品的名称、品质、规格、数量、包装等条款的审查。

③对信用证金额与货币的审查。

④对信用证规定的装运期、有效期和到期地点的审查。

⑤对信用证运输条款规定的审查。

⑥对信用证保险条款规定的审查。

⑦对信用证付款期限规定的审查。

⑧对单据的审查。

⑨对其他特殊条款的审查。

⑩对开证行责任条款的审查。

三、改证

在对信用证进行了全面细致的审核以后,如发现有任何与合同规定不符并影响到合同的顺利履行和安全收汇的条款时,应该对这些内容提出修改或者要求取消这些不能接受的条款。

按如图 4-1 所示的程序进行改证。

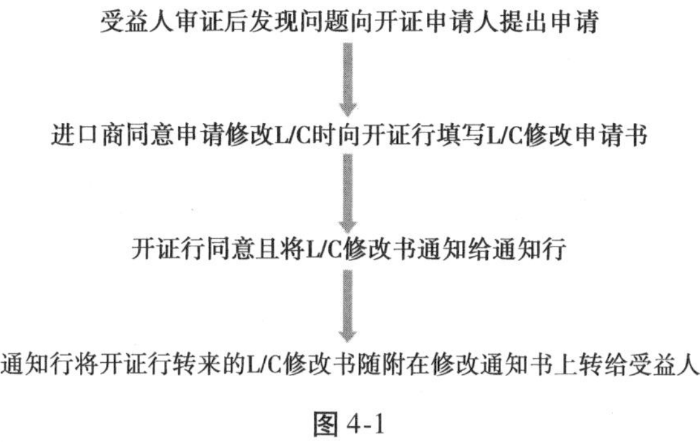

图 4-1

任务三　租船订舱、报检报关、投保与装运

一、租船订舱

出口企业根据合同规定的装运期、货源情况以及船公司或其代理定期编制的船期表来安排订舱事宜。出口企业(在此环节又称托运人)既可以直接找船公司或船公司的代理人(以下称承运人)洽订舱位,也可以委托货运代理公司(以下称货代公司)代其洽订舱位。

在实际业务中,出口企业通常委托货代公司代为办理货物运输。

出口企业委托货代公司为其办理订舱出运业务时,需填写并向货代公司提供订舱委托书。另外,还需向货代公司提供商业发票、装箱单及其他单证。

货代公司接受代理业务后,缮制"托运单""装货单""配舱回单""收货单"等一式数份,分别用于货主、货代公司和船公司留底,之后货代公司持"托运单"等向承运人办理货物订舱手续。船公司如接受订舱,则在"托运单"的几联单据上编制提单号码,填上船名、航次并签字,表示确认托运人的订舱,并签发"装货单"(Shipping Order, S/O)。

二、监管方式与报检报关

(一)国际货物贸易的监管

各国政府出于各种目的的考虑、往往会对国际货物贸易采取鼓励、禁止或限制的管制措施，我国政府要求对外贸易经营者在经营活动中必须严格遵守这些法律、法规、规章、制度、措施，并授权海关对这些经营活动（货物贸易而不是服务贸易）加以管制。我国目前的外贸管制框架可以用五个字来概括：证、备、检、核、救。“证”即货物进出口许可证，是国家通过是否发放法律、法规所规定的各种具有进出许可性质的文件、证明等形式来达到禁止或限制货物进出口的目的；“备”即对外贸易经营者备案登记制，从外贸参与主体的资质门槛上规定准入条件；“检”即进出口商品检验检疫制度，其基本目标是要确保进出口商品的质量，保证社会稳定，保障国民生命安全与健康；“核”即进出口收付汇核销制度，出发点是为了保证对外交易的真实性，目前，核销单制度已被取消，但外汇管制并未取消；“救”，即贸易救济措施，这些措施主要包括反倾销、反补贴和保障措施等。因此，报关业务往往与对外贸易管制是密不可分的。

（二）报检报关的基本知识

出入境检验检疫，是指检验检疫部门和检验检疫机构依照法律、行政法规和国际惯例等的要求，对出入境货物、交通运输工具、人员等进行检验检疫、认证及签发官方检验检疫证明等监督管理工作。

报检是指外贸关系人（指商品的供货商、收货商、运输、保险契约部门）向商检部门提出申请检验，填写“出口检验申请书”，提供相应的单证和资料。商检部门在接受报检后，派员按一定的方式对货物抽取样品，按检验的依据和合同进行检验，出具检验和鉴定的证书，对法定检验的签发“放行单”或在“出口货物报关单”上加盖放行章。商品检验证书是商检机构对进出口商品实施检验或鉴定后出具的证明文件，常用的检验证书有：品质检验证书、重量检验证书、数量检验证书、兽医检验证书、卫生检验证书、消毒检验证书、植物检疫证书、价值检验证书、产地检验证书等。

（三）报关的基本知识

报关的实质是指进出境的对象向海关告知并办理相应手续的过程，在此过程中，基本的当事主体有报关申请者、作为报关对象的货物、运输工具和物品、报关的管理者海关。出口货物报关按以下程序进行：

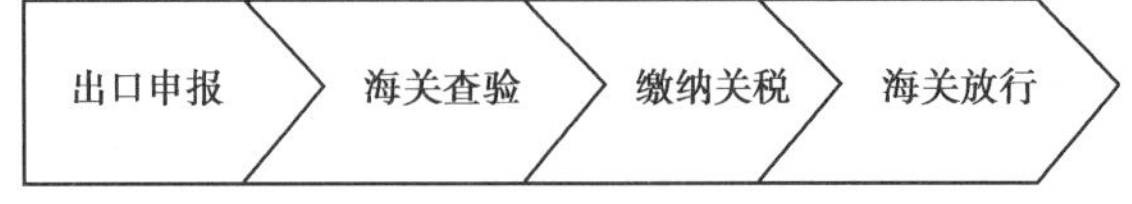

三、投保

（一）申请保险

按保险公司规定的格式和信用证中的有关规定逐笔填写“投保单”一式两份。经保险公司审核签署后，一份由保险公司留存，作为开立保险单据的依据；另一份交出口企业作为已接受承保的凭证。出口公司应按与进口方约定的险别为出口货物投保，如果买方未规定险别，只需投保平安险。

（二）纳费领单

出口企业收到保险公司签署的“投保单”后，即按规定缴纳保险费，然后领取保险公司签发的保险单据。被保险货物到达目的地后，如发生承保责任范围内的损失，国外收货人可凭保险单等有关凭证向保险公司或其代理人索赔。

四、装运

海关放行后，托运人或其代理即可凭盖有海关放行章的“装货单”，与有关的港务部门和理货人联系，核查已发至码头的货物并做好装船准备工作，待轮船到达后，凭“装货单”装船。在装船的过程中，尤其是在不采用集装箱运输的情况下，托运人或其货运代理必须亲临现场，如发现货物短少、包装破损、污染等情况，应设法补齐、换货、修理或更换包装。

货物装船后，由承运船舶的船长或大副或其委托人向托运人或其货运代理签发“收货单”（也称“大副收据”即 Mate’s Receipt，是船方表示已收到货物并已将货物装船的收据）。托运人或其货运代理持收货单向船公司交付运输费用后，即可换取“已装船提单”。为了便于进口方及时收货和付款，托运人或其代理应在货物装船后，及时向国外买方发出“装船通知”（Shipping Advice）。

知识链接

跨境电商 B2B 平台中报检报关知识运用

在传统外贸中，出口商一般把通关的工作交由国际货代公司或者专业的报关行来完成，自身要做的是提供相关资料等配合工作。跨境电商 B2B 平台也整合了通关服务，出口商在配合过程中，或者选择自行报关，将会用到我们学习的相关外贸知识。出口商可以在阿里巴巴国际站的“一达通”模块中完成通关业务，也可以选择自行报关后将报关底单上传到“一达通”系统。以阿里巴巴国际站为例，出口商在委托通关和配合过程中，需要的外贸知识大致有：报检报关的基本原则与注意事项、报检报关基本步骤、报关所需资料、商检所需资料、原产地证所需资料、各口岸及其通关特征、无纸化报关、通关各单据和证书的内容及其关系、贸易术语与通关责任、知识产权等。

作为出口商，需按照服务顾问的指导提供出口报关信息表和箱单以及相关订舱的信息。出口报关信息表是出口商在平台进行人工下单时使用（非线上自助下单），一般按照海关的要求，提供产品相关参数、功能、图片、出口口岸等必要的信息，见表 4-1，一个产品有不同的颜色时按照一个产品来申报；如果对应的品名、价格、品牌、型号，参数一致，或仅型号不一样，可以合并为一个产品申报；无品牌和型号的申报为无牌无型号；产品图片要显示型号、LOGO 或者标签；成交方式即填写贸易术语；境外买家的公司名称和地址是必须提供的信息;货物中文品名须与增值税发票上的品名一致,否则无法退税;产地不一定要标明,具体视买家要求而定;产品特性的描述,一般设备报用途、功能、工作原理,化工产品报成分、含量、用途,零配件报用于什么机器、材质;包装种类比如木托盘、木箱、纸箱等。

表 4-1

深圳市一达通企业服务有限公司-出口货物报关信息一览表														
编号	中文品名(开票名称)	型号	数量	计量单位(中文)	单价	总额	币种	净重(KG)	毛重	包装件数	产地	目的国	品牌	产品功能原理、材质、尺寸、用途等
1	××	×-1	20	个	2.5	50	USD	50	60	3	广州	美国	×××	
2														
3														
4														
TOTAL:														
成交方式		FOB		散货、拼柜或整柜(20/40尺)			20 整柜							
出口口岸		蛇口												
包装种类		纸箱		是否需要我司安排物流:			否							
境内货源地		深圳												
是否退税		是		一达通报关还是贵司货代报关			一达通							
境外付汇公司名称:		(一定要填)非常重要,我司会根据客户提供境外付汇公司名称到银行查询外汇)												
境外付汇公司地址:														
境外付汇公司电话:														
境外付汇公司传真:														

任务四　制单结汇

一、选择出口结汇的方式

我国出口结汇的方式主要有买单结汇(押汇)、收妥结汇和定期结汇3种。

二、缮制出口单据

遵循“严格符合原则”,按照单据规范格式缮制全套出口单据。在出口业务中,用于银行结汇的单据主要有以下四大类:

①金融单据,如汇票等。

②商业单据,包括“商业发票”“装箱单”“保险单”等。

③运输单据,包括各种提单、“航空运单”、“铁路运单”、“邮包收据”等。

④证明文件,如“商检证书”“原产地证书”“承运货物收据”“装运证明”“受益人证明”等。

三、交单议付

除了向议付行提交所选某种支付方式下的全套出口单据外,还要同时附上“出口结汇申请书”,并自留一套副本单据存档备查。议付行在收到提交单据后5个工作日内将审核单据的结果通知受益人。如果发现不符,出口商要在有效期内抓紧时间进行修改处理。如果没有不符点,议付行则按规定寄出单据向外索汇。当付款行将票款划入议付行的账户后,议付行就按当日的外汇牌价将货款折成人民币划入出口商账户。至此,出口商的一笔出口业务基本完成。

【课上操作任务】

1. 单证员王丹的审证意见

湖南华兴进出口有限公司

中国长沙五一路58号

Hunan Huaxing Imp. & Exp. Co. ,Ltd.

58 Wuyi Road　　　　TEL:0086-731-62485800

Changsha, China　　　FAX:0086-731-62485801

审证意见：

信用证存在的问题	需要修改的理由
①国外到期	①易产生逾期交单
②受益人公司名称有误	②影响收汇
③检验条款不妥	③限制过严
④一个品种货号有误	④与实际出运货号不符
⑤信用证金额有误	⑤无法全额出运货物

审证人：王丹

接着姚石根据审证结果草拟了下列改证函，列明了不符点，经刘经理审核修改后发给国外客户修改。

湖南华兴进出口有限公司

Hunan Huaxing Imp. & Exp. Co. ,Ltd.

58 Wuyi Road Changsha, China

TEL:0086-731-62485800 FAX:0086-731-62485801

DATE:April 25th,2022

Dear Sirs,

We are very glad to receive your L/C No. LES-LXLC10, but we are quite sorry to find that it contains some discrepancies with the S/C. Please instruct your bank to amend the L/C as quickly as possible.

The L/C is to be amended as follows.

1) Place of Expiry should be "in China".

2) The name of the Beneficiary is Hunan huaxing Imp. &Exp. Co. , Ltd. , not "Hunan Longxing Imp. &Exp. Co. , Ltd. ".

3) Delete the clause "inspection certificate issued by the representative of Leisure International Trading Corporation" to "Inspection certificate issued by the CCPIT".

4) The L/C is covering shipment of "Huanle Brand Pac Boots Art. No. SH226 as per Buyers Order No. LES97100", not "Huanle Brand Pac Boots Art. No. SH227 as per Buyers Order No. LES97100".

5) The amount of L/C should be USD 48,210.00,not "USD 482,100.00".

Please see to it that the L/C amendment must reach us before April 30,2022, failing which we shall not be able to effect punctual shipment. Thank you in advance for your kind cooperation.

Yours Faithfully,

Yao Shi

国外客户于 2022 年 4 月 28 日收到姚石的改证函后，确认理由合理，于是向开证行申请修改，通知行将开证行转来的 L/C 修改书随附在 L/C 修改通知书上转给受益人。

信用证修改通知书

SWIFT: BKCHCNBJ970　　Notification of Amendment to Documentary Credit

FAX: 0731-63232071

YEAR/MONTH/DAY 2022/04/29

<table>
<tr><td colspan="2">ISSUING BANK
BANK OF MONTREAL
INTERNATIONAL BANKING(B. C.)
P. O. /C. P. 49350
VANCOUVER B. C. V7X1L5</td><td>DATE OF THE AMENDMENT
APR. 28th, 2022</td></tr>
<tr><td colspan="2">BENEFICIARY
HUNAN HUAXING IMP. & EXP. CO., LTD.
58 WUYI ROAD
CHANGSHA, CHINA</td><td>APPLICANT
LEISURE INTERNATIONAL TRADING CORPORATION
237 JOHNSON ROAD, 39210
VANCOUVER, B. C., CANADA</td></tr>
<tr><td>L/C NO.
LES-LXLC10</td><td>DATED
APR. 14th 2022</td><td>THIS AMENDMENT IS TO BE CONSIDERED AS PART OF THE ABOVE MENTIONED CREDIT AND MUST BE ATTACHED THERETO.</td></tr>
<tr><td colspan="3">DEAR SIRS,
WE HAVE PLEASURE IN ADVISING YOU THAT WE HAVE RECEIVED FROM THE ABOVE MENTIONED BANK AN AMENDMENT TO DOCUMENTARY CREDIT No. LES-LXLC10, CONTENTS OF WHICH ARE AS FOLLOWS:
1) PLACE OF EXPIRY NOW READ "IN CHINA".
2) THE NAME OF THE BENEFICIARY IS HUNAN HUAXING IMP. & EXP. CO., LTD., NOT "HUNAN LONGXING IMP. & EXP. CO., LTD."
3) AMEND THE CLAUSE "INSPECTION CERTIFICATE ISSUED BY THE REPRESENTATIVE OF "LEISURE INTERNATIONAL TRADING CORPORATION" TO "INSPECTION CERTIFICATE ISSUED BY THE CCPIT".
4) THE L/C IS COVERING SHIPMENT OF "HUANLE BRAND PAC BOOTS ART. NO. SH226" INSTEAD OF "HUANLE BRAND PAC BOOTS ART NO. SH227".
5) THE AMOUNT OF L/C NOW READ "USD 48,210.00" (U. S. DOLLARS FORTY EIGHT THOUSAND TWO HUNDRED AND TEN ONLY.)
ALL OTHER TERMS AND CONDITIONS REMAIN UNCHANGED.
THE ABOVE MENTIONED DOCUMENTARY CREDIT IS SUBJECT TO UCP600.</td></tr>
<tr><td colspan="2">PLEASE ADVISE THE BENEFICIARY:</td><td>ADVISING BANK'S NOTIFICATIONS:</td></tr>
<tr><td colspan="2">HUNAN HUAXING IMP. & EXP. CO., LTD.</td><td>CHU KONG HOU</td></tr>
</table>

信用证修改书

MT 700	AMENDMENT TO A DOCUMENTARY CREDIT	
FM: BANK OF MONTREAL INTERNATIONAL BANKING(B. C.) P. O./C. P. 49350 VANCOUVER B. C. V7X1L5 TO: ADVISING BANK: BANK OF CHINA, HUNAN BRANCH 50 FURONG ROAD CHANGSHA, P. R. CHINA		
DATE OF ISSUE	31C:	220414
DATE OF AMENDMENT	40A:	IRREVOCABLE
NUMBER OF AMENDMENT	26E:	1
BENEFICIARY	59:	HUNAN HUAXING IMP. & EXP. CO., LTD. 58 WUYI ROAD CHANGSHA, CHINA
AMENDMENT	47A:	1)PLACE OF EXPIRY NOW READ "IN CHINA". 2) THE NAME OF THE BENEFICIARY IS HUNAN HUAXING IMP. & EXP. CO., LTD., NOT "HUNAN LONGXING IMP. & EXP. CO., LTD." 3)AMEND THE CLAUSE "INSPECTION CERTIFICATE ISSUED BY THE REPRESENTATIVE OF "LEISURE INTERNATIONAL TRADING CORPORATION" TO "INSPECTION CERTIFICATE ISSUED BY THE CCPIT". 4)THE L/C IS COVERING SHIPMENT OF "HUANLE BRAND PAC BOOTS ART. NO. SH226" INSTEAD OF "HUANLE BRAND PAC BOOTS ART NO. SH227". 5)THE AMOUNT OF L/C NOW READ "USD 48,210.00" (U.S. DOLLARS FORTY EIGHT THOUSAND TWO HUNDRED AND TEN ONLY.)

2. 姚石根据订舱单据的填制要求填写订舱文件

①填写“出口货物订舱委托书”。

出口货物订舱委托书

公司编号:BH10LX　　　　日期:9-May-2022

<table>
<tr><td rowspan="4">1)发货人
Hunan Huaxing Imp. & Exp. Co., Ltd.
58 Wuyi Road
Hunan, China</td><td colspan="2">4)信用证号码 LES-LXLC10</td></tr>
<tr><td colspan="2">5)开证银行 Bank of Montreal</td></tr>
<tr><td>6)合同号码 LX-LESSC10</td><td>7)成交金额 USD 48,210.00</td></tr>
<tr><td>8)装运口岸 Guangzhou</td><td>9)目的港 Vancouver</td></tr>
</table>

续表

<table>
<tr><td colspan="2" rowspan="4">2)收货人
To Order</td><td colspan="3">10)转船运输 Yes</td><td colspan="3">11)分批装运 Yes</td></tr>
<tr><td colspan="3">12)信用证效期 15-Jun-2022</td><td colspan="3">13)装船期限 31-May-2022</td></tr>
<tr><td colspan="3">14)运费 Prepaid</td><td colspan="3">15)成交条件 CIFC3 Vancouver</td></tr>
<tr><td colspan="3">16)公司联系人 姚石</td><td colspan="3">17)电话/传真 0731-62485800</td></tr>
<tr><td colspan="2" rowspan="2">3)通知人
Leisure International Trading Corp.
237 Johnson Road, 39210
Vancouver B. C., Canada</td><td colspan="3">18)公司开户行 Bank of China</td><td colspan="3">19)银行账号 89705645436</td></tr>
<tr><td colspan="6">20)特别要求</td></tr>
<tr><td>21)标记唛码</td><td>22)货号规格</td><td>23)包装件数(CTNS)</td><td>24)毛重(KGS)</td><td>25)净重(KGS)</td><td>26)数量(PRS)</td><td>27)单价(USD)</td><td>28)总价(USD)</td></tr>
<tr><td rowspan="2">LEISURE
LES 97100
VANCOUVER
No. 1-500CTNS</td><td>Pac Boots</td><td></td><td></td><td></td><td></td><td colspan="2">CIFC3 Vancouver</td></tr>
<tr><td>SH226</td><td>500</td><td>6,000</td><td>5,000</td><td>3,000</td><td>16.07</td><td>48,210.00</td></tr>
<tr><td></td><td></td><td>29)总件数(CTNS)
500</td><td>30)总毛重(KGS)
6,000</td><td>31)总净重(KGS)
5,000</td><td>32)总尺码(CBM)
54</td><td></td><td>33)总金额(USD)
48,210.00</td></tr>
<tr><td>34)备注</td><td colspan="7"></td></tr>
</table>

②填写“托运单”。

海运集装箱货物出口

<table>
<tr><td colspan="3">Shipper(发货人)
Hunan Huaxing Imp. & Exp. Co.,Ltd.
58 Wuyi Road
Changsha, China</td><td rowspan="6">D/R No.(编号)
LX-LESBL10
装货单</td></tr>
<tr><td colspan="3">Consignee(收货人)
To Order</td></tr>
<tr><td colspan="3">Notify Party(通知人)
Leisure International Trading Corp.
237 Johnson Rd, 39210
Vancouver B. C. Canada</td></tr>
<tr><td colspan="2">Pre-carriage by
(前程运输)</td><td>Place of Receipt
(收货地点)</td></tr>
<tr><td>Vessel
(船名)
Jiefang</td><td>Voy. No.
(航次)
V. 301</td><td>Port of Loading
(装货港)
Guangzhou</td></tr>
</table>

续表

<table>
<tr><td colspan="2">Port of Discharge
（卸货港）
Vancouver B. C.</td><td colspan="2">Place of Delivery
（交货地点）</td><td colspan="2">Final Destination for the Merchant's Reference（目的地）</td></tr>
<tr><td>Container No.
（集装箱号）</td><td>Marks & Nos.
（标志与号码）</td><td>Nos. Kinds of Packages
（包装件数与种类）</td><td>Description of Goods
（货名）</td><td>Gross Weight（kg）
毛重（千克）</td><td>Measurements（m^3）
Size（CBM）尺码（立方米）</td></tr>
<tr><td>46532811</td><td>Leisure
LES 97100
Vancouver
NO. 1-500CTNS</td><td>500CTNS
实际装船日：
（On board date）
2022-5-20</td><td>Pac Boots</td><td>6,000</td><td>54</td></tr>
<tr><td colspan="2">Total Number of Containers or Packages（In Words）
集装箱数或件数合计（大写）</td><td colspan="4">Say five hundred cartons only.
1×40 FCL</td></tr>
<tr><td colspan="2">Freight & Charges
（运费与附加费）
AS ARRANGED</td><td>Revenue Tons
（运费吨）</td><td>Rate（运费率）
as arranged</td><td>Prepaid（预付）
GUANGZHOU</td><td>Collect（到付）</td></tr>
<tr><td rowspan="2">Ex. Rate:
（兑换率）</td><td colspan="2">Prepaid at（预付地点）</td><td>Payable at（到付地点）</td><td colspan="2">Place of issue（签发地点）</td></tr>
<tr><td colspan="2">Total Prepaid（预付总额）</td><td colspan="3">No. of Original B(s)/L（正本提单份数）
THREE</td></tr>
<tr><td>Services Type on Receiving
CY</td><td colspan="2">Services Type on Deceive
CY</td><td colspan="3" rowspan="5">中华人民共和国海关
验讫放行</td></tr>
<tr><td>可否转运：YES</td><td colspan="2">可否分批：YES</td></tr>
<tr><td>装船期：31-May-2022</td><td colspan="2">有效期：15-Jun-2022</td></tr>
<tr><td colspan="3">金额：USD48,210.00</td></tr>
<tr><td colspan="3">制单日期：16-May-2022</td></tr>
</table>

③填写“商业发票”。

商业发票

COMMERCIAL INVOICE

<table>
<tr><td colspan="2" rowspan="2">1. Exporter
HUNAN HUAXING IMP. & EXP. CO., LTD
58 Wuyi Road
CHANGSHA, CHINA</td><td colspan="3">4. Invoice Date and No.
LX-LESINV10</td></tr>
<tr><td colspan="2">5. S/C NO.
LX-LESSC10</td><td>6. L/C NO.
LES-LXLC10</td></tr>
<tr><td colspan="2" rowspan="2">2. Importer
Leisure International Trading Corporation
237 Johnson Road, 39210
Vancouver B. C., Canada</td><td colspan="3">7. Country/region of origin
CHINA</td></tr>
<tr><td colspan="3">8. Trade mode
CIFC3 VANCOUVER</td></tr>
<tr><td colspan="2">3. Transport Details
FROM GUANGZHOU, CHINA TO VANCOUVER, CANADA</td><td colspan="3">9. Terms of payment
L/C AT SIGHT</td></tr>
<tr><td>10. Shipping marks;
Container No.</td><td>11. Number and kind of package;
Description of goods</td><td>12. Quantity(Pairs)</td><td>13. Unit Price
(USD/PAIR)</td><td>14. Amount(USD)</td></tr>
<tr><td>LEISURE
LES97100
VANCOUVER
No. 1-500CTNS</td><td>HUANLE BRAND PAC BOOTS
ART. NO SH226
EACH PAIR TO BE PACKED IN ONE BOX, SIX BOXES TO A CARTON, AND 3,000 BOXES TO A 40 FCL CONTAINER.
500 CARTONS</td><td>3,000</td><td>CIFC3 VANCOUVER
16.07/pair</td><td>48,210.00</td></tr>
<tr><td colspan="2">Total:</td><td>3,000</td><td></td><td>48,210.00</td></tr>
<tr><td colspan="5">15. Total amount (in figure and word) SAY US DOLLARS FORTY EIGHT THOUSAND TWO HUNDRED AND TEN ONLY
HUNAN HUAXING IMP. & EXP. CO., LTD.
WANG DAN
5 COPIES</td></tr>
</table>

④填写“装箱单”。

装箱单

PACKING LIST

<table>
<tr><td colspan="2" rowspan="3">1) SELLER
HUNAN HUAXING IMP. & EXP. CO., LTD.
58 Wuyi Road
CHANGSHA, CHINA</td><td colspan="2">3) INVOICE NO.
LX-LESINV10</td><td colspan="2">4) INVOICE DATE
May 9, 2022</td></tr>
<tr><td colspan="2">5) FROM
GUANGZHOU, CHINA</td><td colspan="2">6) TO
VANCOUVER, CANADA</td></tr>
<tr><td colspan="4">7) TOTAL PACKAGES (IN WORDS)
SAY FIVE CARTONS ONLY</td></tr>
<tr><td colspan="2">2) BUYER
LEISURE INTERNATIONAL TRADING CORP.
237 JOHNSON ROAD, 39210
VANVOUVER B. C., CANADA</td><td colspan="4">8) MARKS & NOS.
LEISURE
LES97100
VANCOUVER
NO. 1-500CTNS</td></tr>
<tr><td>9) MARKS & NOS.</td><td>10) NOS. & KINDS OF PKGS.</td><td>11) QTY. (PAIRS)</td><td>12) G. W. (kg)</td><td>13) N. W. (kg)</td><td>14) MEAS(m^3)</td></tr>
<tr><td rowspan="2">LEISURE
LES97100
VANCOUVER
No. 1-500CTNS</td><td>HUANLE BRAND PAC BOOTS
ART. NOSH226
500 CARTONS</td><td>3,000</td><td>6,000</td><td>5,000</td><td>54</td></tr>
<tr><td>EACH PAIR TO BE PACKED IN ONE BOX, SIX BOXES TO A CARTON, AND 3,000 BOXES TO A 40 FCL CONTAINER.
6 PAIRS/CTN
500 CARTONS</td><td></td><td>G. W. (KGS)
12/CTN</td><td>N. W. (KGS)
10/CTN</td><td>MEAS(m^3)
0.108/CTN</td></tr>
<tr><td></td><td></td><td colspan="4">15) ISSUED BY
HUNAN HUAXING IMP. & EXP. CO., LTD.</td></tr>
<tr><td></td><td></td><td colspan="4">16) SIGNATURE
WANG DAN</td></tr>
</table>

3. 填写报检报关文件

①填写“出口货物报关单”：2018 年 8 月 1 日海关进出口货物关检融合整合申报实施，报检单和报关单整合为一张报关单。

中华人民共和国海关出口货物报关单

预录入编号：　　　　　　　　　　　　　　海关编号：

境内发货人：湖南华兴进出口有限公司	出境关别：	出口日期：2022-05-20	申报日期：2022-05-13	备案号
境外收货人：LEISURE INTERNATIONAL TRADING CORP.	运输方式：海运	运输工具名称及航次号：Jiefang V. 301	提运单号：JL-LESBL10	
生产销售单位：株洲红景制鞋厂	监管方式：一般贸易（0110）	征免性质：照章	许可证号：	

合同协议号：LX-LESSC 10	贸易国（地区）：加拿大	运抵国（地区）：501 加拿大	指运港：3089 温哥华	离境口岸：广州

包装种类：CARTONS	件数（纸箱）：500 箱	毛重（千克）：6 000	净重（千克）：5 000	成交方式：CIF	运费：USD 3 800.00	保费：USD 546.74	杂费：USD 110

随附单证及编号：商业发票及装箱单
标记唛码及备注： LEISURE LES97100 VANCOUVER No. 1-500 CTNS

项号	商品编号	商品名称规格型号	数量及单位	单价	总价	币制	原产国/地区	最终目的国（地区）	境内货源地	征免
1	64031 20090	雪地靴 SH226	3 000 双	16.07	48 210.00	美元	中国	加拿大	株洲	一般征免

报关人员 申报单位（签章） ×××国际货运代理公司	报关人员证号	电话	兹申明以上内容承担如实申报，依法纳税之法律责任（签章）	海关批注及签章
预录入编号：			海关编号：	

②填写“商业发票”（略）。

③填写“装箱单”（略）。

4. 填写“出口货物投保单”

海运出口货物投保单

<table>
<tr><td colspan="2">1)保险人:
中国人民保险公司</td><td colspan="2">2)被保险人:
HUNAN HUAXING IMP. & EXP. CO., LTD</td></tr>
<tr><td>3)标记:</td><td>4)包装及数量:</td><td>5)保险货物项目:</td><td>6)保险货物金额:</td></tr>
<tr><td>LEISURE
LES97100
VANCOUVER
No. 1-500 CTNS</td><td>500 CTNS</td><td>HUANLE BRAND
PAC BOOTS</td><td>USD 53 031. 00</td></tr>
<tr><td colspan="4">7)总保险金额(大写):
SAY US DOLLARS FIFTY-THREE THOUSAND AND THIRTY ONE. ONLY.</td></tr>
<tr><td colspan="4">8)运输工具: (船名) Jiefang (航次) V. 301</td></tr>
<tr><td colspan="2">9)装运港:GUANGZHOU</td><td colspan="2">10)目的港:Vancouver B. C. Canada</td></tr>
<tr><td colspan="4">11)投保险别: 12)货物起运日期:20-May-2022
All Risks and War Risk as per Ocean Marine Cargo Clause C. I. C. dated Jan. 1st, 1981</td></tr>
<tr><td colspan="2">13)投保日期:
15-May-2022</td><td colspan="2">湖南华兴进出口有限公司
Hunan Huaxing Imp. & Exp. Co., Ltd.
王丹</td></tr>
</table>

5. 拟写装运通知

湖南华兴进出口有限公司

中国长沙五一路 58 号

Hunan Huaxing Imp. & Exp. Co., Ltd.

58 Wuyi Road TEL: 0086-731-62485800

Changsha, China FAX: 0086-731-62485801

DATE: May 20th, 2022

Leisure International Trading Corporation
237 Johnson Rd. 39210
Vancouver B. C. Canada
TEL: 01-11-4533212
FAX: 01-11-4533211

Dear Sir/Madame

We are glad to inform you that Huanle Brand Pac Boots Art. No SH226 under S/C No. LX-LESSC10 against L/C No. LES-LXLC10 covering 3,000 pairs have been shipped on board s. s. Jiefang V. 301 from Guangzhou to Vancouver B. C. on May 20th, 2022, and we have sent, under separate cover, a full set of non-negotiable documents at your request. We hope the shipment will turn out to be satisfactory to you, and may a bright future between us.

Best regards!

Wang Dan
Hunan Huaxing Imp. & Exp.Co., Ltd.

6. 缮制全套出口结汇单据

①填写“汇票”（略）。

②填写“提单”。

<table>
<tr><td colspan="2">Shipper
HUNAN HUAXING IMP. & EXP . CO., LTD.
58 WUYI ROAD, CHANGSHA, CHINA</td><td colspan="3" rowspan="6">B/L No.

COSCO
中国远洋运输总公司
CHINA OCEAN SHIPPING(GROUP) CO.
OCEAN BILL OF LADING
SHIPPED on board in apparent good order and condition (unless otherwise indicated) the goods or packages specified herein and to be discharged at the mentioned port of discharge or as near thereto as the vessel may safely get and be always afloat.
The weight, measure, marks and numbers, quality, contents and value, being particulars furnished by the Shipper, are not checked by the Carrier on loading.
The Shipper, Consignee and the Holder of this Bill of Lading hereby expressly accept and agree to all printed, written or stamped provisions, exceptions and conditions of this Bill of Lading, including those on the back hereof.
IN WITNESS whereof the number of original Bills of Lading stated below have been signed, one of which being accomplished the other(s) to be void.</td></tr>
<tr><td colspan="2">Consignee or order
TO ORDER</td></tr>
<tr><td colspan="2">Notify address
LEISURE INTERNATIONAL TRADING CORPORATION
237 JOHNSON ROAD 39210
VANCOUVER B. C., CANADA</td></tr>
<tr><td>Pre-carriage by</td><td>Port of loading
GUANGZHOU, CHINA</td></tr>
<tr><td>Vessel
JIEFANG, V301</td><td>Port of transshipment</td></tr>
<tr><td>Port of discharge
VANCOUVER. CANADA</td><td>Final destination</td></tr>
<tr><td>Container. seal No. or marks and Nos.</td><td>Number and kind of package</td><td>Description of goods</td><td>Gross weight (kgs.)</td><td>Measurement (m^3)</td></tr>
<tr><td>LEISURE
LES 97100
VANCOUVER
NO. 1-500 CTNS</td><td>500CTNS</td><td>HUANLE BRAND PAC BOOTS AS PER BUYER'S ORDER NO. LES97100
CONTAINER
NO. 46532811</td><td>6,000</td><td>54</td></tr>
<tr><td colspan="3">Freight and charges
FREIGHT PREPAID</td><td colspan="2">REGARDING TRANSHIPMENT INFORMATION PLEASE CONTACT</td></tr>
<tr><td rowspan="2">Ex. rate

AS ARRANGED</td><td>Prepaid at
GUANGZHOU</td><td>Freight payable at</td><td colspan="2">Place and date of issue
GUANGZHOU　May 20, 2022</td></tr>
<tr><td>Total prepaid</td><td>Number of original Bs/L
THREE</td><td colspan="2">Signed for or on behalf of the Master
BY 倪永海 AS AGENT
FOR COSCO GUANGZHOU SHIPPING CO., LTD.
As Agent</td></tr>
</table>

③填写“商业发票”(略)。

④填写“保险单”。

中保财产保险有限公司

The People's Insurance (Property) Company of China, Ltd

发票号码

Invoice No. LX-LESINV10

保险单号次

Policy No. LX-LESBD10

海洋货物运输保险单

MARINE CARGO TRANSPORTATION INSURANCE POLICY

被保险人:

Insured: HUNAN HUAXING IMP. & EXP. CO., LTD.

中保财产保险有限公司(以下简称本公司)根据被保险人的要求及其所缴付约定的保险费,按照本保险单承担险别和背面所载条款与下列特别条款承保下列货物运输保险,特签发本保险单。

This policy of Insurance witnesses that the People's Insurance (Property) Company of China, Ltd. (hereinafter called "The Company"), at the request of the Insured and in consideration of the agreed premium paid by the Insured, undertakes to insure the undermentioned goods in transportation subject to conditions of the Policy as per the Clauses printed overleaf and other special clauses attached hereon.

保险货物项目 Descriptions of Goods	包装 单位 数量 Packing Unit Quantity	保险金额(美元) Amount Insured(USD)
HUANLE BRAND PAC BOOTS AS PER BUYER'S ORDER LES97100	500 CTNS	USD 53,031.00

承保险别

Conditions

ALL RISKS AND WAR RISK AS PER OCEAN MARINE CARGO CLAUSES OF C. I. C., DATED 1/1/1981

货物标记

Marks of Goods

LEISURE

LES97100

VANCOUVER

No. 1-500CTNS

总保险金额:

Total Amount Insured: US DOLLARS FIFTY THREE THOUSAND AND THIRTY ONE

保费 载运输工具 开航日期

Premium AS ARRANGED Per conveyance S. S JIEFANG V. 301 Slg. on or abt May 20th, 2022

起运港 目的港

Form GUANGZHOU, CHINA To VANCOUVER B. C., CANADA

所保货物,如发生本保险单项下可能引起索赔的损失或损坏,应立即通知本公司下述代理人查勘。如有索赔,应向本公司提交保险单正本(本保险单共有 份正本)及有关文件。如一份正本已用于索赔,其余正本则自动失效。

In the event of loss or damage which may result in acclaim under this Policy, immediate notice must be given to the Company's Agent as mentioned here under. Claims, if any, one of the Original Policy which has been issued in original (s) together with the relevant documents shall be surrendered to the Company. If one of the Original Policy has been accomplished, the others to be void.

赔款偿付地点

Claim payable at VANCOUVER B. C IN USD

日期 在

Date May 18th, 2022 at GUANGZHOU

地址:

Address:____________________________________

⑤填写“装箱单”(略)。

⑥拟写单据传递方式证明书。

证明1。

Hunan Huaxing Imp. & Exp. Co., Ltd.

58 Wuyi Road

CHANGSHA, CHINA

CERTIFICATE

DATE: May 20th, 2022

TO: LEISURE INTERNATIONAL TRADING CORPORATION

This is to certify that one full set of non-negotiable copies of documents has been sent by airmail directly to Leisure International Trading Corp.

Wang Dan

Hunan Huaxing Imp. & Exp. Co.,Ltd.

证明2。

Huaxing Imp. & Exp. Co.,Ltd.

58 Wuyi Road

CHANGSHA, CHINA

CERTIFICATE

DATE: May 20th, 2022

TO: LEISURE INTERNATIONAL TRADING CORPORATION

This is to certify that one full set of invoice and B/L have been faxed directly to Leisure International Trading Corp.

Wang Dan

Huaxing Imp. & Exp. Co., Ltd.

知识链接

1. 出口合同履行的程序

出口合同履行的程序,如图 4-2 所示。

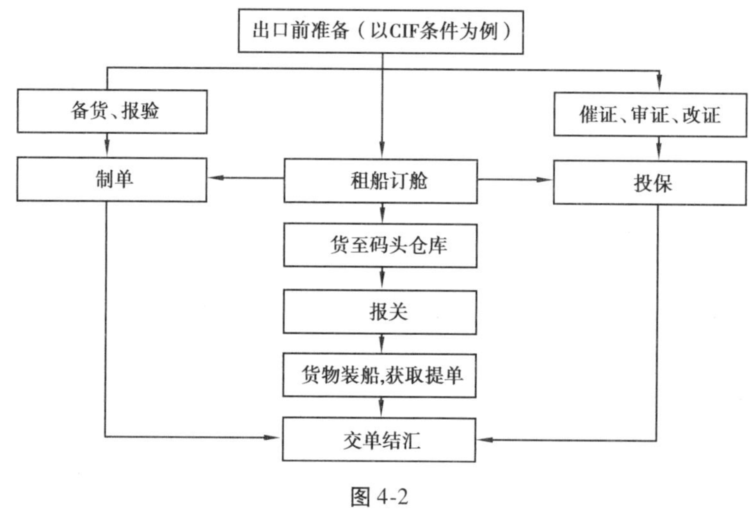

图 4-2

2. 审证

审证即是对信用证进行审核,这是信用证业务中极其重要的环节。

审核信用证是银行(通知行)与出口企业的共同责任。银行着重审核开证行的政治背景、资信能力、付款责任和索汇路线等方面的内容,出口企业则着重审核信用证内容与买卖合同是否一致。

(1)银行审证

银行比出口企业更先收到信用证,其对来证的审核主要包括以下内容。

①政治性的审查。来证国家和地区必须是与我国有经济往来的国家和地区。来证各项内容应符合我国的方针政策,不得有歧视性内容,否则应根据不同情况同开证行进行交涉。

②开证银行资信的审查。为了保证安全收汇,对开证行的政治背景、资信能力、经营作风,以及印鉴密押是否相符、索汇路线是否正确、收汇是否安全等必须审核。对于资信不佳的银行应酌情采取适当措施,如要求另一家银行加以保兑。

③对信用证的性质与开证行付款责任的审查。审查来证是否标明"不可撤销"的字样,是否同时在证内载有开证行保证付款的文句。有些国家的来证,虽然注明有"不可撤销"的字样,但在证内对开证行的付款责任又加列"限制性"条款或"保留"条件,如"领到进口许可证后信用证方可生效","船公司、船名和目的港须征得开证人同意后,方可装运货物","在货物清关后方可支付货款"等,这些条款改变了信用证的性质,因此,出口商必须特别注意。

(2)出口企业审证

银行在对信用证进行审核后,将其交给出口企业。出口企业既要对银行审核的内容进行复核,又要着重对信用证进行以下专项审核。

①对信用证的开证日期、开证地点、开证申请人和受益人的名称、地址等的审核。

②对信用证商品的名称、品质、规格、数量、包装等条款的审查。证中有关商品名称、规格、数量、包装、单价等项内容必须和合同规定相符。

③对信用证金额与货币的审查。信用证金额应与合同金额相一致,如合同订有溢短装条款,信用证金额亦应包括溢短装部分的金额。信用证金额中单价与总值要填写正确,大、小写并用。来证采用的货币应与合同规定相一致,如信用证来自与我国订有支付协定的国家,则使用货币应与支付协定相符。

④对信用证规定的装运期、有效期和到期地点的审查。装运期必须与合同规定相一致,若信用证中未规定装运期,则信用证的有效期即被视为装运期,信用证有效期一般应与装运期有一定的合理间隔,以便在装运货物后有足够时间办理制单结汇工作。在我国的出口业务中,通常要求信用证的议付到期日规定在装运期限后15天。若信用证的装运期与有效期是同一天,业务上称其为“双到期”;若信用证内只注明有效期,但未注明装运期,也应理解为“双到期”。遇到这种情况,出口企业应在装运期内尽快完成装运工作,否则可能来不及在有效期届满前向银行交单。关于信用证的到期地点,通常要求规定在中国境内到期,若信用证将到期地点规定在国外或国外银行的柜台等,我方不易掌握国外银行收到单据的确切日期,这不但会影响收汇时间,而且容易引起纠纷,故一般不宜接受。

⑤对信用证运输条款规定的审查。首先应审查来证对装运港(起运地)、目的港(目的地)以及转运和分批转运的规定是否与合同相符。除非合同中有明确规定,出口方应要求信用证允许转运或分批装运,或对此不作规定。另外,还应审查来证对分批装运是否有特殊要求。有的信用证在规定分批装运期限的同时,也规定了各批装运的具体数量,这时只要分批装运中有一期未能按时运出,则信用证对该期及以后各期均告失效。若出口企业对这些特殊要求难以办到,就应向对方提出修改要求。

⑥对信用证保险条款规定的审查。出口企业应对来证中规定的投保险别、保险金额和投保加成率等内容进行审核,如发现投保险别与合同规定不符或提高了投保加成率,则应要求对方修改。即使在来证中规定额外保险费可以证外超支时,也应先征求保险公司的同意,否则不予办理,应改证。

⑦对信用证付款期限规定的审查。审查信用证付款期限是否与合同相符,在远期付款条件下,信用证是否对买方负担利息的条款作出了与合同一致的规定。在即期合同下,只要开证行资信可靠,我方也可以接受对方开来的假远期信用证。

⑧对单据的审查。对于来证中要求提供的单据种类和份数及填制方法等,要进行仔细审核,特别是要审查对发票、装箱单、重量单、产地证书、检验证书等单据的内容有无特殊要求,如发现有不正常的规定,例如要求商业发票或产地证明须由国外第三者签证以及提单上的目的港后面要加上指定码头等,都应慎重对待。

⑨对其他特殊条款的审查。在审证时,除对上述内容进行仔细审核外,还应对信用证内

加列的许多特殊条款进行审查,如指定船公司船籍、船龄等条款。

⑩对开证行责任条款的审查。国外开证行一般应有保证付款的声明,并注明"除另有规定外,本行根据国际商会《UCP600》办理"。如果信用证中没有上述规定,甚至加列某种"保留"和"限制"条款,我有关银行和企业不应接受这种信用证,应向对方提出改证。

(3)检查信用证中有无"软条款"

"软条款"(Soft Clause)是指置出口方于不利地位的弹性条款,即信用证中所有无法由受益人自主控制的条款。

"软条款"信用证常见的表现形式主要有以下几种:

①要取得进口许可证,信用证才能生效。

②信用证暂时不生效,何时生效由银行另行通知。

③信用证规定必须由申请人或其指定的签字人验货并签署质量检验合格证书,才能付款或生效。

④有关运输事项如船运公司、船名、装船日期、装卸港等须以开证申请人的书面通知或开证行的修改通知为准。

⑤品质证书须由申请人出具,或须由开证行核实,或其印鉴必须与开证行的档案记录相符,信用证才能生效等。

⑥受益人凭买方签发的货物收据或买卖双方共同签订的交接单据议付。

具有上述条款的信用证,并不一定就是"软条款"信用证。实践中,由于各当事人之间的交易习惯和经常性做法不尽相同,有些要求对于其他当事人而言属于"软条款",对于另一当事人就不是"软条款",而是正常做法所要求的条款。因此,判断何为"软条款",尚需要结合当事人的交易习惯和做法,而不能简单地下结论。

出口商最好与进口商事先商定好,选择信誉较好的银行作为开证行。由于这些银行操作规范、服务质量高,一般会严肃认真地对待"软条款"问题。对出口商来说,风险概率会大大降低。

3. 改证工作中需注意的问题

在改证工作中,需注意6个问题。

①凡需要修改的各项内容,应做到一次向国外客户全部提出。尽量避免由于我方考虑不周而多次提出修改要求的情况。否则,会使履约受到影响,而且手续烦琐,改证费用过高会引起国外客户的不满。

②对通知行转来的"信用证修改通知书"的内容,经审核后只能全部接受或全部拒绝,不能只接受一部分而拒绝其余部分。

③接到国外银行寄来的信用证修改通知书后应仔细审核。如发现修改内容仍难以接受,应在三个工作日内将修改通知书退回通知行并说明有关情况。

④对提出修改的信用证,必须在收到修改通知书并审核同意后,方可将货物装船出运,否则会使我方陷入被动,影响收汇安全。

⑤对来证不符合合同规定的各种情况还需作出具体分析,不一定坚持要求对方办理改证手续。只要来证内容不违反政策和原则,并能保证我方安全迅速收汇或经过适当努力可

以办到而并不造成损失的,我方也可以酌情处理。

⑥信用证修改书作为信用证一个不可分割的部分,应在交单时连同信用证正本一起提交银行。

4. 租船订舱

(1)订舱的流程

订舱是指托运人(包括其代理人)向班轮公司(即承运人,包括其代理人)洽订班轮舱位、申请货物运输,承运人对这种申请给予承诺的行为。

以 CIF 价格条件成交,办理订舱手续的程序是:出口商填制海运出口货物订舱委托书,随附出口货物明细单、商业发票、装箱单等;委托货运代理订舱,货运代理接受委托后根据商品流向和船期表向船公司或其代理人提出"托运单"(B/N);船公司收到托运单后,根据配载原则安排船只或舱位并签发"装货单"(S/O),运输合同即告成立,待船只到港后货主或其代理人便可以凭该单发货、报关、装运。

当前电子托运订舱兴起。通过电子报文形式的订舱方式称为电子托运。电子托运的基本流程是:托运人在其办公场所将标准结构的托运单电子数据报文,通过终端申报或登录船公司的网站,在"订舱托运"系统中,向船公司计算机系统发送托运电子数据;船公司或其代理收到电子托运数据后安排舱位,一旦船公司确认订舱后,再发送"接受订舱"回执给托运人,将确定的船名、航次、关单号等信息数据传回托运人,完成托运订舱手续。电子托运完成订舱仅需几分钟,与传统纸质订舱的制单、送单、确认,配载、取单过程相比,差错率降低,订舱效率提高。

(2)订舱所需的主要单证

进出口商办理订舱手续所需的主要单证有:进出口货物明细单、海运进出口货物订舱委托书、商业发票和装箱单等。

5. 报关

出口货物报关是指出口货物的发货人或其代理人在规定的期限内向海关交验有关单证,办理出口货物申报手续的法律行为。

(1)申报

申报是指报关员在海关规定的时间内,持规定的单证向海关申请对出口货物的查验、放行。除海关特准外,报关人员应在装货前 24 小时向海关申报出口。企业经与直属海关、第三方认证机构(中国电子口岸数据中心)签订电子数据应用协议后,可在全国海关适用"通关作业无纸化"通关方式。

申报时需按海关规定的格式填写"出口货物报关单",一式两份。报关随附下列单证交海关审核:出口货物许可证、发票、装箱单、法定检验证书或免检证明书、减免税的证明文件。对应实施商品检验的文物、医药,受出口管制或受其他管制的出口货物,还应交验有关主管部门签发的证明文件。海关认为必要时,出口企业还须提供销售合同、产地证明及账册等。

海关收到上述单证后,即进行认真审核,以确定所申报的出口货物是否符合我国《海关法》及有关法律规定。

(2)查验

查验指海关以经过审核的单证为依据,在海关监管场所,对所申报的出口货物进行实际核查、验证。核查是海关对照报关单核对货物的品种、件数、数(质)量、标记唛码等。验证是海关或海关委托有关部门对货物的化学性质、物理性质、使用价值及功能予以确认。

海关查验时出口货物的发货人或其代理人应派人到现场并负责搬移货物、开拆和重封货物的包装。对于成套设备、精密仪器、贵重物资、急需物资、集装箱货物等,若在海关规定场所查验确有困难,经海关核准,海关可派人到发货人仓库、场地或监管区域外的其他合适地点进行查验。如果采用这种方式,海关将按规定的收费标准收取一定的费用。

(3)纳税

出口货物的发货人或其代理人应在规定的期限内向海关缴纳税款。

(4)放行

海关经审核单证和查验货物未发现问题,在应纳税货物完成出口纳税或提供担保后,由海关审结完毕,电子放行,现场在装货单上加盖放行印章,准予货物出境。海关放行后,出口企业或其代理人即可对货物装船发运。

6. 我国出口结汇的做法

(1)主要方式

①买单结汇。又称"出口押汇",这是国际银行界通常所采用的"议付"的做法。它是指议付行收到出口企业提交的单据后,按照"单证相符、单单相符"的原则审单无误后买入单据,从票面金额中扣除从议付日到收到票款日的利息及手续费,将余额按当日外汇牌价折算成人民币,垫付给出口企业。议付行买入单据后,即成为单据持有人,可凭票向付款行索取票款。这种结汇方式实际上是银行对出口企业提供的资金融通,企业收汇较快,有利于企业的资金周转。

②收妥结汇。又称收妥付款,是指国内银行在审核企业提交的单据无误后,将全套单据寄交信用证规定的国外付款行,待收到对方付款后再对出口企业付款。在这种付款方式下,银行不承担风险,不垫付资金,但企业收汇较慢。

③定期结汇,是指国内议付行在审核企业提交的单据无误后,根据向国外付款行索偿所需时间,预先确定一个固定的结汇期限,到期后主动将票款付给出口企业。

(2)对"单证不符"情况的处理

在实际业务中,凭信用证成交的货物,在出运后如发现单证不符,又由于时间限制来不及改单,无法在信用证到期日和交单期限内做到单证相符,则可根据情况灵活处理,一般来说可采取以下 4 个办法:

①授权国内被指定银行将不符单据采用航空邮寄的方式寄交国外开证行。银行要在收到开证行接受单据的通知后才根据该信用证的种类予以付款、承兑或议付。假若开证行拒绝接受不符单据,出口企业只能寻求其他途径解决。

②采用"电提"方式征求意见。为了尽快知道国外开证行对不符单据的态度,出口企业可以授权被指定的国内银行采用电传等电信方式将单据中的不符点通知开证行,国内银行在收到国外开证行授权通知后才按授权通知的内容付款、承兑或议付。这种做法称为"电信提出",简称"电提"。

③采用担保议付的办法。当国内议付行审单发现不符点时,如情节较严重,在征得进口方同意后出口企业可向议付行出具担保书,要求凭担保付款或议付。这时议付行向国外开证行寄单时,在随附单据的表面盖上注明不符点和"凭保议付"字样。此种做法称作"表盖提出",简称"表提"。如果开证行拒付货款,议付行则有权要求担保人履行担保书中所作出的承诺。

④改为跟证托收。在单证不符情况下,国内议付行不愿采用以上三种办法或虽已采用,但国外开证行仍拒付时,出口企业只能采用托收方式委托国内银行作为托收银行向国外开证行寄单收款。由于这种托收与原信用证有关,为了使进口方易于了解该项托收业务的由来,托收行仍以原开证行作为代收银行,请其代为收款。这种做法称为"跟证托收"。

值得指出的是:当采用上述几种处理办法时,出口企业已经失去了开证银行在信用证上所作出的付款保证,从而使出口收汇从凭银行信用变成了凭商业信用,致使出口企业完全陷于被动地位。因此,出口企业应该认真缮制单据,仔细预审单据,尽量将问题解决在货物出运之前。

(3)对结汇单据的要求

在信用证方式下,能安全、及时收汇的关键是出口企业提交的各种单据必须与信用证的规定一致,单据间也不得有矛盾之处,这就是银行审单时所遵循的"严格符合原则"。

7.跨境电商 B2B 平台中的知识应用

跨境电商 B2B 模式下,根据平台的功能和进出口双方的意愿,货款的支付可分为线上支付和线下支付两种。线下支付与传统国际贸易基本一样,需要我们运用所学的国际贸易结算知识和技能去完成各种结算方式的操作流程。但由于跨境电商 B2B 的订单碎片化特点,电汇(T/T)方式最为常用。一般会灵活采用预付定金,发货后再支付剩余货款的方式。

相关知识的学习和掌握也有助于我们理解和使用线上支付方式。下面我们以阿里巴巴国际站为例,介绍线上支付的做法。与传统国际贸易一样,线上支付方式的设计主要是为了解决风险和便利两方面的问题。为此,阿里巴巴国际站引入了信用保障服务(Trade Assurance)。该服务授予中国供应商一定额度,如果发生中国供应商恶意拖欠货物或者没有按合同要求完成发货时,阿里巴巴国际站将先行赔付给国外买方。通过大量交易数据的沉淀,买卖双方得以在一定额度内开展先行付款或赊销。信用证结算方式中银行信用支撑起了结算体系,阿里巴巴国际站则用"先行赔付"的做法和信用保障体系支撑起了线上支付结算体系。另外,阿里巴巴国际站还引入了线下的中国出口信用保险来覆盖自身额度外的风险。信保订单的付款方式有三种:e-Checking、信用卡和 T/T。

e-Checking 是阿里巴巴信用保障服务提供的一种新的在线支付方式,全程网上进行,操作便捷(类似信用卡在线支付,填写账户信息授权后等待扣款即可),目前仅面向持有美国支票账户(US checking account)的买家进行美金支付。每笔支付银行手续费固定为 15 美元,由付款方(买家)承担,买家在使用 e-Checking 付款的时候自动累加并扣款。信用卡支持 VISA 和 MASTER CARD 支付,每笔支付最高限额为 2 万美元,付款手续费是支付金额的 2.8%,由买家承担。T/T 付款需付到该订单固定的收款账号,根据中转银行情况产生不同的手续费。

知识拓展

1. 出口业务涉及的单证(图 4-3)

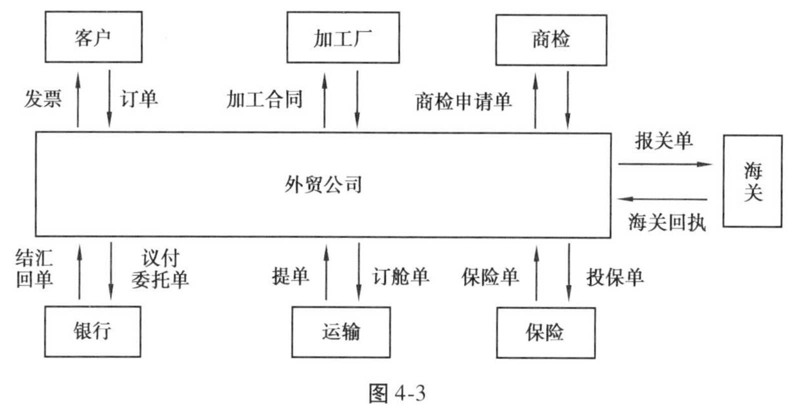

图 4-3

2. 主要货运单证(表 4-2)

表 4-2

单证名称	制作人	制作时间	制作依据	用途
托运单(Booking Note, B/N)	托运人(或货代)	托运货物之前	合同条款或信用证条款	订舱
装货单(又称关单、下货单)(Shipping Order, S/O)	托运人或货代制作,由承运人或船代签发	装船之前	托运单和船舶的配载情况	确定承运,用以报关通知装船的命令
装货清单(Loading List, LfL)	承运人或船代	装船之前	装货单留底	供大副编制积载图,供理货员理货,供港口安排驳运和货物进出库,供承运人掌握备装情况
积载图(Stowage Plan)	大副和船代	船到港前先由船代绘制草图,船到港装货后再由大副与船代正式制备积载图	装货清单	安排泊位、出舱、下驳、搬运、保管、装船、卸船必须查阅的资料
收货单,又称大副收据(Mate's Receipt, M/R)	托运人制作	货物装船之后由大副签发	收货的实际情况	收到货物的凭证,用以划分船、货双方的责任并凭此换取正式提单
卸货清单(舱单)(Manifest, M/F)	承运人或船代	货物装船后	收货单或提单	供海关对货船进出境进行监管的单证,也是卸货港船代安排泊位、卸货的依据
货物溢短单(Over Landed & Short Landed Cargo List),货物残损单(Broken & Damaged List)	理货组长与大副共同签署	货物卸船之后	货物溢/短单根据舱单、货运单据、理货单及理货日报单制作;货物残损单根据理货员现场记录	处理溢、短、残纠纷时划分船、货双方之间责任的依据

续表

单证名称	制作人	制作时间	制作依据	用　途
场站收据（Dock Receipt）	发货人或其货运代理人缮制	托运货物之前及装运过程中	略	集装箱运输五联单，第一联：集装箱货物托运单，船代留底。第二联：装货单场站收据副本。第三联：场站收据副本大副联。第四联：场站收据。第五联：装箱理货留底发货人或其货运代理人缮制

3. 提单流程（图 4-4）

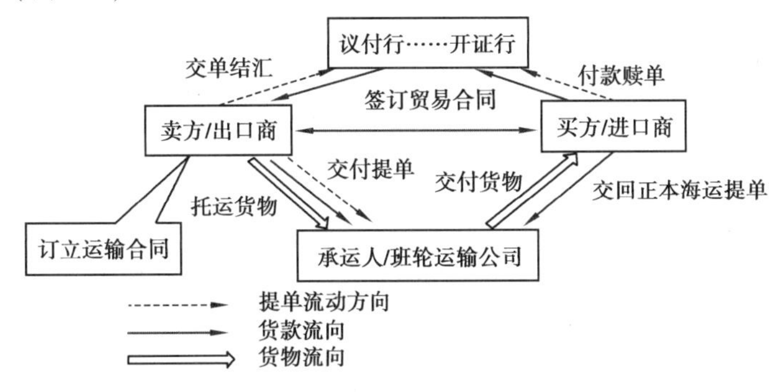

图 4-4

4. 出口货物的类别和报关程序的关系

不同种类出口货物报关程序见表 4-3。

表 4-3

货物的类别	前期阶段	出境阶段	后续阶段
一般出口货物	无	申报、查验、征费、放行	无
保税出口货物	备案、申领手册	申报、查验、征费、放行、核销、结关	备案、申领手册
特定减免税货物	备案、申领证明	申报、查验、征费、放行	解除监管、结关
暂准出口货物	备案、申领证明	申报、查验、征费、放行	解除监管、销案

5. 出口货物电子通关流程（图 4-5）

6. 出口业务中的风险及其防范

（1）出口商信用证业务中的风险及其防范（表 4-4）

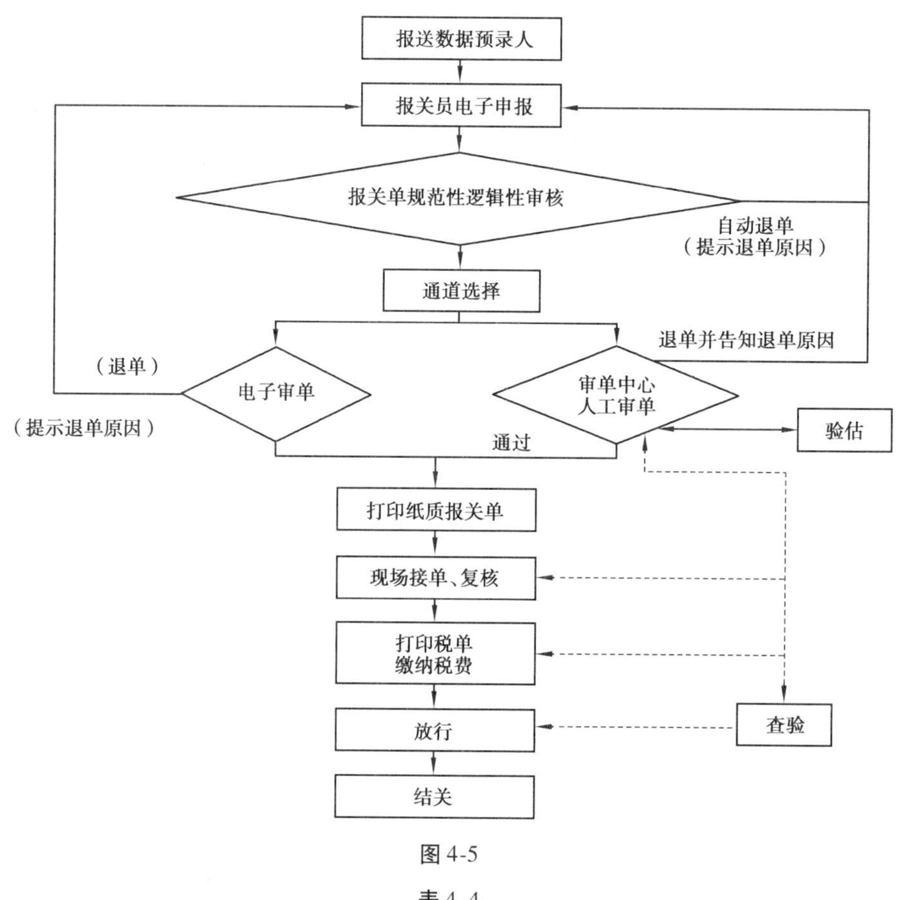

图 4-5

表 4-4

风　险		防　范
合同、单据与信用证不符	单据与 L/C 不符	①L/C 不能要求受益人不能取得的单据，不能要求遵守不能从单据表面确定的条件，不能要求开立开证行不知道的单据。②出口方要求开立背对背 L/C 是为了转售他人货物，从中牟利，它是可以不经原 L/C 开证人的同意即可开出的，原开证行对此不负责任
	买方不按期开证或不开证	①签订进出口合同时，明确规定买方开出 L/C 的最迟日期，如果买方未做到，可诉其违约。②催促买方开证
	买方故意设置障碍	受益人应仔细对 L/C 内容进行检查和逻辑分析
	L/C 要求不易取得的单据，如：某特定人签字的单据	及时要求买方通过银行修改，取消有关词句
	L/C 条款与买方本土法律规定不一致	预防在先，了解在先，应删除有关条款
	L/C 与合同不一致	尽早向客户指明不符条款，令其修改 L/C

续表

风险		防范
买方蓄意诈骗	假冒或伪造印鉴	认真审核邮戳,L/C 限制通知行,在银行年签上进行核查,要求手签
	伪造 L/C	由专业银行审查
	涂改 L/C	通过可靠机构如当地银行查询
	伪造保兑 L/C	第一时间与开证行和保兑行联系
	伪造 L/C 修改书	核对修改书密押与原证是否一致。若不一致,迅速查询开证行进行确认
	假客检证书	拒绝来证中含有检验证书由申请人代表签署的"软条款"。即使接受,也要拒绝来证中要求一份正本提单交给申请人
软条款陷阱	恶意的买方企图以文字方式更改 L/C 的性质	认真核查,如发现,应立即停止履行
	我出口方贸然接受对方不合理要求	切忌急于求成
	买方代表为检验人	此条款出口方一般不接受。为了成交,可同意买方代表参与检验,但不能将此作为 L/C 条款
	非单据条款	为避免非单据化条款的出现,受益人在收到了包含非单据条款的 L/C 时,如方便出单,应尽量按照 L/C 要求出具。否则,应及时与开证申请人联系,尽量使 L/C 单据化,或者干脆要求删除该条款
其他	利用对开 L/C 诈骗	对远期 L/C 的利弊要有清醒的认识、要重视对客户资信的调查、对交易中可能出现的最不利情形要有充分的预测和准备
	可转让 L/C 风险:第二受益人得不到支付,钱货两空,供货商无权要求开证行付款,转让行不承担对供货商绝对付款义务,供货商收款权利依附于中间商而存在	加强自身保护,努力为自己争取到有利的交易地位,不采用可转让 L/C
	"正本提单径寄开证人"	①认真签订合同,注意合同条款的正确与完备,并在合同中特别约定:接受"正本提单径寄开证人"条款的 L/C,但开证申请人不得以受益人议付的单据有不符点为由拒绝向开证行付款。②收证后认真审证。③按时按质备货、发运并正点出单。④在接受"正本提单径寄开证人"条款的同时,必须要求 L/C 明确规定将提单条款中的收货人做成"凭开证银行指示"的抬头。⑤代理出口情况下,应注意征求委托方的意见,应注意向银行交单议付后暂不办理出口押汇,不能向委托方提前垫付货款。⑥按要求及时交单、寄单,并密切关注单证流转相关部门及客户状况,与通知行、议付行密切配合

（2）货物运输中的风险及其防范（表4-5）

表4-5

时　间	风　险	防　范
租船订舱中	①港口拥挤导致滞期 ②卖方对卸货进程无法掌控 ③进出口合同与租船合同对卸货时间理解不一	①合理确定港口 ②在合同中附加有关滞期费负担的特别条款
提单中	①提单类型选择不当 ②无提单提货	①通过一些法律制度或成立一些专门机构来形成一套防范机制进行宏观层面上的管理 ②选择资信良好的船公司 ③做好交易伙伴的资信调查 ④积极做好投保工作 ⑤重视单据

（3）出口货物投保中的风险及其防范（表4-6）

表4-6

风　险	防　范
①未能及时办理保险 ②险种选择不当造成被保险货物出险后保险 ③公司拒绝赔偿或造成保险费用的增加 ④申报不真实导致保险合同无效	①依据货物的性质、特点、包装，依据货物的运输方式、路线及港口的情况，依据国际形势变化等选择适当的险别 ②及时办理投保手续，支付保险费 ③如实填写投保单，并保证与合同、信用证相一致

（4）出口货物报检中的风险及其防范（表4-7）

表4-7

风　险	防　范
检验标准风险： ①合同规定的标准与检验标准相矛盾，致使买卖双方对合同标的标准产生不同理解 ②忽略合同约定的检验标准，导致交付货物经进口方复验不符合合同要求 ③不了解进口方有关商品检验标准具体规定，导致交付不符货物	①合理并明确地约定合同条款 ②重视合同中关于检验标准的约定 ③了解进口方有关商品检验标准的具体规定
检验报告风险： ①未将商品及时交规定的检验机构进行检验检疫 ②检验机构出具的检验报告与合同或信用证规定不符 ③检验证书过期 ④检验证书与事实不符	①属法定或合同要求检验检疫的商品，一定要及时进行检验检疫 ②检验必须由双方在合同中约定的商检机构进行，商检证书应由该机构出具 ③报检员严格按照合同或信用证规定填表和申报 ④在检验检疫证中规定的有效期内发运货物 ⑤商检机构应切实履行职责

(5)出口货物通关中的风险及其防范(表4-8)

表4-8

风 险	防 范
①未按时申报 ②证件未能及时备齐 ③报关单填写不规范、不准确 ④逾期交纳出口税费	①在海关规定的申报时限和申报地点如实进行申报 ②及时备妥报关单证 ③准确填写出口货物报关单 ④在规定的时限内交纳税费 ⑤特殊情况下向海关申请担保放行

(6)议付过程中的风险及其防范(表4-9)

表4-9

风 险	防 范
①L/C含有"软条款" ②L/C含有"陷阱条款" ③客商信誉不良 ④进口方伪造L/C修改书	①删除不利的L/C条款 ②单证核对、单单核对 ③在规定的时限内交单 ④任何改证都由开证行授权 ⑤及时索取提单并查询提单信息的真实性

能力实训

1. 阅读下列背景材料

2022年1月28日，浙江名苑进出口有限公司外贸业务员许月收到英国客户Owen Foods Inc. 经理欧文先生的电子邮件，欲购3 600箱5年绍兴加饭酒(Shaoxing Rice Wine，见右图)，酒精度为15%，每箱12瓶，每瓶750毫升，采用即期付款信用证，要求报FOB上海美元价。

许月立即通知供应商——浙江福越绍兴酒有限公司销售部杨经理报价，次日收到其报价如下：含税价234.00元/箱，1个月内交货，增值税率为17%；每720箱装1个20'FCL；交货时付款；工厂交货。

2. 许月完成了下列工作任务

(1)出口报价核算和发盘

1月29日的美元牌价按1美元=6.23～6.25元人民币计，该酒的海关监管证件代码AB，出口退税率为15%，国内费用为采购成本的3%，预期出口成本利润率为15%(按采购成本计算)。许月核算FOB上海的出口报价是39.51(美元/箱)，1月29日，外贸业务员许月根据欧文经理电子邮件内容、出口报价核算结果等信息，在下列方框内给欧文经理用英文书写发盘函。

支付：30%合同金额在合同签订后15日内电汇支付，余款凭即期付款信用证支付。

交货：收到信用证后45日内交货。

发盘的有效期：2022年2月10日前到有效。

(2)接受与签订出口合同业务操作

通过几次磋商,2022 年 2 月 16 日浙江名苑进出口有限公司与浙江福越绍兴酒有限公司按 229.32 元/箱的价格达成协议;与 Owen Foods Inc. 最终达成如下条款,签订号码为 MY202202015 出口合同。

①单价:36.00 美元/箱,FOB 中国上海港,依据 INCOTERMS® 2011。

②数量:3 600 箱。

③支付:20%合同金额在 2022 年 3 月 1 日前电汇支付,余款采用即期议付信用证支付。信用证要求在 2022 年 3 月 1 日前开到卖方,如果信用证晚到,卖方对延误装运不承担责任,并有权取消合同和索赔损失。

④运输:1 440 箱在 2022 年 4 月交货,2 160 箱在 2022 年 5 月交货;从中国上海港海运至英国费利克斯托港,允许转运。

⑤单据:A. 手签发票一式三份;B. 装箱单一式三份;C. 全套清洁已装船海运提单,以开证行指定人为收货人,标注"运费到付",通知买方;D. 普惠制产地证格式 A。

⑥其他:允许数量和金额 1%以内的增减。

3. 请你以许月的身份根据前面的背景资料,回答相关问题

2022 年 2 月 25 日,外贸业务员许月收到英国 Owen Foods Inc. 电汇过来的 25 920 美元预付款。并于 2 月 26 日收到中国银行浙江省分行国际业务部的信用证通知函,告知 Owen Foods Inc. 已经通过中国银行伦敦分行(Bank of China, London)开来信用证。信用证内容如下。

MT 700		ISSUE OF A DOCUMENTARY CREDIT
SEQUENCE OF TOTAL	27:	1/1
FORM OF DOC. CREDIT	40A:	IRREVOCABLE
DOC. CREDIT NUMBER	20:	BOCL2022000135
DATE OF ISSUE	31C:	220226
APPLICABLE RULES	40E:	UCP LATEST VERSION
DATE AND PLACE OF EXPIRY	31D:	DATE 220531 PLACE IN U. K.
APPLICANT	50:	OWEN FOODS INC. NO. 66 UNION ST., LUTON LU, 3AN, U. K.
BENEFICIARY	59:	ZHEJIANG MINGYUAN I/E CO., LTD. NO. 27 JINGJI RD., HANGZHOU, P. R. CHINA
AMOUNT	32B:	CURRENCY USD AMOUNT 129 600. 00
AVAILABLE WITH/BY	41D:	ANY BANK IN CHINA, BY NEGOTIATION
DRAFTS AT...	42C:	60 DAYS AFTER SIGHT
DRAWEE	42A:	BANK OF CHINA, LONDON
TRANSSHIPMENT	43T:	PROHIBITED
PORT OF LOADING/ AIRPORT OF DEPARTURE	44E:	SHANGHAI, CHINA
PORT OF DISCHARGE	44F:	FELIXSTOWE, U. K.

续表

SHIPMENT PERIOD	44D:	2160CTNS OF SHAOXING RICE WINE SHIPPED IN APRIL 2022;1440CTNS OF SHAOXING RICE WINE SHIPPED IN MAY 2022
DESCRIPTION OF GOODS AND/OR SERVICES	45A:	3600CTNS OF SHAOXING RICE WINE, ALCOHOL CONTENT: 15 PERCENT, 12BTLS/CTN, 500 ML/BTL, AT USD 36.00/CTN, FOB SHANGHAI, CHINA AS PER INCOTERMS® 2010
DOCUMENTS REQUIRED	46A:	+SIGNED IN INK INVOICE IN TRIPLICATE +FULL SET OF CLEAN ON BOARD OCEAN BILL OF LADING MARKED "FREIGHT PREPAID" MADE OUT TO APPLICANT NOTIFYING THE APPLICANT +PACKING LIST IN TRIPLICATE +THE CERTIFICATE OF ORIGIN CERTIFIED BY C. C. P. I. T.
ADDITIONAL CONDITION	47A:	+ALL DOCUMENTS MUST INDICATE THE NUMBER OF THIS CREDIT + ALL PRESENTATIONS CONTAINING DISCREPANCIES WILL ATTRACT A DISCREPANCY FEE OF USD 50.00 PLUS TELEX COSTS OR OTHER CURRENCY EQUIVALENT. THIS CHARGE WILL BE DEDUCTED FROM THE BILL AMOUNT WHETHER OR NOT WE ELECT TO CONSULT THE APPLICANT FOR A WAIVER
PERIOD FOR PRESENTATION	48:	WITHIN 5 DAYS AFTER THE DATE OF SHIPMENT, BUT WITHIN THE VALIDITY OF THIS CREDIT
CHARGES	71B:	ALL CHARGES OUT OF ISSUING BANK ARE FOR ACCOUNT OF BENEFICIARY.
CONFIRMATION INSTRUCTION	49:	WITHOUT
INFORMATION TO PRESENTING BANK	78:	ALL DOCUMENTS ARE TO BE REMITTED IN ONE LOT BY COURIER TO BANK OF CHINA, LONDON, 90 CANNON STREET, LONDON EC4N 6HA, U. K.

①以外贸业务员许月的身份,根据签订的出口合同条款,审核以上信用证,找出问题条款,并针对问题条款提出改证意见。

②以外贸业务员许月的身份,根据以上审证结果,给欧文经理用英文书写改证函。

③浙江名苑进出口有限公司在出口绍兴加饭酒前是否需要办理报检,为什么?

德育园地

合规经营 维护经济稳定与繁荣

信用证诈骗是一种常见的金融诈骗手段,以下是一个可能的信用证诈骗案例:一家公司(甲方)与另一家公司(乙方)签订了一份合同,乙方同意向甲方提供一批商品,并要求甲方开立一份信用证作为付款保证。甲方在银行开立了信用证,并将其发送给乙方。信用证规定,一旦乙方按合同要求交付商品,并提供符合要求的文件,银行将支付款项给乙方。然而,乙方并没有真正提供商品,而是伪造了相关文件,包括货物装运单、发票等,并提交给银行以获取支付款项。银行在未仔细核实文件的真实性的情况下,按照信用证的规定支付了款项给乙方。当甲方发现乙方并未提供商品时,他们向银行提出投诉。然而,由于银行在支付款项时没有充分核实文件的真实性,甲方很难追回已支付的款项。

思考:分析信用证诈骗行为对个人、企业和社会的影响。如何在信用证操作中遵循道德准则和法律法规?

项目五　出口业务善后

【工作情景】

在收到信用证修改通知后，姚石于5月9日向船公司订舱，填制出口货物订舱委托书、商业发票和装箱单，接着在订妥舱位收到配舱回单后于5月12日向海关办理了货物的申报出口手续。5月15日向保险公司办理了投保手续。出口货物在海关验讫放行后，即办理了货物的装运手续并同时向进口商发出了货物装运的通知。随后办理了交单议付。至此，该笔交易已安全收汇。

【任务布置】

1. 顺利结汇后的业务善后
2. 遭到拒付后的业务善后
3. 买方违约后的业务善后
4. 撰写出口业务总结报告

【操作提示】

1. 办理出口退税

5月20日公司查询到了海关总署向国家税务总局传输的出口报关单结关信息电子数据。同一天，公司又收到银行的收汇水单。请办理出口退税手续。

2. 善后函

请根据开证银行的反馈信息，给国外客户发一封善后函。

3. 业务报告

请撰写业务总结报告。

【课前学习任务】

任务一　顺利结汇后的业务善后

一、办理外汇核销

随着电子化的不断普及，从2012年8月1日开始国家外汇管理局改革了货物贸易的外汇管理方式，改革的主要内容是取消了出口收汇核销单，企业不再办理出口收汇核销手续。国家外汇管理局分支局对企业的贸易外汇管理方式由现场逐笔核销改变为非现场总量核销。

二、办理出口退税

结关后由海关直接签发结关信息给国税总局,企业在中国电子口岸出口退税中用“数据查询”→“结关状态查询”功能查询报关单结关状态,查到结关即可进行退税。税务部门参考外汇局提供的企业出口收汇信息和分类情况,依据相关规定,审核企业出口退税。

三、向对方寄送善后函

当买方或开证行接受单据后,向对方寄送善后函以感谢对方的努力,对增进双方的了解表示高兴并展望未来,希望能继续扩大合作,收到更多的订单,同时借此推荐新产品。

任务二　遭到拒付后的业务善后

在业务中,遭到买方或开证行拒付是经常遇到的事情。遇到此类问题时应首先与进口商联系,弄清每一笔拒付的背景情况,对症下药。善后函的语气应当诚恳、委婉,并且具有说服力,以赢得买方的谅解。重要的是应当强调单证不符的地方是细微的,并不影响货物的品质,不会给进口方的利益造成损害。当然,有时作出一些具体的让步(如适当减价),也是必要和明智的。

任务三　买方违约后的业务善后

在出口合同履行过程中,如因买方违约致使卖方遭受损失,卖方可根据不同对象、不同原因以及损失程度实事求是地向买方提出索赔。如因卖方违约引起买方索赔的情况,则应仔细地审核买方提供的单证和出证机构的合法性,作好品质、包装、储存、备货、运输等各个环节的调查研究,把单证材料和实际情况结合起来,查清货物损失的环节、原因,分清责任,合理确定损失程度、金额和赔付办法。

无论货物是否投保,损失原因怎样,都应先向承运人索偿。如果不是船方原因,他会拒绝偿付,这时再向保险人索偿。保险公司在处理索赔时,一般都要求提供投保人与承运人的往来函件副本作为支持索赔的文件。

任务四　撰写出口业务总结报告

为有利于业务的顺利展开,应对整笔业务过程的经验与教训进行总结,整理所有相关文件并归类存档。

【课上操作任务】

善后函

Dear sirs,

We are pleased to inform you that we have dispatched, by s. s Jiefang V301 to Vancouver, B. C. , the goods under our S/C NO. LX-LESSC10, and trust that the high-quality shipment must have reached you by now. Recalling from the happy memory when we both decided to establish a prospect business relationship, we have to admit that it is a pleasure to go into business with you. We appreciate the efforts you have made in introducing our commodities into your market. The development of trade will be of great help to enhance the friendship between the people of our two countries. We sincerely hope that the high-grade goods will suit the need of your locality very well, and that this successful execution of your first order will lead to more business in future.

And we feel depressed and regrettable when we have received your bank's notification of dishonor. We are informed that there are several trivial discrepancies which are mainly made by the neglect of us. You might refer to your bank over that. We feel sorry for having caused so much inconvenience to you. Therefore could you inform your bank to accept the above-mentioned discrepancies and reimburse to us the amount of the shipped goods? We would be greatly appreciated that you could help us immediately. As to the quality of the goods, we take our honor to assure you that they are all in an excellent state.

Thank you for your kind cooperation and we avail ourselves of this opportunity to assure you of our prompt and careful attention in handling your future orders.

Best regards!

×××(signature)

Manager

能力实训

请撰写外贸业务员姚石出口雪地靴到加拿大的业务总结报告。

德育园地

做好业务善后 助推企业良好口碑

2020年2月7日至2月16日,上诉人鑫某公司向被上诉人诗某公司购买无纺布若干,并完成付款。2020年2月19日,杭州市疫情防控工作领导小组生产物资保障组向诗某公司下发《关于对口罩生产用熔喷布进行统一征调的通知》(以下简称《通知函》),要求暂停向省外供货并要求每日向诗某公司征调4吨口罩生产用熔喷布,统筹调配给纳入省、市转产扩产口罩名录的企业。随后诗某公司邮寄《通知函》告知鑫某公司:诗某公司所有熔喷布产品均被统一征调，导致无法按约履行与鑫某公司之间的产品销售合同；当下疫情发展情势仍无法判断，导致诗某公司产品自主销售权在长期内无法回归，故诗某公司依法解除与鑫某公司合同，并退回预付款。鑫某公司认为诗某公司系恶意解除合同，且将标的物高价转卖他人，诉至法院。

法院认为，诗某公司应优先遵循政府统一征调安排，并不能完全自主选择交易对象、交易价格和数量，并无证据证明诗某公司因此而恶意违约，高价转卖获益，应认定诗某公司因不可抗力不能履行合同，其无须向鑫某公司承担赔偿责任。

思考：什么是不可抗力？你能举出一些不可抗力的例子吗？不可抗力对我们的生活和学习有什么影响？如何应对不可抗力的挑战？

进口贸易篇

项目六　进口合同履行

【工作情景】

姚石所在公司根据市场行情和生产需要，计划拿出1 140 000.00元的总预算购买2台新的意大利产的GGG牌剑杆织机Rapier Loom（不用国际招投标），现该公司指派外贸业务员姚石向该品牌亚洲总代理香港ITMM Ltd.进口，并要求其报价。

双方反复洽谈后，达成一致意见，ITMM Ltd.向湖南华兴进出口有限公司开出形式发票，作为办理进口许可证的材料，签订购货确认书，然后完成进口合同履行工作。

【任务布置】

进口合同履行

【操作提示】

1. 核算进口总成本。
2. 申请签发“进口许可证”。
3. 拟订“进货合同书”。
4. 信用证操作：申请开证、改证。
5. 订舱、投保。
6. 审单承兑。
7. 办理借单手续。
8. 办理入境货物报关手续。
9. 办理外汇核销手续。
10. 撰写业务总结报告。

【课前学习任务】

一、申报进口与开立和修改L/C

（一）申报进口

由订货单位向发证机关提交“进口许可证申请函”，申请函内容包括进口商品名称、规格、数量、单价、总金额，以及我方对外成交单位、进口国别、外汇来源、贸易方式、到货口岸、申请单位名称等项目。

（二）审核、填表

发证机关收到上述申请以及有关资料后，经审核符合有关规定的，即发给申请单位“中华人民共和国进口许可证申请表”，申请单位按要求如实填写并加盖公章。

（三）发证

发证机关对申请表审核通过后，申请单位就可获得由发证机关签发的进口货物许可证。申请单位在领到许可证后就能对外订货，并凭其向海关办理货物进口报关手续并向银行付汇。

（四）开立和修改 L/C

进口企业应按照合同规定的时间和条件适时开立信用证。进口申请人缮制开证申请书，送交开证银行。

信用证开出后，受益人（出口方）或开证申请人（进口方）经常会因情况发生变化或其他原因而要求对信用证进行修改。

二、租船订舱、催装与派船接货

（一）租船订舱

履行 FOB 贸易术语达成的进口合同，进口企业要负责办理租船或订舱事宜。进口企业既可以亲自向船东或班轮公司订舱，也可以委托货运代理代其办理。

在我国，这项工作通常是委托货运代理公司办理。其具体程序是进口企业在接到卖方备货通知后（在合同未规定卖方发出备货通知的情况下，则在交货期前 45 日）填写好进口订舱联系单，连同合同副本提交给货运代理公司委托其安排船只或舱位。

（二）催装

船舶或舱位订妥后，进口企业或其代理还需做好催装工作。在进口业务中，有时出口供货商会因生产成本上涨或国际市场价格上扬无法按期安排生产等原因，使我方不能按期提交合格的货物。为了防止此类情况的发生，进口企业除在合同中争取订立迟交罚金等约束性条款外，还必须随时了解和掌握对方备货和装船前的准备工作的情况，督促对方按期装运。在交货期前的一定时间，通常是 45 日左右即向对方发出“催装通知”。

（三）派船接货

买方在接到货运代理公司舱位已安排妥当的通知后，应及时向发货人（卖方）发出“派船通知”，将船名、预计到达日期、拟装载的重量（数量）、到达的港口、船舶的国籍等以电报方式通知卖方，以便卖方作好准备。

三、投保货运险与审单付款

(一)投保货运险

采用 FOB 条件成交的进口合同,由买方租船订舱,买方买保险。

(二)审单付款

银行收到国外寄来的汇票及单据后,对照信用证的规定,审查、核对单据的份数和内容。在审核无误后,对外进行付款或承兑。

四、进口报关

收货人或其代理向海关申报进口手续和缴纳进口税,海关根据报关人的申报依法进行验关。海关经查验无误后才能放行。通常情况下,进口报关程序分为申报、查验、纳税及放行4步。

五、拨交货物

无论是进口企业自营进口还是代理进口,货物在港口卸货并经海关查验放行后都需办理货物拨交手续。拨交方法有两种:一种是在口岸拨交;另一种是用货单位在目的地拨交。如果用货单位不在卸货地区,则委托货运代理将货物运至用货单位所在地拨交。至于进口货物的有关税费,进口企业应先与货运代理结算后,再向用货单位办理结算手续。

【课上操作任务】

1. 核算进口总成本

2022 年 3 月 25 日,该公司收到 ITMM Ltd. 报价如下:单价为 40 000.00 欧元/套 FOB Genoa, Italy,收到信用证后 30 天内装运,按远期信用证支付。剑杆织机的 H. S. 编码为 8446302000,监管证件代码为 AO,进口关税税率为 8%,进口环节增值税税率为 17%,国外运费为 2 000 欧元,国外保费为 200 欧元,港区费用 2 000 元(人民币),内陆运输费 4 000 元人民币,银行费用按开证金额 0.15% 计,其他费用合计 2 000 元(人民币),欧元牌价为 1 欧元=10.90~11.00 元(人民币)。

如果接受 ITMM Ltd. 报价,业务员姚石需要计算购买这 2 台剑杆织机的总金额。该总金额是否在沈阳嘉豪纺织品织造有限公司的采购预算之内。

计算过程如下:

①CIF=FOB+I+F=40 000+(200+2 000)÷2=41 100(欧元/台)

②进口关税=进口关税完税价格×进口关税率

=CIF×进口关税率

=41 100×8%=3 288(欧元/台)

③进口增值税=进口增值税完税价格×进口增值税率
=(进口关税+进口关税完税价格)×进口增值税率
=(3 288+41 100)×17% =7 545.96(欧元/台)

④进口总开支=进口价格+国外保费+国外运费+进口关税+进口增值税+银行费用+港区费用+内陆运费+其他费用
=[40 000+(200+2 000)÷2+3 288+7 545.96+40 000×0.15%]×11+(2 000+4 000+2 000)÷2
=571 933.56+4 000=575 933.56(元/台)>570 000(元/台)(1 140 000÷2)

该总金额不在沈阳嘉豪纺织品织造有限公司的采购预算之内。

进口价格核算

2. 申请签发“进口许可证”

中华人民共和国进口许可证申请表

<table>
<tr><td colspan="3">1. 进口商：
湖南华兴进出口有限公司</td><td colspan="3">3. 进口许可证号：</td></tr>
<tr><td colspan="3">2. 收货人：
湖南华兴进出口有限公司</td><td colspan="3">4. 进口许可证有效截止日期：
年　月　日</td></tr>
<tr><td colspan="3">5. 贸易方式：
一般贸易(0110)</td><td colspan="3">8. 出口国(地区)：
意大利</td></tr>
<tr><td colspan="3">6. 外汇来源：
购汇</td><td colspan="3">9. 原产地(地区)：
意大利</td></tr>
<tr><td colspan="3">7. 报关口岸：
广州黄埔港海关(5201)</td><td colspan="3">10. 商品用途：
自用</td></tr>
<tr><td colspan="6">11. 商品名称：GGG 牌剑杆织机　　商品编码：8446302000</td></tr>
<tr><td>12. 规格、等级</td><td>13. 单位</td><td>14. 数量</td><td>15. 单价
(EUR)</td><td>16. 总值
(EUR)</td><td>17. 总值
(EUR)</td></tr>
<tr><td>Rapier Loom</td><td>台</td><td>2</td><td>4 000</td><td>8 000.00</td><td>8 000.00</td></tr>
<tr><td>18. 总计</td><td></td><td>2</td><td></td><td>8 000.00</td><td>8 000.00</td></tr>
<tr><td colspan="3" rowspan="2">19. 领证人姓名(加公司盖章)：姚石
联系电话：0731-62485800
申请时间：2022 年 3 月
下次联系日期：</td><td colspan="3">20. 签证机构审批(初审)</td></tr>
<tr><td colspan="3">终审：</td></tr>
</table>

中华人民共和国商务部监制　　第一联(正本)签证机构存档　第二联(副本)取证凭证

中华人民共和国进口货物许可证

1. 进口商： 湖南华兴进出口有限公司			3. 进口许可证号：		
2. 收货人： 湖南华兴进出口有限公司			4. 进口许可证有效截止日期： 年 月 日		
5. 贸易方式： 一般贸易(0110)			8. 出口国(地区)： 意大利		
6. 外汇来源： 购汇			9. 原产地(地区)： 意大利		
7. 报关口岸： 广州黄埔港海关(5201)			10. 商品用途： 自用		
11. Marks & numbers-number of packages			N/M		
12. 商品名称：GGG 牌剑杆织机　　商品编码：8446302000					
13. 规格、等级	14. 单位	15. 数量	16. 单价 (EUR)	17. 总值 (EUR)	18. 总值 (EUR)
Rapier Loom	台	2	4 000	8 000	8 000
19. 总计		2		8 000	8 000
20. 备注(Supplementary details)：			21. 发证机关盖章 Issuing authority's stamp signature： 发证日期(Date)： 2022 年 8 月 15 日		

中华人民共和国商务部监制　　　　本证不得涂改，不得转让

3. 拟订“进货合同书”

湖南华兴进出口有限公司办理好进口许可证后，由姚石拟订进货合同，一式两份。

4. 申请开立“信用证”

合同签订后，姚石在合同规定的开证时间内及时向中国银行湖南省分行申请开立信用证，为此要填写“开证申请书”并缴纳开证费和保证金。

IRREVOCABLE DOCUMENTARY CREDIT APPLICATION

TO：BANK OF CHINA, HUNAN BRANCH　　　　DATE：AUG. 22nd, 2022

( )Issue by airmail ( )With brief advice by teletransmission (×)Issue by teletransmission ( )Issue by express	Credit No. Date and place of expiry OCT. 21, 2022, HONG KONG

续表

<table>
<tr><td colspan="2">Applicant
HUNAN HUAXING IMPORT AND EXPORT CO., LTD.
58 Wuyi Road Changsha China</td><td>Beneficiary
ITMM Ltd.
ROOM 1019, TOWER 9, ENTERPRISE SQUARE, 9 SHEUNG YUET ROAD, KOWLOON BAY HONG KONG</td></tr>
<tr><td colspan="2">Advising Bank
BANK OF CHINA (HONG KONG) LIMITED</td><td>Amount
EUR 8,000.00
SAY: U. S. DOLLARS EIGHT THOUSAND ONLY.</td></tr>
<tr><td>Partial shipments
(　) allowed
(×) not allowed</td><td>Transshipment
(　) allowed
(×) not allowed</td><td rowspan="3">Credit available with ANY BANK IN HONG KONG
By (　) sight payment　　(　) acceptance
(×) negotiation　　(　) deferred payment at
against the documents detailed here in (×) and beneficiary's draft(s) for 100% of invoice value at 30 days after sight drawn on ISSUING BANK</td></tr>
<tr><td>Loading on board:
Not later than:
For transportation to:</td><td>MAIN PORT IN ITALY
MAR. 31, 2022
GUANGZHOU, CHINA</td></tr>
<tr><td colspan="2">(×) FOB (　) CFR (　) CIF (　) other terms</td></tr>
<tr><td colspan="3">Documents required: (marked with×)
1. (×) Commercial Invoice SIGNED in 3 copies indicating L/C NO. AND CONTACT NO.
2. (×) Full set of clean on board Bills of Lading made out to order and blank endorsed, marked "freight [　] to collect/ [×] prepaid" notifying APPLICANT.
(　) Airway Bills/Cargo Receipts/Copy of Railway Bills issued by ______ showing "freight [　] to collect/ [　] prepaid" [　] indicating freight amount and consigned to ________
3. (×) Insurance Policy/Certificate in DUPLICATE for 110% of the invoice value showing claims payable in China in the same currency of the draft, blank endorsed, covering ALL RISKS AND WAR RISKS
4. (×) Packing List/Weight Memo in 3 copies indicating ____________________
5. (×) Certificate of Quality in 1ORIGINAL issued by THE MANUFACTURER.
6. (×) Certificate of Quantity in 1ORIGINAL issued by THE MANUFACTURER.
7. (　) Certificate of ____ Origin in ________ issued by ________.
(×) Other documents, if any
+A COPY OF THE FAX TO THE BUYER, ADVISING THE SHIPMENT WITHIN TWO WORKING DAYS WHEN IT IS EFFECTED.
+MANUFACTURER'S DECLARATION ATTESTING THAT THE WOOD PACKING MATERIAL USED IN THE SHIPMENT HAS BEEN HEAT TREATED AND MARKED IPPC OR MANUFACTURER'S DECLARATION OF NON-WOOD PACKING MATERIAL.</td></tr>
<tr><td colspan="3">Description of goods:
Rapier Loom, 2SETS, EUR 4,000/SET, FOB GENOA, INCOTERMS® 2010</td></tr>
<tr><td colspan="3">Additional instructions:
1. (×) All banking charges outside the opening bank are for beneficiary's account.
2. (×) Documents must be presented within 21 days after date of shipment but within the validity of this credit
3. (　) Both quantity and credit amount ____ percent more or less are allowed
(　) Other terms, if any</td></tr>
</table>

STAMP OF APPLICANT:　　HUNAN HUAXING IMPORT AND EXPORT CO., LTD.

5. **办理改证手续**

通知行收到信用证后进行审证，审核无误后寄至出口商。出口商依据贸易合同再次审证，发现有多处不符点或改证要求，可书写改证函向湖南华兴进出口有限公司提出改证要求。姚石对改证函的内容予以确认，于是向开证行提出改证要求，缴纳改证费，由中国银行湖南省分行开出信用证改证书，并通过 BANK OF CHINA（HONG KONG）LIMITED 交至 ITMM Ltd.。

6. **办理订舱**

姚石填写订舱委托书并随附相关单据委托湖南金友国际货代公司代办托运手续。订舱确认后，向出口商发出装船通知，让其作好装运货物的准备。当出口商按合同规定的装运时间发货后，持全套单据向 BANK OF CHINA（HONG KONG）LIMITED 进行议付。中国银行湖南省分行收到该笔业务的全套单据后交付湖南华兴进出口公司，由其审单，核准无误后进行承兑。由于付款时间未到，但货物已到达广州黄埔港，为了能及时出售，湖南华兴进出口公司向中国银行湖南省分行借单提货。与此同时，办理进口货物的报检、报关手续。

7. **办理投保手续**

姚石发出装船通知后，2022 年 9 月 15 日及时向中国人民保险公司湖南分公司办理进口货物运输保险，根据购货合同保险条款有关内容的规定签订进口货物运输预约保险合同。出口商在装船后向保险公司发出装运通知，该批进口货物便自动被承保。

8. **办理审单承兑手续**

中国银行湖南省分行收到 BANK OF CHINA（HONG KONG）LIMITED 该笔业务的全套议付单据后交付湖南华兴进出口有限公司审单。根据合同与信用证的内容进行审单，核准无误后进行承兑，承兑后将全套单据交还给中国银行湖南省分行。

9. **办理借单手续**

湖南华兴进出口有限公司在办理完承兑手续后，虽然付款时间未到，但由于货物已到达广州港。为了能及时出售，湖南华兴进出口有限公司填写提货担保申请书向中国银行湖南省分行借单提货，并与中国银行湖南省分行签订担保提货保函，向 KILIN TRANSPORT CORPORATION 船公司提货。

提货担保申请书

致：中国银行

信用证号：XUT17345　　发票金额：EUR 8 000.00　　开证日期：2022 年 08 月 22 日

船名：COSCOV861　　提单号：EX060511

货名：Rapier Loom

数量:2 SETS

发票号码/唛头:N/M

以上有关货物之记载以正本提单为准。

兹因上述货物的正本提单未到,我公司特请贵行向 KILIN TRANSPORT CORPORATION 船公司签发“提货担保保函”以便我公司先行提货。为此,我公司已将上述货款全额存入在贵行的保证金专户,并保证如下:

①因按我公司要求提取贵行保函项下的货物而产生的任何性质的责任性损坏或损失,均由我公司负责赔偿,贵行无须为此承担任何责任。

②如因提取上述货物而引起对贵行的诉讼,我公司将随时提供足够的应诉费用,并保证无条件地承担由此而引起的一切责任和风险,赔偿贵行由此产生的一切直接和间接损失、前述责任、风险和费用,包括但不限于赔偿责任、诉讼费用、律师费、进行诉讼的差旅费等。

③如果因此而使该船或属于该船东的其他船舶和财产遭到羁留或扣押,或是受到羁留和扣押威胁,我公司将负责获取保释或采取其他所需的安全措施使羁留或扣押不致发生,或把已被羁留或扣押的船只或财产保释出来。无论其羁留或扣押是否合法,由此产生的损失、损坏或费用均由我公司负责赔偿。

④在收到上述货物之单据时,无论其有无不符点,我公司放弃拒付的权利,贵行有权在规定时间内对外付款/承兑。

⑤一旦正本提单收到,我公司保证立即将其交给船公司以换回担保提货保函并交给贵行注销或由贵行直接交给船公司以换回担保提单保函注销。

签字:姚石

申请人(公章):湖南华兴进出口有限公司

担保货提保函

编号:06109988

致:

信用证号:XUT17345 发票金额:EUR 8 000.00 开证日期:2022 年 08 月 22 日

船名:COSCOV861 提单号:EX060511

货名:Rapier Loom

数量:2 SETS

发票号码/唛头:N/M

以上有关货物之记载以正本提单为准。

上述货物由 ITMN Ltd.(托运人)交上述船舶运输。由于货物的正本提单未到而又急于提货,我行特请求贵公司在未见正本提单的情况下将该批货物交付给湖南华兴进出口公司并保证如下:

①因我行要求交付货物而产生任何性质的损坏或损失,均由我行承担,贵公司无须承担任何责任。

②如交付上述货物而引起对贵公司的诉讼,我方将随时提供足够的应诉费用并保证无

条件承担由此而产生的一切费用,包括但不限于赔偿责任、诉讼费用、律师费、进行诉讼的差旅费等。

③如果因此而使该船或属于该船东的其他船舶和财产遭到羁留或扣押,或是受到羁留和扣押威胁,我行负责获取保释或采取其他所需的安全措施使羁留或扣押不致发生,或把已被羁留或扣押的船只或财产保释出来,并负责赔偿由此产生的损失、损坏或费用。

④我行一旦获得上述货物的正本提单,立即交与贵公司并换回本保函,我行责任便告终止,或本保函出具后期满一年自动失效。

⑤如果贵公司对保函下的责任人中的任何一方首先提起诉讼,不管其是否为参与方或直接责任人,我行无条件承担责任。

⑥本保函适用中华人民共和国法律并接受中国海事法院管辖。

签字:姚石　　　　签字:马密

申请人(公章):湖南华兴进出口有限公司　　　　担保方盖章:

10. 办理入境货物报检报关手续

湖南华兴进出口有限公司姚石根据外国发票、提单等有关内容填写进口货物报关单,在海关规定的时间内及时办理进口货物的报关。海关查验合格并征收进口关税后予以放行,湖南华兴进出口有限公司方可提货。

姚石填写"进口货物报关单"(略),并获海关盖章放行。

能力实训

1. 完成下列操作

浙江玉新进出口有限公司(杭州市万城路63号)欲从日本 Tuka Machinery, Ltd. (No. 989-chome, Kitahama, Chuo-ku, Osaka 541-0063, Japan)进口电脑提花横编织机(Computerized Jacquard Flat Knitting Machine),型号为JF12,到中国杭州销售。2022年9月20日,双方经过多次磋商后,签订合同。单价为50 000美元/台,CIF宁波港;数量为4台,装1个40'FCL;电脑提花横编织机的HSCODE为8447202000,海关监管证件代码为A,进口关税税率为8%,增值税税率为17%。

经该公司外贸业务员毛骏查询,宁波港报关和集港费用为3 000元/40'FCL,由宁波到目的地杭州的运费为3 000元/40'FCL,其他费用为6 000元;当日美元汇率按1美元=6.37~6.39元(人民币)计;预期国内销售价格为444 600元/台。计算该笔业务的预期销售利润率。(计算过程中的数值要保留到小数点后3位,最后结果保留到小数点后2位。)

2. 完成以下操作

2022年11月20日晚,货物运到上海玩具进出口公司上海仓库。在对货物的掏箱入库作业中,张成发现货物外包装完好,但是所装电子手掌玩具(ELBCTRONPALM BAUBLE) R333H货物少一箱(50套),而R666W则多一箱。

①请你以公司业务员张成的身份,对对方错发货物事件进行妥善解决。

②请你以公司业务员张成的身份,撰写业务总结报告。

德育园地

“洋垃圾”进口　须以环境保护为先

2023年7月,大连海关所属大窑湾海关在对一票申报为“铝电解电容器”的进口货物查验时发现,该批货物部分包装破损严重,存在散漏情况,伴有强烈的刺激性气味。部分货物表面有灼烧、锈蚀和使用痕迹,夹杂电路板、充电插头等废旧电子元器件和废纸壳、塑料等其他杂物,共计19.02吨。经鉴定,该批货物无统一包装、无产品说明书、无产品合格证,为已使用的电容器与未使用的电容器混装,并混有明显杂物,属于国家禁止进口的洋垃圾。目前,该案已移交海关处置部门进一步处理。

海关提醒:我国禁止以任何方式进口洋垃圾。进口洋垃圾的,依据《中华人民共和国固体废物污染环境防治法》相关规定追究法律责任,构成犯罪的,依法追究刑事责任。

思考:为什么我国政府会出台相应的措施来禁止“洋垃圾”进口?如何提高我们的环保意识?

跨境电商篇

项目七　跨境电子商务基础

【工作情景】

跨境电商和传统外贸结合最紧密,是传统外贸的数字化转型升级,外贸业务员姚石在掌握了传统外贸业务流程后,开始学习跨境电商基础知识。

【任务布置】

1. 认识跨境电子商务
2. 跨境电子商务海关监管模式
3. 跨境电子商务职业岗位

【操作提示】

登录中华人民共和国海关总署网,了解增列的海关监管方式代码。

【课上学习任务】

任务一　认识跨境电子商务

一、跨境电子商务的概念

跨境电子商务是指分属不同关境的交易主体,通过电子商务平台达成交易,进行支付结算,并通过跨境物流送达商品、完成交易的一种国际商业活动。

二、我国跨境电子商务的类别

按交易对象划分,我国跨境电子商务主要分为3种模式。

①外贸B2B模式:外贸企业与外贸企业之间的电子商务(Business to Business),是指企业运用电子商务平台发布信息,成交后发货基本在线下完成,本质上仍属传统贸易,在线全流程的跨境贸易是未来的发展趋势。

②外贸B2C模式:外贸企业与国外消费者之间的电子商务(Business to Customer),是指企业直接面对国外消费者,以销售个人消费品为主,物流方面主要采用中国邮政、商业快递等方式,其报关主体是邮政或快递公司。

跨境网络零售模式可细分为两类：一类是电商企业建立独立的外贸 B2C 网站，如兰亭集势、唯品会等；另一类是电商企业入驻第三方外贸交易服务平台，在全球速卖通、亚马逊等平台上销售商品。

③外贸 C2C 模式：国内消费者与国外消费者之间的电子商务（Customer to Customer），如淘宝等。外贸 C2C 主要是个人在平台上开设网店。

三、跨境电子商务经营主体

电子商务出口经营主体分为 3 类：一是自建跨境电子商务销售平台的电子商务出口企业；二是利用第三方跨境电子商务平台开展电子商务出口的企业；三是为电子商务出口企业提供交易服务的跨境电子商务第三方平台。

任务二　跨境电子商务海关监管模式

一、跨境电子商务通关监管模式

为探索适合跨境电子商务发展的政策和监管措施，目前海关提出了一般出口、保税出口、直购进口、保税进口和保税进口 A 模式等新型通关监管模式。

（一）一般出口模式

为促进跨境电子商务零售出口业务发展，方便企业通关，实现贸易统计，海关总署 2014 年 12 号公告增列海关监管方式代码"9610"，全称"跨境贸易电子商务"，适用于境内个人或电子商务企业通过电子商务交易平台实现交易，并采用"清单核放、汇总申报"的模式，电商出口商品以邮寄、快件方式分批运送，海关凭物流等清单核放出境，定期把已核放清单数据汇总，形成出口报关单，电商企业或平台凭此办理结汇、退税手续，如图 7-1 所示。

（二）保税出口模式

海关总署 2014 年 57 号公告增列海关监管代码"1210"，全称"保税跨境贸易电子商务"，俗称"备货模式"。商家将商品批量备货至海关监管下的保税仓库，消费者下单后，电商企业根据订单为每件商品办理海关通关手续，在保税仓库完成贴面单和打包，经海关查验放行后，由电商企业委托物流配送至消费者手中，如图 7-2 所示。

（三）直购进口模式

直购进口模式海关监管代码为"9610"，符合条件的电子商务平台与海关联网、境内消费者跨境网购后，电子订单、支付凭证和电子运单等由企业实时传输给海关，商家将多个已售出商品统一打包，通过国际物流运送至国内的保税仓库，电商企业为每件商品办理海关通关手续，经海关查验放行后，由电商企业委托国内快递派送至消费者手中，每个订单附有海关单据，按照个人邮递物品征税。

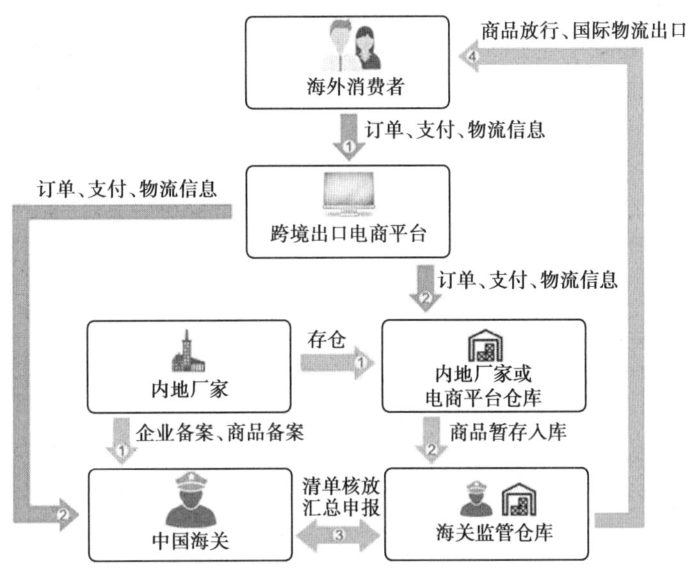

图 7-1

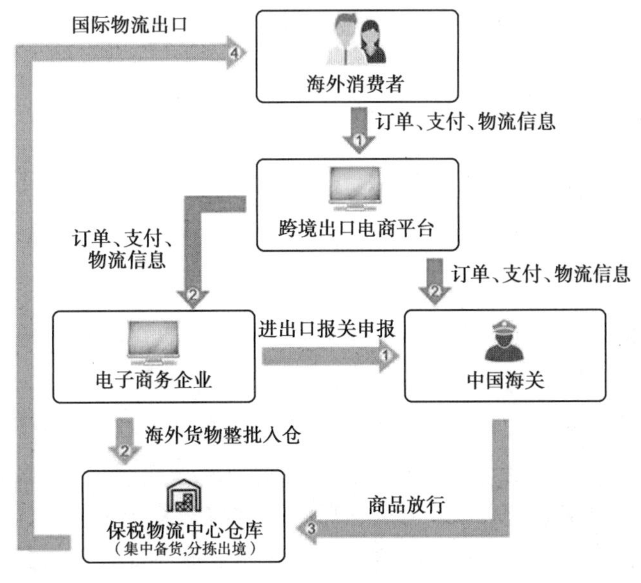

图 7-2

（四）保税进口模式

保税进口模式又称为“保税备货模式”，海关监管代码“1210”，该模式下，电商平台可根据市场预测和消费者需求，先从国外集中采购大量商品，进境并存储在国内海关特殊监管区域，再进行网上零售，根据订单出区配送到订购人手上。

（五）保税进口 A 模式

海关总署发布 2016 年第 75 号公告，增列海关监管方式代码“1239”，又称为“保税备货模式”，全称“保税跨境贸易电子商务 A”。适用于境内电子商务企业通过海关特殊监管区域或保税物流中心（B 型）一线进境的跨境电子商务零售进口商品。“1210”和“1239”的区别是 1210 只能在试点城市开展，1239 模式默认全国适合要求的地区都可以开展跨境保税进口。

（六）跨境电商 B2B 直接出口模式

海关总署发布 2021 年第 47 号关于在全国海关复制推广跨境电子商务企业对企业出口监管试点的公告。该模式海关监管代码“9710”，全称为“跨境电子商务企业对企业直接出口”，适用于跨境电商 B2B 直接出口的货物，境内企业通过跨境电商平台与境外企业达成交易后，可通过跨境物流将货物直接出口至境外企业。在跨境电商 B2B“9710”出口模式下，企业可以在关区便捷申报，货物从全国各地直接快速通关后出口至全球各地，企业申报手续更简化，物流和查验更便捷，通关效率更高，企业成本更低，为企业开展国际贸易提供了全新选择。

（七）跨境电商出口海外仓模式

该模式海关监管代码“9710”，全称为“跨境电子商务企业对企业直接出口”，是指境内企业将货物通过跨境物流出口至海外仓，通过跨境电商平台实现交易后从海外仓送达境外购买者，并向海关传输相关电子数据的模式。

二、跨境电子商务通关监管要求

（一）企业注册登记及备案管理

开展电子商务的企业如果需要向海关办理报关业务，应在海关办理注册登记。如需变更注册登记信息，应按照注册登记管理的相关规定办理。

开展电子商务业务的海关监管场所经营人应建立完善的电子仓储管理系统，将电子仓储管理系统的底账数据通过电子商务通关服务平台与海关联网对接；电子商务交易平台应将平台交易电子底账数据通过电子商务通关服务平台与海关网对接；电子商务企业、支付企业、物流企业应将电子商务进出境货物、物品交易原始数据通过电子商务通关服务平台与海关联网对接。

电子商务企业应将电子商务进出境货物、物品信息提前向海关备案，货物、物品信息应包括海关认可的货物 10 位海关商品编码及物品 8 位税号。

（二）电子商务进出境货物、物品通关管理

电子商务企业或个人、支付企业、物流企业应在电子商务进出境货物、物品申报前，分别

向海关提交订单、支付和物流等信息。

电子商务企业或其代理人应在运载电子商务进境货物的运输工具申报进境之日起 14 日内向海关申报。电子商务出境货物运抵海关监管场所后，装货 24 小时前，按照已向海关发送的订单、支付和物流等信息，如实填制“货物清单”，逐票办理货物通关手续；个人进出境物品，应由本人或其代理人如实填制“货物清单”，逐票办理货物通关手续。

除特殊情况外，“货物清单”“物品清单”和“进出口货物报关单”应采取通关无纸化作业方式进行申报。

任务三　跨境电子商务职业岗位

一、跨境电子商务职业岗位

跨境电子商务职业有以下岗位：

①外贸业务员。

②平台运营。

③外贸主管。

④美工。

⑤其他。

二、跨境电子商务职业要求

（一）跨境电子商务职业能力要求

①市场分析能力：分析市场状况及竞争对手状况，制订销售计划。

②市场策划能力：策划促销活动、市场推广方案。

③外语沟通能力：运用外语与客户沟通，处理订单问题。

④计算机运用能力：Excel 使用和 PS 图片处理能力。

⑤视觉设计与营销能力：图片拍摄、短视频制作和直播能力。

（二）跨境电子商务职业知识要求

①市场营销知识：全网营销、社交媒体营销和搜索引擎营销等相关知识。

②跨境电子商务知识：熟悉跨境电商平台操作规则。

③物流管理知识：发货流程、仓库管理和采购管理等相关知识。

④国际贸易知识：熟悉传统外贸操作流程和相关知识。

⑤商品知识：熟悉商品规格、性能、用途、商品编码等。

（三）跨境电子商务职业素养要求

①良好的职业道德：遵纪守法，不售假货和劣质货，不侵犯知识产权。

②吃苦耐劳的精神:脚踏实地,任劳任怨。

③服务客户的精神:客户至上,积极主动提供优质服务。

德育园地

创新跨境电商监管模式　助力"老干妈"黔货出海

2021年10月,贵阳南明老干妈风味食品有限责任公司出口一批价值37.03万元的老干妈风味豆豉油制辣椒、豆豉等到该公司出口国的合作海外仓,标志着贵阳跨境电商9810模式业务正式落地。

跨境电商9810模式是跨境电商B2B出口模式中的跨境电商海外仓模式,适用于境内企业先将货物通过跨境物流出口至海外仓,通过跨境电商平台实现交易后从海外仓送达境外购买者。这是继贵阳市开通1210、9710模式后开通的第三种跨境电商模式。

为推动跨境电商"9810"模式出口尽快落地,贵阳海关所属筑城海关成立跨境贸易出口海外仓工作专班,积极对接贵阳南明老干妈风味食品有限责任公司,与其建立每周联系机制,保障企业高效通关。

今后贵阳市的企业与货物,可以通过9810海外仓模式实现跨境电商商品出口,将有助于进一步推动黔货出山,让更多的贵州好物、贵阳制造走出国门,面向世界。

思考:跨境电商监管模式的重要性体现在哪些方面?在跨境电商监管模式中,技术手段与创新应用是否起到了关键作用?我们如何为跨境电商行业的发展做出贡献?

项目八　跨境电子商务售前准备

【工作情景】

外贸业务员姚石开始学习跨境电子商务售前准备工作技能，思考哪些客户和市场可以做，如何选品、定价、制作详情页和对店铺进行数据分析与优化。

【任务布置】

1. 目标市场分析与定位
2. 选品方法与途径
3. 产品定价
4. 产品详情页制作
5. 数据分析与优化

【操作提示】

1. 在1688上找到了想发布的产品，制订上架价格时需要考虑哪些因素？
2. 产品详情页包含哪些模块，该如何布局和排列？
3. 了解店铺数据指标出现问题的原因以及促进指标提升的方式，以便提出各种运营优化方案。

【课上学习任务】

任务一　目标市场分析与定位

世界各地区买家的生活习惯、购买习惯、文化背景都不一样，一件商品不可能适合所有地区的买家。比如，针对欧美市场的服装应该比针对亚洲市场的大几个尺码；针对巴西市场的饰品应该选择夸张且颜色鲜艳的款式，所以在选品之前，要先研究目标市场的买家需求，了解他们的消费习惯和流行趋势。

任务二 选品方法与途径

跨境电商选品的途径基本上分为两大类:线下选品和线上选品。

一、线下选品

线下选品是指结合卖家自身的优势资源,借助自己的关系,熟悉的行业等方式进行选品。线下选品包括专业批发市场选品、合作意向工厂选品、1688 跨境频道的热销榜单和飙升榜单选品等。

二、线上选品

对比线下选品,线上选品是指在各大跨境电子商务平台上通过各类数据对比,比如对价格、销量等数据进行纵横对比,然后对商品进行筛选、评估和选择,以满足消费者需求,并最终将合适的商品推荐给消费者的过程。

作为跨境电商卖家,对买家的需求不是凭空想象的,一定要养成数据分析的习惯,用科学、严谨的数据分析资料来准确定位所选产品,各跨境电商平台都为卖家提供了数据分析工具,下面以速卖通平台为例重点说明如何从买家需求着手进行站内选品。

站内选品是指通过速卖通平台内的数据分析工具来选择产品。数据纵横是速卖通基于平台海量数据打造的一款数据产品,卖家可以根据数据纵横提供的行业情报、选品专家、搜索词分析数据了解行业情况,判断行业趋势,为经营决策提供依据。

(一)数据纵横—行业情报

行业情报基于速卖通平台的交易数据,提供行业数据、行业趋势以及行业国家趋势三类主要内容。卖家可以根据行业情报提供的分析,迅速了解行业现状,判断经营方向,挑选出优质的核心行业。行业情报下有行业数据、行业趋势、行业国家这三个指标可以参考分析。

1. 行业数据

卖家可以根据行业类目和时间范围选择需要查看的行业数据。

行业类目选择:卖家可以选择任意层级的类目(如可以选择查看一级类目“美容健康”下的行业数据,也可以选择查看二级类目“美容健康>彩妆”或三级类目“美容健康>彩妆>卸妆产品”)下的行业数据,如图 8-1 所示。

时间选择:卖家可以根据时间查看最近 7 天、30 天或者 90 天内的某个时间段的行业数据。

2. 行业趋势

卖家可以选择不同指标,了解某个行业下对应一段时间内的趋势,对行业动态一目了然。卖家还可以选择另外任意两个行业进行比较,对比不同行业的数据指标,具体如图 8-2 所示。提示:对比的类目可以选择任何一级。

图 8-1

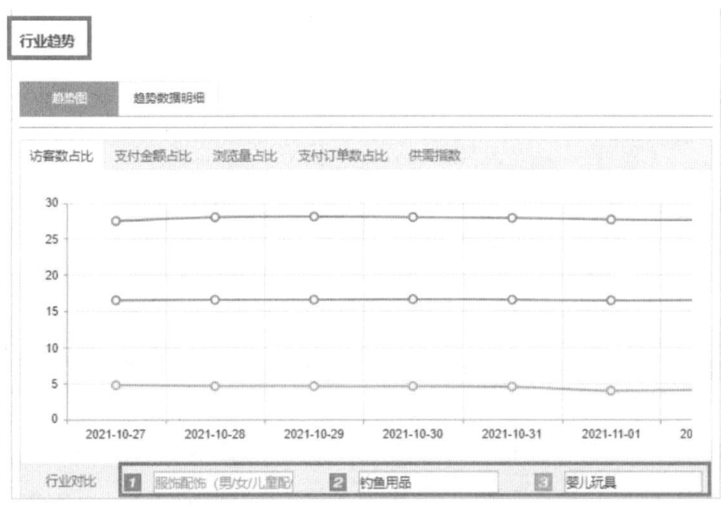

图 8-2

3. 行业国家

卖家了解在从事的行业中买家主要来自哪里,并根据提供的相应支付金额,图 8-3 中的数据,制订针对性的营销方案。

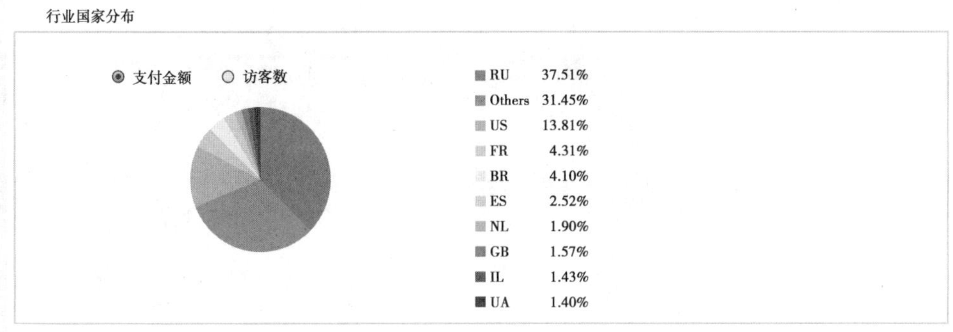

图 8-3

（二）数据纵横—选品专家

选品专家提供了不同行业和国家在一段时间内的热销词和热搜词，卖家可以通过直观的泡泡图观察，也可以直接单击“下载原始数据”，下载 Excel 表单并保存。从“TOP 热销产品词”页面中可以查看行业下全球最近一天热销的品类，其中，圆圈越大，表示产品的销量越高，如图 8-4 所示。

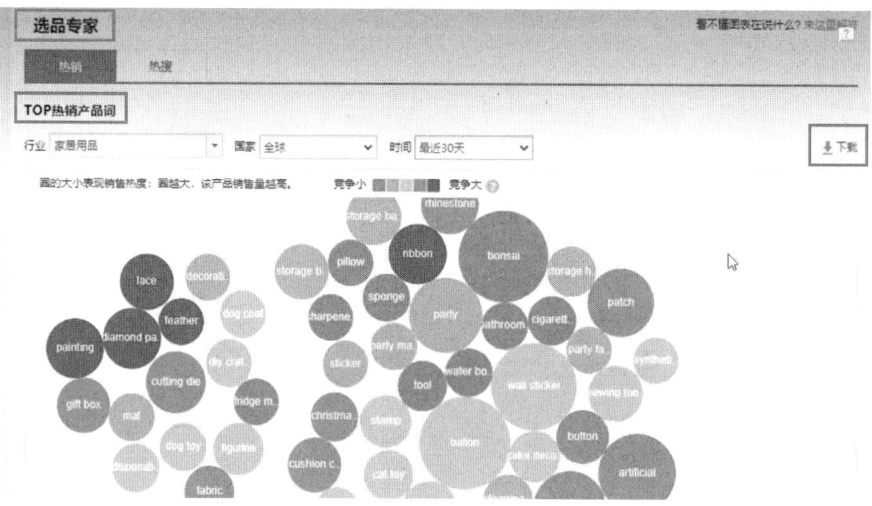

图 8-4

（三）数据纵横—搜索词分析

速卖通平台的热搜词数据库可以为卖家提供参考依据，卖家通过数据纵横里的“搜索词分析”可以了解到速卖通买家喜欢搜什么，卖家通过“搜索词分析”可以制作专业的标题（标题是系统在排序时与关键词进行匹配的重要内容）。该栏目在“选品专家”下面，单击“搜索词分析”，如图 8-5 所示。卖家可以选择想看的行业、国家和时间段，或者其他条件下的“热搜词”“飙升词”和“零少词”，也可以直接单击“下载原始数据”，下载 Excel 表单并保存。“热搜词”下载后的表单格式见表 8-1。

图 8-5

表 8-1

A	B	C	D	E	F	G
序号	搜索词	是否品牌词	搜索指数	搜索指数飙升幅度	曝光商品数增长幅度	曝光卖家数增长幅度
1	overcoat-for-men	N	291	1,200.00%	416.11%	440.85%
2	mens coat	N	580	1,200.00%	2,049.04%	632.18%
3	mens warm winter coats	N	246	842.86%	870.48%	745.61%
4	sapphire-wool-coat	N	276	825.00%	388.24%	366.67%
5	100-wool-coats	N	435	588.24%	366.67%	358.82%
6	mens coats and jackets	N	298	566.67%	679.13%	426.58%
7	man coat	N	147	550.00%	2,744.19%	1,793.75%
8	spring coat	N	195	550.00%	164.29%	174.07%
9	faux fur coats for men	N	132	483.33%	1,331.51%	540.82%
10	overcoat for men	N	269	380.00%	697.20%	441.57%
11	mens jackets and coats casual	N	228	369.23%	610.84%	199.44%
12	coats men	N	239	357.14%	527.79%	345.92%
13	army coat	N	102	350.00%	2,347.62%	1,105.26%
14	waistcoat	N	117	342.86%	79.01%	56.88%
15	fur hooded coat men	N	113	328.57%	1,940.00%	1,250.00%
16	leather trench coat men	N	95	316.67%	835.53%	500.00%
17	denim coat	N	95	316.67%	176.92%	176.92%
18	the north face men coat	Y	154	241.67%	-47.62%	266.67%
19	military coat men	N	154	156.25%	501.02%	234.39%
20	duck feather coat	N	62	128.57%	318.18%	254.55%
21	mens jackets and coats	N	1,245	72.16%	84.67%	72.70%
22	mens long trench coat	N	88	9.52%	136.76%	6.43%
23	trench coat	N	3,360	7.44%	-7.74%	-1.66%
24	coat	N	1,899	6.72%	-22.79%	-10.85%
25	trench coat men	N	1,726	-3.14%	2.64%	-19.66%
26	mens short trench coat	N	217	-7.94%	6.65%	25.30%
27	mens denim coat	N	73	-26.92%	-20.83%	-8.82%

任务三　产品定价

一、分析跨境电商产品价格的构成

跨境电商产品价格由 4 部分构成:成本、费用、利润和平台佣金。产品价格按是否包含运费分为包邮价和不包邮价。包邮价格中含有国际运费。

(一)成本

产品的成本是指拿到产品时需要的成本,如果是自己工厂制造的,产品的成本即指产品的生产成本;如果是别的工厂或公司采购过来的,即指拿到产品时需要负担的所有成本。比如在 1688 上采购的产品成本指产品的包邮价。

(二)费用

产品的费用包括国内运费、额外费用、国际运费、营销费用等。国内运费是产品由仓库发到快递公司的费用。额外费用包括小包丢包费和包装材料等费用,小包的丢包率为 1% ~ 2%,包装材料费用比较低,可和丢包费合并设置费率 2%;对于速卖通这种平台,参加联盟营销会收取至少销售额 4% 的费用作为联盟佣金费用。营销费用是参加速卖通联盟营销,或进行投放竞价广告等营销行为所支付的费用,这个因自身店铺和运营策略的不同而不同。

(三)利润

利润分为成本利润率和销售利润率,成本利润率是成本的一定百分比,销售利润率是销售价格的一定百分比。利润需要根据产品的定位来进行设定,如果产品定位是引流款,那么其销售利润率应该设置得比较低,比如 5% 左右;如果产品定位是利润款,那么其销售利润率可设置在 15% ~40%,根据市场竞争情况而定。产品的利润率很大程度上取决于市场同类商品的价格情况。

(四)平台佣金

平台佣金是平台收取的服务费,不同的跨境电商平台收取的佣金不同。平台一般按照卖家订单的销售额的一定百分比收取佣金。2017 年 4 月的速卖通平台规则版本中规定,速卖通平台按照不同类目采用不同的佣金率。敦煌网则根据不同的订单量来采用不同的佣金率,实行“阶梯佣金”政策:当单笔订单金额少于 300 美元,平台佣金率为 8.5% ~15.5%;当单笔订单金额达到 300 美元且少于 1 000 美元,平台佣金率为 4.0%;当单笔订单金额达到 1 000 美元且少于 5 000 美元,平台佣金率为 2.0%;当单笔订单金额达到 5 000 美元且少于 10 000 美元,平台佣金率为 1.0%;当单笔订单金额达到 10 000 美元,平台佣金率为 0.5%。

Wish 平台、亚马逊平台的佣金率是按销售金额的 15% 来计算的。

二、按成本导向定价法计算产品上架价格

跨境电商由于是 B2C,价格经常是显示包含运费的价格。跨境产品可能卖到世界的任何国家,不同国家的运费不一样。那么在产品上架的时候如何确定产品的运费进而确定产品价格呢?在实践中,我们通常选定部分国家包邮(比如按中邮小包价格 5 区包邮),其他国家补交超过的部分,这可以通过运费模板来实现。这种选定的包邮运费可以参考中邮小包运价,也可以参考其他常用物流方式(比如 E 邮宝等)的价格,只要后面补运费的时候扣掉价格里已经包含的运费即可。

跨境电商运营时,不同的运营策略下会采取不同的利润率,计算不同利润率下的产品上架价格是跨境业务员必备的技能。

成本导向定价法就是从商品价格的构成方面去考虑问题,成本导向定价有以下几种不同的方法。

方法一:

包邮价价格计算公式为:

$$\text{上架价格}=\text{成本}+\text{费用}+\text{利润}+\text{平台佣金}$$

不包邮价价格计算公式为:

$$\text{上架价格}=\text{成本}+\text{利润}+\text{平台佣金}$$

方法二:

在实践中,一般先计算保底价(包邮):

$$\begin{aligned}\text{保底价}&=\text{成本}+\text{国际运费}+\text{佣金}\\&=\text{成本}+\text{国际运费}+\text{保底价}\times\text{佣金率}\end{aligned}$$

$$\text{保底价}=\frac{\text{成本}+\text{国际运费}}{1-\text{佣金率}}$$

再计算产品上架价格：

$$\text{上架价格}=\text{保底价}+\text{利润}$$
$$=\text{保底价}+\text{上架价格}\times\text{销售利润率}$$
$$\text{上架价格}=\frac{\text{保底价}}{1-\text{销售利润率}}$$

边学边练

【任务描述】

李明打算为图 8-6 中的 925 纯银项链计算上架价格。平台佣金率 15%，包装重量 0.01 千克，运费 9 折，试计算保底价和 40% 销售利润率的上架价格。人民币对美元汇率按中间价 6.5 计算。查中邮小包资费表（不含挂号费），到美国资费标准为 90.50 元/千克。

图 8-6

【任务实施】

先计算保底价，再计算上架价格。

保底价 = 成本 + 国际运费 + 佣金

成本 = 33+5 = 38（元）

国际运费 = 0.01×90.5×0.9+8 = 8.814 5（元）

佣金 = 保底价×佣金率

　　= 保底价×15%

保底价 = 38+8.814 5+保底价×15%

得到：

保底价 = 55.08÷6.5 = 8.47（美元）

上架价格 = 保底价/（1−销售利润率）

上架价格 = 8.47/（1−40%）

　　　　= 14.12（美元）

【任务描述】

1688 平台拿货，项链，10 条每包，重量 100 g，每一条项链的包装重量 30 g，采购价格为 22 元/包，国内快递费 8 元，上架利润率为 50%，国际运费 9 折，银行汇率 1:6.5，按条卖，请计算该产品速卖通平台包邮上架价格。查运价表单位运费为 90.5 元/kg，平台佣金率为 8%。

【任务实施】

速卖通平台产品上架价格计算

设:上架价格为 X。

采购成本=(22+8)/10=3(元)

国际预估运费=0.04×90.5×0.9+8=11(元)

X=成本+运费+利润+佣金

$X=3+11+X\times50\%+X\times8\%$

$X=33\div6.5=5$(美元)

强化训练

1688 平台拿货,项链,10 条每包,重量 100 g,每一条项链的包装重量 30 g,采购价格为 22 元/包,国内快递费 8 元,上架利润率为 50%,国际运费 9 折,银行汇率 1∶6.5,按条卖,速卖通平台运费模板设置为卖家承担运费。查运价表单位运费为 90.5 元,平台佣金率 8%。请计算保底价格。

任务四　产品详情页制作

产品详情页是对产品更为详细和全面的描述,也是为产品做广告的重要阵地,此处的描述是在主图和属性的基础上进行更为详细和突出重点的描述。优秀的详情页要求是:风格统一、简洁美观;充分展现产品;体现产品卖点;有令人印象深刻的文案;有吸引人的关联营销、店铺促销等。

详情页的一般格式见表 8-2。

表 8-2

区域	图片类型
广告区	欢迎光临图
	关联营销模块
产品图片区	尺码表、产品图
	细节图
	效果图
与产品相关的图片区	特点介绍图
	真假对比图
	消费者分享图
	包装图

续表

区域	图片类型
售后服务区	网购流程图
	物流示意图
	售后赔付图
	请给好评图
	FAQ 常见问题解答
	公司图

任务五　数据分析与优化

一、数据指标

当今是大数据时代，很多决策都需要数据的支持，网店运营非常重要的内容就是要经常浏览店铺的各种数据指标，下面的指标是必须要掌握的。

①曝光量：产品信息或公司信息在搜索结果列表页或类目浏览列表等页面被买家看到的次数，如当搜索结果页面一页展示 20 个商品（供应商）时，若买家停留在该页面，则此页面上的所有产品（供应商）的曝光量均计为 1 次。

②点击量：卖家产品信息或公司信息在搜索结果列表页或类目浏览列表等页面被买家看到的次数。如买家通过 A 产品进入旺铺页面点击 B 产品，则这时 A 产品同时计算点击量和访客数，B 产品不计算点击量，只计算访客数。

③访客数：访问了商家的产品页面、公司页面的买家数量，或者通过其他页面给商家发送询盘或通过 Trade Manager 联系的买家数量。

④点击率=（点击量/曝光量）×100%。

⑤转化率=（成交量/点击量）×100%。

⑥客单价=订单金额/订单数。

二、店铺分析与优化

店铺存在多样性，在不同阶段、不同市场环境、不同的产品周期所存在的问题也不同，因此在分析店铺时，需要符合当下店铺的特性去做针对性的分析，并不断调整和优化。

（一）曝光量不足

对应的原因分析及解决方案见表 8-3。

表 8-3

原因分析	解决方案
关键词覆盖不够	发布产品覆盖关键词
关键词排名靠后	交易数据积累，提升排名
所用关键词热度低	分析找出高热度的关键词
无付费广告	开通直通车，购买付费展位

（二）点击量不高

对应的原因分析及解决方案见表 8-4。

表 8-4

原因分析	解决方案
用词不准确	词品匹配
图片不够吸引	参考优秀同行主图
没有价格优势	对比调整价格
最小订购量太高	最小订购量小单化

（三）反馈率不高

对应的原因分析及解决方案见表 8-5。

表 8-5

原因分析	解决方案
产品详情页不够吸引人	参考优秀同行的详情页，优化产品详情页

三、营销数据分析与优化

（一）外贸直通车

1. 外贸直通车

外贸直通车（Pay for Performance，P4P）是全球速卖通进行产品推广引流的核心板块之一，是商家通过设置多维度关键词，免费展示产品信息，通过产品的大量曝光来吸引潜在买家，并按照点击量进行付费的一种全新网络推广方式，如图 8-7 所示。

2. 直通车数据报告

直通车数据报告模块包括商品报告和关键词报告等。产品报告主要展示直通车广告花费所带来的曝光量、点击量、点击率等广告效果数据，如图 8-8 所示。

图 8-7

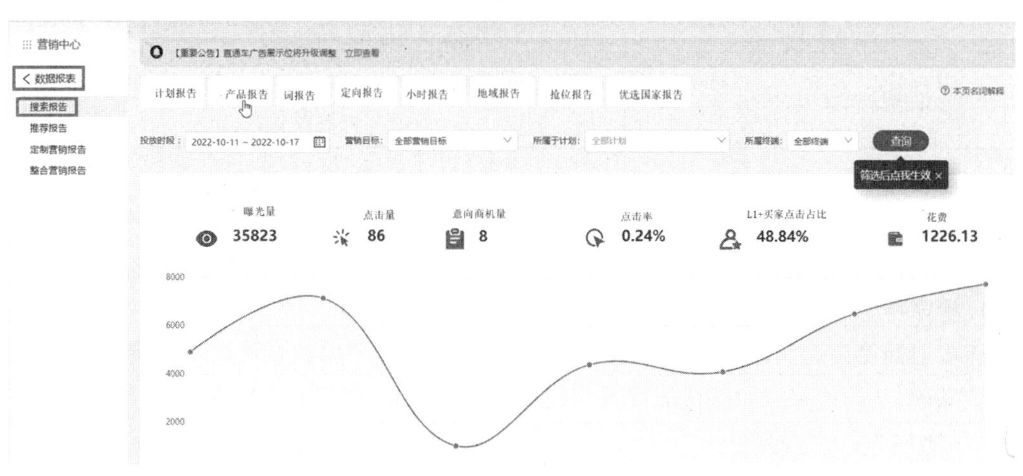

图 8-8

3. 直通车效果优化

①曝光量少，对应的优化方案见表 8-6。

表 8-6

原因分析	解决方案
关键词覆盖面窄	添加更多关键词
	发布更多产品，覆盖关键词流量入口
无 P4P 费用支付	提高关键词出价范围
	调整更多长尾词

②有曝光，但是点击量少，对应的优化方案见表 8-7。

表 8-7

原因分析	解决方案
展示信息没有吸引力	优化主图、标题
	最小起订量、价格等参数优化测试
	及时回复率、交易等级等因素影响
流量不精准	验证流量相关性，词不相关则暂停该词推广，词相关则检查产品是否最匹配，更换绑定对应产品
关键词排名靠后	提高关键词出价，给予靠前排名

③有点击,但没有询盘,对应的优化方案见表 8-8。

表 8-8

原因分析	解决方案
流量不精准	验证流量相关性,词不相关则暂停该词推广,词相关则检查产品是否最匹配,更换绑定对应产品
款式不受欢迎	综合店铺主推市场及产品、站内数据、同行调研分析换款测试
详情页没有吸引力	综合主推客户群体关注点、主推产品的优势优化详情展示内容及版式

(二)橱窗效果

1. 橱窗推荐

速卖通橱窗是速卖通平台推出的推广技术工具,能使使用橱窗的产品排名较自然展现位置更靠前,从而使买家能够优先搜索到使用橱窗的商品,如图 8-9 和图 8-10 所示。

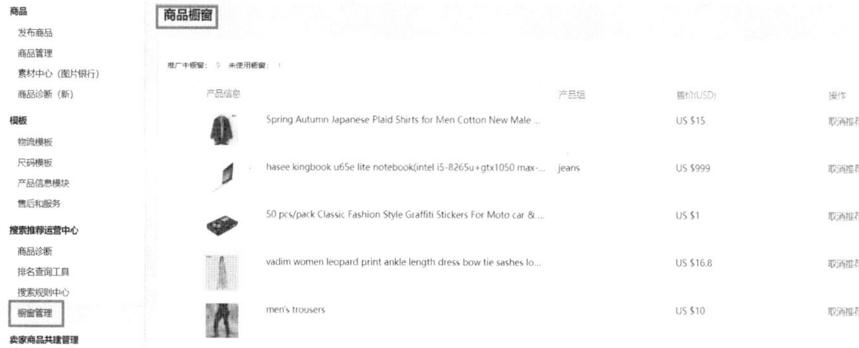

图 8-9

图 8-10

2. 橱窗效果优化

根据橱窗产品数据分析橱窗存在的缺陷，有针对性地进行优化，见表 8-9。

表 8-9

原因分析	优化方案
曝光高、转化率低	优化影响点击、反馈的因素
点击率高、曝光低	需要利用 P4P 提升产品引流
有反馈	保留产品的橱窗位置，继续增加引流
访客量高	优化产品详情页，提高反馈转化

除了针对橱窗产品存在的缺陷进行优化，提升橱窗效果的一般做法如下：

①调整关键词组合，优化橱窗关键词的搭配。可以把多个相关的关键词设置为优先推广，指向同一款橱窗产品，当买家搜索这些关键词时，优先出现的是同一款橱窗产品（爆款）。这一款橱窗产品就可以积累数据，产生更多的点击量和询盘量，自然会提升买家对产品的喜好度。

②若关键词竞争大，可选择橱窗竞争数较低的、热度相对较高的关键词做主关键词。

③可借助 P4P 付费点击，优先推广橱窗产品，迅速提高橱窗产品的数据积淀，从而提高买家喜好度。

④旺铺首页多放橱窗产品，利用旺铺访客来提升数据沉淀。

⑤为橱窗产品设置超链接，互相带动，用效果好的橱窗做引流。

能力实训

1. 外贸业务员姚石挑选了一件衣服作为新品牌上架，现在要制作此产品的详情页，请帮姚石了解产品详情页包含哪些模块，该如何布局和排列。

2. 请登录 1688 电商平台跨境频道，通过热销榜单和飙升榜单选品，挑选一件服装，然后撰写一份阿里速卖通平台详情页发布方案。

3. 分析全球速卖通平台一个店铺的数据，找出存在的问题并给出对应的提升和优化方案。

德育园地

跨境电商　助推乡村振兴

山东泊西实业集团是一家手工艺品制造企业，通过跨境电商平台，企业的草编、棉编和布艺等产品在海外销售火爆。2022 年接到的北美订单就增加了 1 亿元，公司一直在加班加点地生产，订单量包括整体营业额都比去年增长了 1.5 倍以上。眼下，这家企业能生产户外用品、宠物用品、家居用品等 5 类 1 000 多款手工产品，每类在国外市场都有爆款，远销美国、日本和欧洲等十几个国家和地区。2023 年年初，过硬的产品质量和良好的口碑又引来沃尔玛每年 2 亿元的订单。

山东泊西实业集团董事长刘先丽说:“今年我们通过跨境电商,非常有信心把这个产业做大,力争达到5个亿。”

思考:如何挖掘家乡潜力产品,助推乡村振兴?分析农村跨境电商对于农村经济发展的重要现实意义和作用。

项目九　客户服务

【工作情景】

客户服务主要是为客户提供咨询服务,也是跨境电子商务企业岗位中与客户接触最多的岗位,客户服务质量的好坏直接影响消费者的购买情况。外贸业务员姚石开始学习客户服务的理念,客户服务的流程以及售前、售后的邮件沟通技巧。

【任务布置】

1. 客户服务概述
2. 客户服务沟通
3. 客户服务邮件

【操作提示】

1. 掌握客户服务沟通技巧。
2. 了解主要目的国的商务禁忌和商务沟通技巧。
3. 能够完成售前和售后客户服务邮件工作。

【课上学习任务】

任务一　客户服务概述

一、客户服务理念

(一)客户服务概念

客户服务(Customer Service)是指一种以客户为导向的价值观,广义地说,任何能提高客户满意度的内容都属于客户服务的范围。跨境电子商务客户服务是指通过各种通信方式了解客户需求,帮助客户解决问题,促进网店产品销售的业务活动,包括客户售前咨询、订单处理、售后咨询等。在跨境电子商务企业中一般都设有专职的客户服务岗位,简称“客服”。

(二)客户服务理念

客户服务理念是指在与客户的接触过程中要做到以客户为中心,设身处地去理解客户,挖掘客户需求，不断满足客户需求，为客户创造价值。以下 3 点将能帮助我们树立客户服务的理念。

1. 客户为什么会离开我们

调查显示，客户离开我们主要是因为得不到他们想要的，这同价格没有太大的关系。45% 的顾客离开是因为“很差的服务”；20% 的顾客离开是因为没有人去关心他们；15% 的顾客离开是因为他们发现了更便宜的价格；15% 的顾客离开是因为他们发现了更好的产品；5% 的顾客离开是其他原因。

2. 开发新客户的成本

开发一个新顾客的费用是保持一个老顾客费用的 5 倍，保留 5% 的忠实顾客，利润额在 10 年内能增加 100%；一个忠实的客户所带来的持续消费、关联性消费、介绍他人消费等是一次性顾客消费量平均额的 N 倍；80% 的生意来自 20% 的顾客；区别公司的客户类别，抓住最主要的顾客尤其重要。

3. 优质服务所带来的收益

开发一个新客户需要花大力气，而失去一位客户只需要 1 分钟。平均每一个被得罪的顾客会告诉 8 ~ 16 个人，被告知这个坏消息的人还会告知更多的人。不要得罪你的客户，你得罪的不是 1 个客户，可能是 500 个客户，在网络时代，更是瞬间传万里。

调查资料表明，不满意的顾客中只有 4% 会投诉，96% 不开心的顾客从不投诉，但是他们中 90% 的人永远不会再购买该企业的产品和服务。

二、客户服务流程

（一）了解客户需求

1. 客户需求的概念

客户需求是指客户的目标、需要、愿望以及期望。客户需求往往是多方面的、不确定的，需要去分析和引导。

2. 马斯洛需求层次理论

马斯洛需求层次理论将人类需求分为生理需求、安全需求、情感和归属需求、尊重需求和自我实现需求 5 类。

随着电子商务行业竞争日益激烈，客户服务已经取代产品和价格成为竞争的新焦点。用优质服务招徕客户、留住客户是企业的重要竞争力。客服人员应根据马斯洛的需求层次理论对客户服务进行管理，满足客户需求，从而留住客户。

3. 了解客户需求

了解客户需求是指客服人员运用聆听、提问等方式挖掘客户主要需求的过程。客户需求分为表现需求与主导需求，表现需求是指客户直接表现出来的需求，是一种外在的需求；主导需求是指客户真实的、起主导作用的需求，是一种内在的需求。了解客户的真实需求，以及隐藏在其表象需求背后的主导需求，是客服人员提高工作效率，促成与客户交易、解决问题的保证。

提问和聆听是了解客户需求的两种主要方式。运用提问和聆听技巧,既可以帮助客服人员提高客户的接受程度,提高与客户交流的有效性,获得更加全面的信息,也能够更加清楚地了解客户的状况、环境和需求,并且还可以帮助销售人员保持清晰的思路,提高与客户沟通的效率。

(二)满足客户需求

客户服务的核心是满足顾客的服务需求,客户是否满意是评价企业客户服务成败的指标。只有客户满意才能引发顾客对企业的忠诚,才能长期留住客户。

1. 按层次满足客户需求

客户服务过程中可以按以下顺序满足客户需求:

①对于基本信息需求,企业应在网站提供详细的产品和服务资料,利用网络信息量大、查询方便、不受时空限制的优势,满足客户的需求。

②客户在进一步研究产品和服务时,可能遇到问题需要在线帮助。选购产品时或购买产品后,客户还会遇到许多问题,需要企业帮助解决,这些问题主要包括产品的安装、调试、使用和故障排除等。

③对于难度更大或者网络营销站点未能提供答案的问题,客户希望能与企业人员直接接触,寻求更深入的服务,解决更复杂的问题。

④客户还有可能愿意积极参与到产品的设计、制造、配送、服务整个过程,追求更符合个性要求的产品和服务。

客户服务需求的 4 个层次相互促进,低层次的需求满足得越好,越能促进高一层次的服务需求。顾客得到满足的层次越高,满意度就越高,与企业的关系就越密切。

2. 有效使用服务工具

①FAQ(Frequently Asked Questions)。FAQ 即常见问题解答,在公司网站中以客户的角度设置问题、提供答案,形成完整的知识库。与此同时,还应提供检索功能,能够按照关键字快速查找所需内容。

②网络社区。网络社区包括论坛、讨论组等形式,客户可以自由发表对产品的评论,与使用该产品的其他客户交流产品的使用和维护方法。营造网上社区,不但可以让现有客户自由参与,还可以吸引更多潜在客户参与。

③电子邮件。电子邮件是最便宜的沟通方式,通过客户登记注册,企业可以建立电子邮件列表,定期向客户发布企业最新信息,加强与客户的联系。

④在线表单。在线表单是网站事先设计好的调查表格,通过在线表单可以调查客户需求,还可以征求客户意见。

⑤网上客户服务中心。在企业营销站点开设客户服务中心栏目,可详细介绍企业服务理念、组织机构。通过客户登记、服务热线、产品咨询、在线报修等,为客户提供系统、全面的服务。

(三)客户投诉处理

客户投诉处理解决可分为 4 个阶段:接受投诉阶段、解释澄清阶段、提出解决方案阶段、回访阶段。

1. 接受投诉阶段

要求做到认真倾听，保持冷静、同情、理解并安慰客户；给予客户足够的重视和关注；明确告诉客户等待时间，一定在时限内将处理结果反馈客户。

2. 解释澄清阶段

要求做到不与客户争辩或一味寻找借口；不要给客户有受轻视冷漠或不耐烦的感觉；换位思考，从客户的角度出发，做合理的解释或澄清；不要推卸责任，不得在客户面前评论公司、其他部门和同事的不足；如果确实是公司原因，必须诚恳道歉，但是不能过分道歉，注意管理客户的期望，同时提出解决问题的办法。

3. 提出解决方案阶段

要求做到可按投诉类别和情况，提出相应解决问题的具体措施；向客户说明解决问题所需的时间及其原因，如果客户不认可或拒绝接受解决方案，坦诚地向客户说明公司的规定；及时将需要处理的投诉记录传递给相关部门处理。

4. 回访阶段

要求做到根据处理时限的要求，注意跟进投诉处理的进程；及时将处理结果向投诉的客户反馈；关心询问客户对处理结果的满意程度。

三、跨境电子商务客户服务内容

（一）售前客服

售前客服是指在订单成交前，以商品销售为中心，为买家提供产品销售的相关咨询，包括购物流程、产品介绍以及支付方式等。内容包括指导买家选购商品，推荐同类或关联产品，完成支付。

售前客服关系到店铺成交转化率和买家购物体验。

在售前客服过程中，买家咨询较多的问题涵盖产品、支付、物流、费用等。

①与产品相关的问题：产品的功能和兼容性，相关细节明细，包裹内件详情。

②与支付相关的问题：关于支付方式和付款时间等问题的咨询。

③与物流相关的问题：运抵地区、发运时间、物流种类等问题的咨询。

④与费用相关的问题：运费合并、进口关税、优惠条件等问题的咨询。

（二）售后客服

售后客服是指在产品成交后，为客户提供订单查询跟踪、包裹预期到货时间咨询以及产品售后服务等咨询。售后客服关系到产品类目的完善、产品质量的提高，关系到客户体验和重复购买率，如果是使用平台的，还关系到退货率、纠纷率乃至账号的安全。

在售后客服过程中，主要问题集中在货物未及时收到、实际收到货物与描述不符合、差评处理。

1. 货物未及时收到

货物未及时收到的原因很多，包括物流公司因素、下单漏单、仓库漏发、货运丢失、客人地址不对、相关信息缺失、海关清关延迟、特殊原因,如海关、邮局等机构不正常营业,安防严检,极端天气因素等。

2. 实际货物与描述不符合

导致物品描述不符的主要原因包括货品贴错标签、入错库、配错货、发错地址、下单错误等,还有产品质量因素,如参数不对、色差、尺寸有出入,其他如货运过程中造成的损坏、与客人预期不符也会导致货物与描述不符。

(三)主动售后咨询

客户服务人员除了及时为客户提供售前、售后的咨询,有时还要主动将下面的一些重要信息告知客户。

①告知客户付款状态,确认订单及订单处理的相关信息。

②分阶段告知客户货物的物流状态信息。

③如遇到不可抗力因素导致包裹延误、物流滞后等应及时通知客户。

④有问题的产品同类订单应主动沟通、说明情况。

⑤公司推出的新产品、热卖产品应及时推荐给客户。

⑥店铺的营销活动应及时通知客户。

任务二　客户服务沟通

一、客户服务沟通原则

(一)坚守诚信

网上购物看不到摸不着,所以我们对待客户必须要用一颗诚挚的心。包括诚实地解答顾客的疑问,诚实地给顾客介绍商品的优、缺点,诚实地向顾客推荐适合的商品。

坚守诚信还表现在一旦答应顾客的要求,就应该切实履行自己的承诺,有时即使自己吃点亏,也不能出尔反尔。

(二)凡事留有余地

在与顾客交流中,不要用“肯定、保证、绝对”等字样,目的是不让顾客有失望的感觉。最好用尽量、争取、努力等词语,效果会更好。多给顾客一点真诚,也给自己留有一点余地。

(三)多倾听顾客意见

在对客户进行服务的时候应先通过问询了解顾客的意图,当客户表现出犹豫不决或者不明白的时候,也应该先问清楚顾客困惑的内容是什么,是哪个问题不清楚。如果顾客表述也不清楚,客户服务人员可以把自己的理解先告诉顾客,问问是不是理解对了,然后针对顾客的疑惑给予解答。

（四）换位思考、理解顾客的意愿

当我们遇到不理解顾客想法的时候，不妨多问问顾客是怎么想的，然后把自己放在顾客的角度去体会他（她）的心境。当顾客表达不同的意见时，要力求体谅和理解顾客，表现出“我理解您现在的心情，目前……”或者“我也是这么想的，不过……”来表达，这样顾客能觉得你在体会他（她）的想法，能够站在他（她）的角度思考问题，同样，他（她）也会试图站在你的角度来考虑。

（五）经常对顾客表示感谢

当顾客及时完成付款，或者很顺利地达成交易，客户服务人员应该衷心地对顾客表示感谢，感谢客户这么配合工作。遇到问题的时候，先想想自己有什么做得不到位的地方，诚恳地向顾客检讨自己的不足，不要先指责顾客。

二、客户服务沟通技巧

（一）促成交易技巧

1. 利用“怕买不到”的心理

人们常对越是得不到、买不到的东西，越想得到它、买到它。你可利用这种“怕买不到”的心理来促成订单。当对方已经有比较明显的购买意向，但还在最后犹豫时，可以用以下说法来促成交易：“这款是我们最畅销的了，经常脱销，现在这批又只剩两个了，估计不到一天就会卖完了。”或者：“今天是优惠价的截止日，请把握良机，明天你就买不到这种折扣价了。”

2. 利用客户希望快点拿到商品的心理

大多数客户希望在付款后你越快寄出商品越好。所以在客户已有购买意向，但还在最后犹豫时，可以这样表达：“如果真的喜欢的话就赶紧拍下吧，我们的物流是每天五点前安排，如果现在支付成功的话，现在就可以为你寄出。”这种方式对于在线支付的顾客尤为有效。

3. 帮助客户拿主意

当客户一再出现购买信号，却又犹豫不决拿不定主意时，可采用“二选其一”的技巧来促成交易。譬如，“请问您需要第 14 款还是第 6 款?”或是说：“请问要平邮给您还是快递给您?”这种“二选其一”的问话技巧，只要确定顾客选中一个，其实就是帮他拿主意，下决心购买了。

4. 积极推荐，促成交易

当客户拿不定主意时，客户服务人员应尽可能多地推荐符合客户要求的款式，在每个链接后附上推荐的理由。譬如，“这款是刚到的新款，目前市面上还很少见”“这款是我们最受欢迎的款式之一”“这款是我们最畅销的了，经常脱销”等，以此尽快促成交易。

5. 巧妙反问，促成订单

当客户问到某种产品，不巧正好没有时，就得运用反问来促成订单。譬如，顾客问："这款有金色的吗？"这时，不可回答"没有"，而应该反问道："不好意思我们没有进货，不过我们有黑色、紫色、蓝色的，在这几种颜色里，您比较喜欢哪一种呢？"

（二）说服客户的技巧

1. 调节气氛，以退为进

在说服客户时，你首先应该想方设法调节谈话的气氛。如果你和颜悦色地用提问的方式代替命令，并给人以维护自尊和荣誉的机会，气氛就是友好而和谐的，说服也就容易成功。

2. 争取同情，以弱克强

渴望同情是人的天性，如果想说服比较强大的对手，不妨采用这种争取同情的技巧，从而以弱克强，达到目的。

3. 消除防范，以情感化

消除防范心理的最有效方法就是反复给予暗示，表示自己是朋友而不是敌人。这种暗示可以采用种种方法来进行：嘘寒问暖，给予关心，表示愿提供帮助等。

4. 寻求一致，以短补长

努力寻找与对方一致的地方，先让对方赞同你远离主题的意见，从而使之对你的话感兴趣，而后再想办法将你的意见引入话题，最终求得对方的同意。

三、主要目的国文化沟通

（一）英国

1. 英国的传统商务禁忌

①在称呼英国人时，避免用"English"表示，宜用"British"。因为"English"仅代表英格兰，而不代表苏格兰和威尔士等英国其他地区。

②英国人认为绿色和紫色是不吉祥的颜色，在图案中点缀性地使用是可以的；忌讳白色、大象和山羊图案。他们喜欢马蹄铁的图案，认为其可招来好运气，是吉祥之物。

③与之交谈，忌谈及个人私事、婚丧、收入、宗教等问题，尤其不要谈论女士的年龄。

④他们认为"13"是不祥之数，多数英国人认为"7"这个数字可带来好运，并把星期六看作黄道吉日。

2. 商务沟通技巧

①与买家沟通时，要彬彬有礼，可适当地开些无伤大雅的玩笑，拉近沟通距离。

②注意物流时间，若货物确实不能准时到达，记得要及时告知买家。

③达成交易后，在物流条件允许的情况下，可酌情安排些小礼品，如带有中国特色的工艺美术品。当然，他们对带有公司标记的纪念品不感兴趣，涉及个人私生活的物品一般也不宜赠送。

④英国人不喜欢讨价还价，认为是很丢面子的事情，他们认为一件商品的价钱合适就

买，不合适就走开。

（二）美国

1. 美国人的商务禁忌

①美国人认为狗是人类最忠实的朋友，对于那些自称爱吃狗肉的人，美国人非常厌恶。

②美国人对数字“13”或“3”特别敏感。

③与美国人交谈，切忌谈及种族、收入、宗教等问题。

2. 商务沟通技巧

①与美国人做生意要有时间观念，时间就是金钱，做事效率要高，比如回复询盘及时、发货迅速等。

②电话、邮件要讲礼貌，多用“could”“would”“please”等谦辞。

③与美国人做生意，“是”和“否”必须说清楚。

④美国人最关心的首先是商品的质量，其次是包装，最后才是价格。美国人非常讲究包装，它和商品质量的本身处于平等的地位。因此，出口商品的包装一定要新颖、雅致和美观。

（三）法国

1. 法国人的商务禁忌

①法国人往往相当拘礼和保守，交谈记得要回避个人问题、政治和金钱之类的话题。

②他们忌讳“13”这个数字，认为“星期五”也是不吉利的。

③法国人忌讳黄色，对墨绿色也没什么好感；他们不喜欢孔雀与仙鹤，认为核桃、杜鹃、纸花也是不吉利的。

④他们认为称呼老年妇女为“老太太”，是一种侮辱性的语言。

⑤法国人忌讳男人向女人赠送香水，认为此举有过分亲热或有“不轨企图”之嫌；也不要送刀、剑、刀叉、餐具之类。若送了，意味着双方会割断关系。

2. 商务沟通技巧

①与买家沟通时，在自由平等的基础上，态度好、有礼貌，尤其碰到女性买家，可适度赞美。

②可随物流适当安排些轻便礼品赠送给买家。

③将物品卖给时间观念超强的法国人，一定要控制好物流时间。

④他们对蓝色比较偏爱，认为蓝色是“宁静”和“忠诚”的色彩；对粉红色也较为喜欢，认为粉红色是一种积极向上的色彩，给人以喜悦之感。

（四）德国

1. 德国人的商务禁忌

①德国人很注重个人隐私，包括年龄、职业、薪水、信仰等，与德国买家沟通，注意尽量不要涉及这些内容。

②和很多西方国家一样，德国人忌讳数字“13”，同时对“星期五”也十分忌讳，这种习俗

跟西方的宗教传说有关。

③德国法律禁用纳粹或其军团的符号图案，卖家在店铺设计时应注意避开。

④德国人忌讳赠送过于个人化的物品，且礼品包装纸不用黑色、白色和棕色，也不习惯用彩带包扎。

2. 商务沟通技巧

①德国企业对产品质量最为重视，他们认为没有物美价廉的产品，只有精品和次品。对德国买家而言，产品的品质应该是他们相当在乎的，卖家在备货时应对产品的质量进行严格把控。

②德国人非常注重规则和纪律，做事认真。凡是有明文规定的都会自觉遵守；凡是明确禁止的，德国人绝不会去碰它。

③准确是德语的特点之一，他们经常使用"不得不""必须"等词汇，容易给人留下发号施令的印象，实际上这正是德国人认真、严谨的表现。卖家在与德国买家沟通时，应特别注意言语的准确性。

④可随物流安排小礼品给买家，礼品无须贵重，有纪念意义即可。

（五）澳大利亚

1. 澳大利亚人的商务禁忌

①澳大利亚人对兔子特别忌讳，认为兔子是一种不祥的动物，人们看到它就会感到倒霉，因为这预示着厄运将要临头。

②他们对数字"13"很讨厌，认为"13"会给人们带来不幸和灾难。

③他们忌讳"自谦"的客套语言，认为这是虚伪、无能或看不起人的表现。

④澳大利亚人对自己独特的民族风格感到自豪，因此谈话中忌拿他们与英国人、美国人作比较。

⑤忌谈工会、宗教、个人问题、袋鼠数量的控制等敏感话题。

2. 商务沟通技巧

①澳大利亚人很重视办事效率，时间观念很强，因此物流时间一定要控制好。

②澳大利亚人不喜欢在讨价还价上浪费时间，因此商品价格设置要合理。

③澳大利亚是一个讲究平等的社会，他们很注重礼貌修养，不喜欢以命令的口气催促别人。

（六）俄罗斯

1. 俄罗斯人的商务禁忌

①颜色方面，黑色代表不祥和晦气，不宜用于喜庆活动，黄色代表背叛和忧伤，不宜用于情侣活动。

②数字"13"代表背叛，在价格或折扣方面要尽量避免。

③黑猫象征着噩运。

④送礼方面，手绢、刀、空钱包和蜡烛都不合适。

2. 商务沟通技巧

①颜色方面,蓝色表示忠贞,象征着友谊和信任,并且俄罗斯人偏爱红色,常把红色与喜爱的事物联系在一起。

②俄罗斯人特别喜欢花,认为花能反映人的情感、品格。

③俄罗斯人喜欢数字“7”,认为它意味着幸福与成功。

④俄罗斯客人询盘的最大特色就是俄式英语。建议使用靠谱的语言处理软件或者直接使用俄语与对方交流,会提升客户兴趣度。

⑤俄罗斯客人喜欢用 Skype 在线谈生意,也用 SMS(相当于中国的短信)。

(七)巴西

1. 巴西人的商务禁忌

①巴西人对颜色比较敏感,若送他们鲜花,不能送紫色、棕色或黄色。他们认为紫色是死亡的象征,棕色充满悲伤,黄色则代表绝望。同理,卖家在店铺设计时可作参考。

②他们不喜欢谈论如政治、宗教、种族、工作等敏感的话题,切忌将类似话题拿来乱开玩笑。

③巴西人非常守时,不管做何约定,最好按时进行,反之可能会招致强烈的反感。

④手帕和刀的图案,他们不甚喜欢,卖家在店铺设计时应尽量避开。

⑤与很多国家一样,他们忌讳数字“13”。

2. 商务沟通技巧

①与巴西客户沟通时,可尽量风趣幽默,用他们感兴趣的话题活跃气氛。

②巴西人性格直率,与之沟通无须拐弯抹角,尽量直来直去,他们会比较容易理解。

③他们喜爱谈论自己的孩子,在沟通中时不时夸赞他们的小孩,会增加他们的好感。同时,可多谈足球、趣闻等话题,让沟通更简单、顺畅。

④蝴蝶和金桦果是巴西人认为吉祥和幸福的象征,卖家在设计店铺时可充分利用这些图案。

(八)意大利

1. 意大利人的商务禁忌

①意大利忌讳数字“13”和“星期五”,认为“13”这一数字象征着噩兆,“星期五”也是不吉利的象征。

②意大利忌讳菊花。因为菊花是丧葬场合使用的花,是放在墓前为悼念故人用的花,是扫墓时用的花。因此,人们把它视为“丧花”。如果要送鲜花,切记不能送菊花;如果要送礼品,切记不能送带有菊花图案的礼品。

③意大利忌讳用手帕作为礼品送人,认为手帕是擦泪水用的,是一种令人悲伤的东西。所以,用手帕送礼是失礼的,同时也是不礼貌的。

④意大利还忌讳别人用目光盯视他们,认为目光盯视人是对人的不尊敬,可能还有不良的企图。

2. 商务沟通技巧

①意大利人性格一般比较开朗、健谈、热情奔放。初次见面谈问题都比较直爽,单刀直入,不拐弯抹角。

②意大利人的手势和表情比较丰富,常以手势帮助讲话,如手势表达不准确,很容易造成双方误会,后果一发不可收拾。

③意大利人讲究穿着打扮,在服饰上喜欢标新立异,出席正式场合都注意衣着整齐得体。他们喜爱听音乐和看歌剧,他们的音乐天赋和欣赏能力大都较高。

④意大利人酷爱自然界的动物,喜爱动物图案和鸟类图案,喜欢养宠物,尤其对狗和猫异常偏爱,有些甚至把宠物作为家庭的一员介绍给客人。

⑤意大利人的时间观念不强,参加一些重大的活动、重要的会议、谈判或者一般的约会,常常迟到。

（九）葡萄牙

1. 葡萄牙人的商务禁忌

①忌讳数字“13”和“星期五”(尤其是13日和星期五重合的那一天)。

②忌讳盯视别人。

③忌食带血的食物和血制品。

④忌讳问有关天主教的主教、神父、修女的子女、爱人的问题。

⑤不愿意谈论有关政治或政府方面的问题。

2. 商务沟通技巧

①到葡萄牙从事商务活动最好选择在当年的10月至次年的6月。

②葡萄牙中午12点到下午3点不办公,在这段时间联系商务会找不到人。

③商谈生意时应注意穿戴,谈判中如果他们穿着上衣,尽管天气热你也不要脱去上衣。

④葡萄牙商人多会法语、英语和西班牙语,可尽量使用这3种语言与他们进行沟通;与葡萄牙人谈生意要有耐心。

⑤葡萄牙人比较讲究礼仪,与人交谈时,他们坐姿端正,尤其是女性,入座时注意双腿并拢。

（十）西班牙

1. 西班牙人商务的禁忌

①西班牙人视家庭问题及个人工作问题为私人秘密,在与西班牙人交谈时,最好避开此类话题。

②斗牛是西班牙的传统活动,他们崇尚斗牛士,外来人士最好不要扫他们的兴,不要说斗牛活动的坏话。

③西班牙人最忌讳“13”和“星期五”,认为这些数字及日期都是很不吉利的,会有厄运或灾难临头。

④送花给西班牙人,忌送大丽花和菊花,因他们视这两种花为死亡的象征。

2. 商务沟通技巧

①按照西班牙商人的商业习惯和礼俗,建议你随时穿着保守式样西装,内穿白衬衫,打保守式样的领带。

②西班牙人很重视信誉,总是尽可能地履行签订的合同,即便后来发现合同中有对他们不利的地方,他们也不愿公开承认自己的过失。如在这种情况下,对方能够善意地帮助他们,则会赢得西班牙人的尊重与友谊。

③到西班牙做客的商人,在办公时间以穿黑色皮鞋为宜,不要穿棕色皮鞋,尤其在日落之后,一定要穿黑色的鞋子,因为西班牙人历来就喜欢黑色。

④拜会公司,必须要预先约好,最好持用有西班牙文、中文对照的名片,这样,会给会面和谈判提供方便。

任务三　客户服务邮件

邮件回复是跨境电子商务客户服务工作最常用的,以下将以客户服务过程中最典型的环节进行举例说明。

一、售前沟通邮件

(一)买家询问物品细节的问题

1. 关于尺寸

示例:一位美国买家告诉你她平时穿 US 8 码的连衣裙,想咨询她应该买哪一个尺码,你回复她 M 号比较适合。

问题:

Hello, seller, I wear US size 8, could you give me some advice on which size I should buy from you?

回答:

Hello, dear customer, size M of this dress should fit you well. Please feel free to contact us if you have any other questions. Thanks!

2. 关于合并运费

示例:

当买家一次性购买多件商品时,可能会向你提出合并运费的要求,你可以通过修改并发送电子发票(Invoice)的形式,对买家购买的多件商品只收取一次运费。在电子发票发送成功后,及时告知买家运费已合并,让买家直接通过电子发票进行支付。

问题:

Hello, seller, can the shipping fee be paid together as I've bought several items from you? Please send me in one package, thanks!

回答：

Hello, dear customer, thanks for your business!

We have combined the shipping already and only charge you the shipping fee once. You can check the invoice I've just sent to you and please make the payment through the invoice directly. Please feel free to contact us if you have any other questions. Thanks!

（二）关税问题

问题：

Are there any import taxes or customs charges that I need to be aware of if I purchase this and have it shipped to Louisiana in the United States?

回答：

Thank you for your inquiry. I understand that you are worrying about any possible extra expense for this item. According to past experience, it did not involve any extra expense at buyer side for similar small or low cost items. Please do not worry about it too much.

However, in some individual cases, buyer might need to take some import taxes or customs charges in import countries. As to specific rates, please consult your local custom office. Thank you for your understanding.

Yours Sincerely,

Seller Name

（三）关于大量订单询价

问题：

Hello, I want to order ×× pieces for this item, how about the price?

回答：

Dear buyer,

Thanks for your inquiry. We cherish this chance to do business with you very much. The order of a single sample product costs ×× USD with shipping fees included. If you order ×× pieces in one order, we can offer you the bulk price of ×× USD/piece with free shipping. I look forward to your reply. Regards!

（四）支付方式

问题：

Do you accept check or bank transfer? I do not have a PayPal account.

回答：

Thank you for your inquiry.

For the sake of simplifying the process, I suggest that you pay through PayPal. As you know, it always takes at least 2-3 months to clear international check so that the dealing and shipping time will cost too much time.

PayPal is a faster, easier and safer payment method. It is widely used in international online business. Even if you do not want to register a PayPal account, you can still use your credit card to go through checkout process without any extra steps.

Hope my answer is helpful to you.

Yours Sincerely,

Seller Name

（五）还价

问题：

Hello, I can pay 100 dollars. Is it OK?

回答：

Thank you for your interest in my item.

We are sorry for that we can't offer you that low price you bargained. In fact the price listed is very reasonable and has been carefully calculated and our profit margin is already very limited.

However, we'd like to offer you some discount if you purchase more than 5 pieces in one order, X% discount will be given to you.

Please let me know if you have any further questions.

Thanks.

Yours Sincerely,

Seller Name

二、售后沟通邮件

（一）物品未收到的问题

问题：

Hello, seller, I haven't received the product that you sent to me.

回答：

Thank you for purchasing (item ID or item title). We have sent the package out on Dec 16 th. The postal tracking number is below for your reference:

No. RR725377313CN

Status: departure from outward office of exchange

Ship-out Date: 2022-12-17

Standard ship times are approximately 7-15 business days. However, there may be a delay in international parcel delivery times due to increased holiday demand. We promise a full refund including original shipping charge if the item is not delivered within 30 days upon receipt of payment. Your satisfaction is our utmost priority, please contact us if you have any concerns.

We apologize for any inconvenience. Your understanding is greatly appreciated.

（二）产品与描述不符

问题：

Hello, seller, I' ve got the goods that is inconsistent with the description, so please send again!

We sincerely regret that you are not satisfied with your purchase. We accept returns or exchanges as long as the item is unopened and/or unused. We strive to provide exceptional products and service to our customers and your opinion is very important to us. Please provide a detailed explanation, photos are also welcome.

Please send your item back to:××,××××,200001, Shanghai, China

We will send you a replacement upon receipt of your parcel. Please be aware that the return shipping and any new shipping charges for a replacement item will be charged to the buyer.

If you have any other concerns, please contact us through eBay message so that we can respond to you promptly, thanks!

（三）对节假日等可预测的邮递延误进行解释

问题：

Hello, seller, I haven't received the product that you sent to me.

回答：

Thank you for your purchase and prompt payment. China will celebrate National Holiday from October 1st through October 7th. During that time, all the shipping services will be unavailable and may cause the shipping to delay for several days.

We will promptly ship your item when the post office re-opens on October 8th. If you have any concerns, please contact us through eBay message. Thank you for your understanding and your patience is much appreciated.

（四）对天气等不可抗力因素造成的延误进行解释

问题：

Hello, seller, I haven't received the product that you sent to me.

回答：

Thank you for purchasing an item from our store. We are sorry to inform you that the delivery of your item may be delayed due to Hurricane Sandy.

We shipped your item (white cotton T-shirt) on Dec. 3rd but unfortunately, we were notified by the post office that all parcels will be delayed due to this natural disaster.

Your patience is much appreciated. If you have any concerns, please contact us through eBay message so that we can respond promptly. Our thoughts are with you.

（五）物品收到后的退货换货

1. 关于退货

示例：当买家收到货不满意并提出退货时。

问题：

Hello, seller, I don't like the goods you send to me, can I return?

回答：

Yes, we accept return or exchange. Please send your item back to:

××,××××,200001, Shanghai, China

We will refund (excluding the postage) you via PayPal once your parcel is received.

2. 关于换货

示例：当买家要求换货时，如果你接受换货。

问题：

Hello, seller, I don't like the goods you send to me, can I barter?

回答：

Sure, you can send it back for exchange. Please send your item back to:

××,××××,200001, Shanghai, China

We will send you a new one after receiving your parcel. Please be aware that you must bear the cost of return shipping and re-send shipping.

Thanks for your understanding. If you have any other concerns, feel free to let me know.

（六）客户投诉产品质量有问题

示例：当买家收到货，发觉质量有问题时。

问题：

Hello, seller, I have received the goods you sent to me, but I found that it is of a bad quality.

回答：

I am very sorry to hear about that. Since I did carefully check the order and the package to make sure everything was in good condition before shipping it out, I suppose that the damage might have happened during the transportation. But I'm still very sorry for the inconvenience that has brought you. I guarantee that I will give you more discounts to make this up next time you buy from us. Thanks for your understanding.

三、主动回访邮件

（一）可以选择加入自动邮件系统中的详细的物流信息

Thank you for purchasing (item ID or item title). Please note that this item will be dispatched from China, so the shipping may take longer than domestic shipping. We will ship the item out promptly after receipt of payment. Please refer to the estimated delivery time chart in the item description to estimate your item's arrival time. Your satisfaction is our priority. If you have any concerns, please contact us through eBay message. Thank you for your understanding and patience.

（二）物品寄出后向买家提供物品跟踪号,并告知预计送达时间

Your item has just been sent out via China international shipping service which may take about 15-20 business days to arrive at the final destination.

The tracking number of your parcel is: RR123456CN, and you can track the shipping status on the website in a few days.

Besides, as we all know that international shipping requires more complicated shipping procedures, such as both countries' customs clearance, transit stations etc. ,it will probably take longer time for your item to arrive at the final destination.

Much appreciate for your understanding on this uncontrollable matter. If you have any other concerns, feel free to let me know.

（三）成交后与买家沟通六步走邮件

1. 当收到买家的付款后

Your payment has been received for the following items, We will ship it within __________ business days as promised. After doing so, we will send you a notification letter, with tracking number information if applicable.

Two points for clarification:

①shipping charge: some buyers might think our shipping charge is high. But the fact is that, we charge you basing on the actual shipping cost.

②Shipping time: because you bought the item from opposite side of the earth, it needs time to ship and the duration on its way to you is out of control. We can only ensure you to ship the items within the certain days as described in item listing.

2. 当物品发出以后

①如果使用挂号运输方式,如 EMS 或者挂号小包。

The postman just picked up your item from our office. It is estimated to arrive in 7-10 days in normal conditions. If not, please don't hesitate to contact us.

Here is the tracking number of your parcel ____________________, and you can log on www. ________________. com（官网查询网站）to view the updated shipment, which will be shown in 1-2 business days.

You can visit ××××. html to get more detailed information about rating seller's postage time and shipping charge. We warmly welcome your feedback.

a. When rating sellers on postage time-rate the seller only on the time it took to mail the item, not the time it took you to receive the item. Don't hold sellers responsible for delays in mail services, international custom delays, or for the time it takes for your payment to clear. If you picked up the item locally, you won't be able to provide a rating for this category.

b. Remember that sellers can charge for the cost of the actual packaging materials, along with a reasonable handling fee to cover their time and direct costs associated with shipping. If the seller provided free shipping, we give the seller a 5-star shipping and handling charges detailed seller rating automatically, and you won't be able to change the rating. For international transactions, you may also be responsible for duties, taxes, and customs clearance fees as requested by country laws.

Thanks again for your great purchase and great understanding. We sincerely hope our item and customer service can give you the best buying experience on eBay.

②如果使用的是不挂号小包。

The postman just picked up your item from our office. (We will write you another email later to prove that we shipped the item.) It is estimated to arrive in 14-21 days in normal conditions. If not, please do not hesitate to contact us. We shall do whatever we can to help you.

You can visit ××××. html to get more detailed information about postage time and shipping charge.

a. When rating sellers on postage time-rate the seller only on the time it took to mail the item, not the time it took you to receive the item. You should not hold sellers responsible for delays in mail services, international custom delays or for the time it took for your payment to clear.

b. When rating the seller on postage and handling charges, remember that sellers may charge actual packaging materials costs and a reasonable handling fee to cover the seller's time and direct costs associated with postage. For international transactions, you may also be responsible for duties, taxes, and customs clearance fees as requested by country laws.

Thanks once again for your great purchase. We sincerely hope our item and customer service can give you the best buying experience on eBay.

③寄出证明(作为无法在网上查询的包裹的跟进)。

3. 货物发出后的第 10 天(针对无法在网上查询的包裹)

10 days have passed since your item was shipped. It should be soon to come to you. (In normal conditions, it takes around 10-21 days from China to USA.)

When you receive it, we sincerely hope that you will like it and appreciate our customer services. If you have anything you feel unsatisfied with, please do tell us. So we can know what we should do to help you. In the meantime, we will get to know where we should improve.

If you are satisfied, we sincerely hope that you can leave us a positive comment and four 5-star Detailed Seller Ratings, which are very important to the growth of our small company.

Besides, please do not leave us 1,2,3 or 4-star Detailed Seller Ratings because they are equal to negative feedback. Like what we said before, if you are not satisfied in any regard, please tell us.

Thanks once more for your purchase.

4. 货物发出后的第 20 天(针对无法在网上查询的包裹)

20 days have passed since your item was shipped. Have you received it? (In normal conditions, it takes around 10-21 days from China to OZ.)

If you haven't received your item and this situation lasts to the 30 th day, please do contact us. A full refund will be issued to you with no excuse. We do not want to give you a bad buying experience even when the shipping is out of our control.

But if you receive it, we sincerely hope you can leave us a positive comment and four 5-star Detailed Seller Ratings if you like it and appreciate our customer services.

Thanks again for your purchase.

5. 包裹妥投后(针对能够在网上查询的包裹)

Now the item is successfully delivered to you, our friend! We sincerely hope you will like it and be satisfied with our customer services. If you have any concerns, please don't hesitate to contact us. We would like to do whatever we can do to help you out.

If you do not mind, please take your time and leave us a positive comment and four 5-star Detailed Seller Ratings to us, which are very important to the growth of our small company.

Please do not leave us 1,2,3 or 4-star Detailed Seller Ratings because they mean that "you are not satisfied", equaling negative feedback. Like what we said before, if you are not satisfied in any regard, please contact us for solution.

Thank you so much indeed.

6. 收到买家好评后

Thank you for your positive comment. Your encouragement will keep us moving forward.

We sincerely hope that we'll have more chances to serve you.

(四)物品售出:提醒买家尽快付款

当你欣喜地发现物品售出时,一定希望买家能尽快付款,但也有一些买家可能因为某些原因而迟迟未付款,你可以发送一封邮件给买家,提醒他尽快付款,如果有什么问题可以让他及时联系你。

1. 提醒邮件:买家拍下物品后,却迟迟没有付款

Much appreciate your purchase from us, but we haven't received your payment for that item yet.

As a friendly reminder, the instant payment is very important. The earlier you pay, the sooner you will get the item.

Please make your payment as soon as possible, so we can send you the item in time. If you have any problems during paying, or if you don't want it any more, please feel free to let us know. We can help you to resolve the problems or cancel the transaction.

Thanks again and looking forward to hearing from you soon.

2. 二次付款提醒模板

Email Title: Second Payment Reminder

Email Text:

Thank you for purchasing the item named __________ on date of __________.

We much appreciate for your interests in our item, but we haven't received your payment yet. If there's any problem with you, please let me know. Because we usually keep the unpaid item only for 7 days, after that we'll initiate a request to eBay Resolution Center to cancel this deal as an "Unpaid Bidding" case which may heavily affect both of our credits.

If you bid this item due to a careless mistake, please also let us know. We could reach an agreement to cancel this transaction so that we'll resolve this problem properly. Or please do make your payment through PayPal as quickly as possible, and the detailed information about your Item is as follows:

Item Title: ____________

Item Link: ____________

Item Number: ____________

Buyer User ID: ____________

Seller User ID: ____________

Your total payment will be:

$ ____________per item

$ ____________insurance (Included in Postage&Handling)

$ ____________Sales discounts (−) or charges (+)

$ ____________shipping/handling

$ ____________ =Total Payment

Any other questions, please do not hesitate to contact us. Thank you for your attention.

德育园地

客户沟通　以“和”为贵

跨境电商是我国实现文化自信的一种方式。“和”思想是我国传统文化的核心思想，其中不仅包含和谐对待客户，同样也意味着从业人员应当严格遵循平台规则，保障店铺稳定运营。跨境电商的运营过程是动态的，因此其中蕴含的“和”思想也同样处于动态变化的过程，在持续变化过程中寻求稳定发展。在这样一种动态发展的过程中，从业人员应当探索出与客户、商品之间的和谐点。例如，在许多跨境运营店铺当中，优惠活动十分常见，甚至会出现9.9 美元包邮这样低廉的价格，优惠活动的诸多商品往往是没有利润的，但其却在其中起到了十分关键的引流作用,通过这样的方式来进一步提升店铺的流量,并与客户之间建立起和谐的情感关系。后续再通过运营手段实现客户转化,以此来进一步提升店铺的利润以及销量等。

客户进入跨境店铺当中,从观看商品到最后付款过程,都是从业人员与客户之间沟通感情的机会。不论是购买前信息咨询还是购买后给予的反馈,都是使客户与店铺建立和谐情感的契机。在店铺运营过程中,客户在第一次购买完成之后,卖家与客户之间的和谐关系才初步开始,卖家方面能够依托于电话、短信、邮件等相关形式与客户之间形成网访,同样也可以应用构建完整社区的形式来与客户之间进行面对面沟通。这也意味着店铺与客户之间构建和谐关系的渠道多种多样。

思考:如何有效地培养跨境电商客户的诚信意识,提高跨境电商客户沟通的道德品质,从而促进良好的商业环境和可持续发展?如何创新营销渠道和营销活动来吸引更多潜在客户?

项目十　速卖通平台操作

【工作情景】

全球速卖通被广大卖家称为国际版"淘宝"，于 2010 年 4 月上线，是阿里巴巴帮助中小企业接触终端批发和零售商，小批量、多批次快速销售，拓展利润空间而全力打造的融订单、完成支付、实现物流运输于一体的网上交易平台。通过本项目的学习，姚石将掌握速卖通平台运营基本流程。

【任务布置】

1. 平台认证
2. 账户设置
3. 发布产品
4. 发布产品之平台审核规范
5. 运费设置
6. 售后服务与管理
7. 纠纷处理
8. 营销与推广

【操作提示】

1. 掌握速卖通账号注册和账号认证的步骤与方法。
2. 掌握速卖通平台商品发布编辑板块内容和操作方法。
3. 了解速卖通平台发布产品之平台审核规范。
4. 了解国际物流模式、运费计算方法及速卖通运费模板设置方法。
5. 了解速卖通平台售后服务与管理、纠纷处理方法。
6. 掌握速卖通平台免费的和付费的营销工具。

【课上学习任务】

任务一　平台认证

一、找到免费注册入口

在电脑搜索框输入全球速卖通网址 https://sell.aliexpress.com/，进入"卖家频道"，单击右上方“注册”，如图 10-1 所示，进入注册账号页面。

AliExpress 全球速卖通
首页
招商计划
卖家故事
最新动态
商家成长
经营支持
中文
注册
登录
AliExpress全球速卖通
MALL品牌峰会

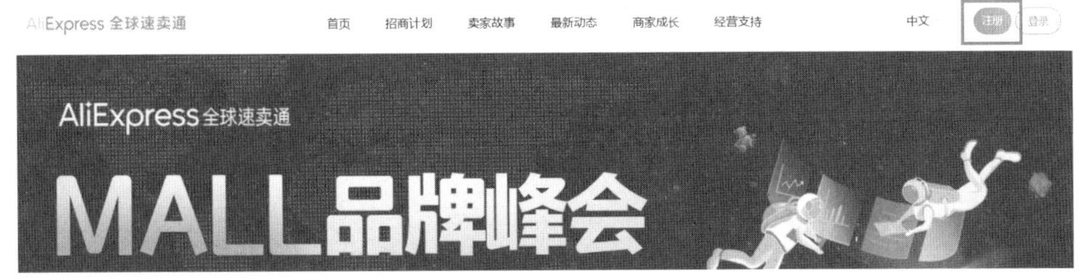

图 10-1

二、账号注册

依次填写“邮箱”“邮箱验证码”“登录密码”和“密码确认”信息，然后点击“立即注册”。成功注册后，如果需要发布产品，还需要依次完成“认证企业信息”“开通资金账户”“选择经营类目”和“缴纳保证金”操作，如图 10-2 所示。

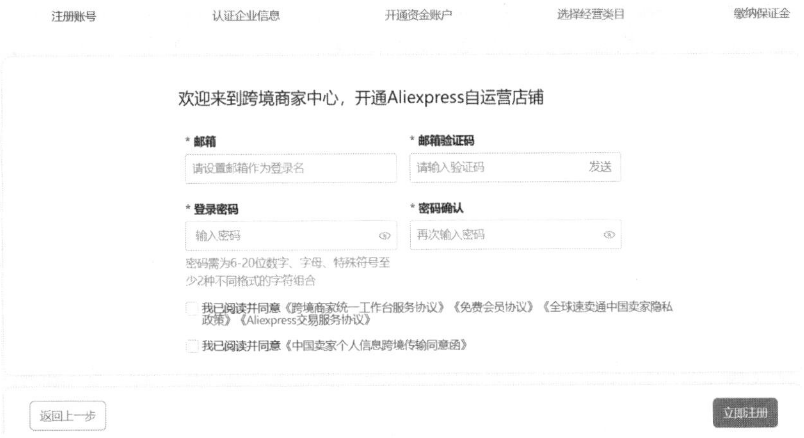
注册账号
认证企业信息
开通资金账户
选择经营类目
缴纳保证金
欢迎来到跨境商家中心，开通Aliexpress自运营店铺
* 邮箱
请设置邮箱作为登录名
* 邮箱验证码
请输入验证码
发送
* 登录密码
输入密码
* 密码确认
再次输入密码
密码需为6-20位数字、字母、特殊符号至少2种不同格式的字符组合
我已阅读并同意《跨境商家统一工作台服务协议》《免费会员协议》《全球速卖通中国卖家隐私政策》《Aliexpress交易服务协议》
我已阅读并同意《中国卖家个人信息跨境传输同意函》
返回上一步
立即注册

图 10-2

三、账号认证

商家进行企业信息认证，可选择以下两种方式：企业支付宝认证验证；企业法人支付宝认证验证。此操作是用来确认是否有支付宝账户，并完成速卖通账号实名认证，如图 10-3 所示。

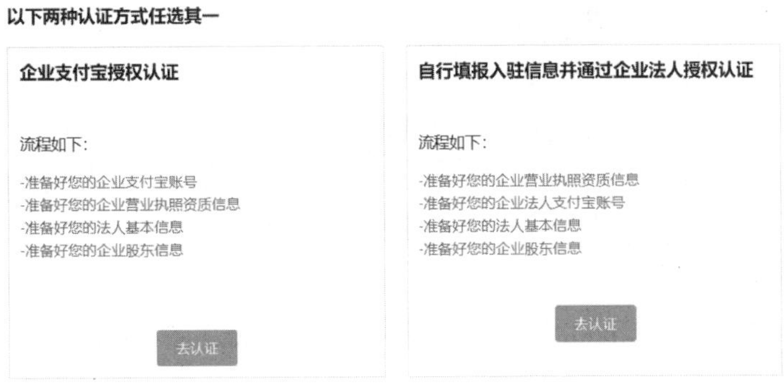
以下两种认证方式任选其一
企业支付宝授权认证
流程如下:
-准备好您的企业支付宝账号
-准备好您的企业营业执照资质信息
-准备好您的法人基本信息
-准备好您的企业股东信息
去认证
自行填报入驻信息并通过企业法人授权认证
流程如下:
-准备好您的企业营业执照资质信息
-准备好您的企业法人支付宝账号
-准备好您的法人基本信息
-准备好您的企业股东信息
去认证

图 10-3

知识链接

Q1:海外买家的购买心理和习惯是什么?

A:调查显示,速卖通买家群体主要集中在欧美等发达国家。了解买家的心理有利于我们在沟通过程中把握商机。下面就以美国买家为例,介绍国外买家的购买心理和习惯。

1. 商品质量是关键

美国人最关心的首先是商品的质量,其次是包装,最后才是价格。因此,产品质量的优劣是进入美国市场的关键。在美国市场上,高、中、低档货物差价很大,如一件中高档的西服零售价在40~50美元,而低档的则不到5美元。商品质量稍有缺陷,就只能放在商店的角落,做减价处理。

2. 商品包装很重要

美国人非常讲究包装,它和商品质量处于平等的地位。因此,出口商品的包装一定要新颖、雅致、美观、大方,能够给人一种舒服、惬意的效果,这样才能吸引买家。

3. 销售旺季在圣诞

每个季节都有一个商品换季的销售高潮,如果错过了销售季节,商品就要削价处理。美国大商场和超级市场的销售季节划分如下:1—5月为春季;7—9月为初秋升学期,主要以销售学生用品为主;9—10月为秋季;11—12月为假期,即圣诞节时期,这时又是退税季节,人们都趁机添置用品,购买圣诞礼物。美国各地商场此时熙熙攘攘,人流不断,对路商品很快就会销售一空。

4. 上网时间不统一

由于美国版图比较大,横跨3个时区,所以不同时区的买家上网采购的时间也不同。为了提高卖家发布商品的关注率,卖家应该积极总结,选择一个买家上网采购时间比较集中的时间段来发布产品。

Q2:在平台上出售的商品,标价是美元还是人民币?

A:速卖通上的买家都是来自国外的,所以上传产品的时候需要设置美元价格。海外买家大多是拥有实体店面或网上店面的中小批发商,他们对市场价格的变化非常敏感。因此,建议在定价时,合理地分析自己的商品,结合近期的美元汇率理性定价。

Q3:是否存在关税、报关的问题?

A:速卖通作为第三方贸易平台,主要是小额批发,发货以包裹为主,涉及关税、报关需要的,卖家应联系并咨询物流公司。

任务二 账户设置

一、国际支付宝介绍

(一)国际支付宝(Escrow)与国内支付宝(Alipay)的区别

国际支付宝的第三方担保服务是由阿里巴巴国际站同国内支付宝联合支持提供的。全球速卖通平台只是在买家端将国内支付宝改名为国际支付宝。

在使用上，只要有国内支付宝账号，无须再另外申请国际支付宝账户。当用户登录到"My Alibaba"后台(中国供应商会员)或"我的速卖通"后台(普通会员)后，就可以绑定国内支付宝账号来收取货款。

国际支付宝是一种第三方支付担保服务，而不是一种支付工具。对于卖家而言，它的风险控制体系可以保护卖家在交易中免受信用卡盗刷的风险；而且只有当国际支付宝收到了货款，才会通知卖家发货，这样可以避免卖家在交易中使用其他支付方式可能导致的交易欺诈。

(二)国际支付宝优势

①多种支付方式：支持信用卡和银行汇款等多种支付方式，目前国际支付宝支持的支付方式有信用卡、T/T 银行汇款。

②安全保障：先收款，后发货，全面保障卖家的交易安全。

③方便快捷：线上支付，直接到账，足不出户，即可完成交易。使用国际支付宝收款无须预交任何款项，速卖通会员只需绑定国内支付宝账号和美元银行账户就可以分别进行人民币和美元的收款。

④品牌优势：依靠阿里巴巴和支付宝两大品牌，在海外市场潜力巨大。

(三)国际支付宝支持的产品运输方式

目前国际支付宝支持 EMS、DHL、UPS、FedEx、TNT、SF、邮政航空包裹 7 种国际运输方式，只要是通过这 7 种运输方式发货的产品，都可以使用国际支付宝进行交易。目前暂时不支持海运。

(四)国际支付宝支持的产品交易

目前国际支付宝支持部分产品的小额批发、样品、小单、试单交易，只要产品满足以下条件，即可通过国际支付宝进行交易。

①产品可以通过 EMS、DHL、UPS、FedEx、TNT、SF、邮政航空包裹 7 种运输方式进行发货。

②每笔订单金额小于 10 000 美元(产品总价加上运费的总额)以下的交易。

(五)国际支付宝在线交易报关

如果货物申报价值在 600 美元以下，快递公司会进行集中报关。如果货物申报价值超过 600 美元，卖家可提供全套的报关单据，委托快递公司进行代报关。

(六)国际支付宝在线交易核销退税

买家使用 Visa 和 Master Card 信用卡支付时，无法进行核销退税。

买家使用 T/T 银行汇款支付时，卖家报关后可以进行核销退税。

二、收款账户的类型

国际支付宝目前仅支持买家美元支付,卖家可以选择美元和人民币两种收款方式。

买家通过信用卡支付时,根据国际支付渠道的不同,款项会以美元或人民币的形式进入国际支付宝账户,然后分别进行美元提现和人民币提现。

人民币收款账户:买家通过信用卡付款,如果付款方式显示为“信用卡(人民币通道)”,国际支付宝会按照买家支付当天的汇率将美元转换成人民币支付到卖家的国内支付宝或银行账户中。(特别提醒:速卖通普通会员的货款将直接支付到国内支付宝账户。)

美元收款账户:买家通过信用卡付款,如果付款方式显示为“信用卡(美元通道)”,则卖家的美元收款账户将收到美元。

买家通过 T/T 银行汇款支付时,国际支付宝将支付美元到卖家的美元收款账户。(特别提醒:只有设置了美元收款账户才能直接收取美元。)

三、收款账户的设置

了解两个收款账户的基本情况之后,下一步就是对两个账户进行设置。

(一)人民币账户设置

第一步:登录全球速卖通,单击“交易”进入“收款账户管理”界面,选择“人民币收款账户”。

第二步:如果没有支付宝账户,可以单击“创建支付宝账户”,也可以使用已有的支付宝账号,单击“登录支付宝账户”进行绑定。

第三步:创建或者登录支付宝账户成功后,即完成收款账户的绑定。

①如果以前没有设置支付宝收款账户,可以通过创建或登录支付宝的方式进行绑定,具体操作流程如下:

A. 登录全球速卖通,单击“交易”进入“收款账户管理”界面,选择“人民币收款账户”。如果没有支付宝账户,可以单击“创建支付宝账户”;也可以使用已有的支付宝账号,单击“登录支付宝账户”进行设置。

B. 登录支付宝账户。依次填写“支付宝账户姓名”“登录密码”“校验码”等必填项,填写完毕后单击“登录”。登录成功后,即完成收款账户的绑定,也可以对收款账户进行编辑。

C. 如果还没有支付宝账户,可以单击“创建支付宝账户”,填写相应信息,完成支付宝注册。输入注册信息时,请按照页面中的要求如实填写,否则会导致支付宝账户无法正常使用。单击“填写全部”可以补全信息。

②如果之前已经设置过支付宝收款账户,具体操作流程如下:

A. 登录全球速卖通,单击“交易”进入“收款账户管理”界面,选择“人民币收款账户”。

B. 因为已经设置过支付宝收款账户,请直接单击“确认为收款账户”,将支付宝账户作为收款账户。

C. 单击“确认为收款账户”后,支付宝即作为收款账户。

③如果需要修改已绑定的支付宝收款账户,具体操作流程如下:

A. 创建收款账户之后选择修改账户。

B. 在"收款账户管理"页面,单击"编辑"按钮,即提示登录支付宝账户,输入新的支付宝账户号码。

C. 单击"登录支付宝",显示登录支付宝界面,依次填写"支付宝账户姓名""登录密码""校验码"等必填项,填写完毕后单击"登录"。

同时填写账户修改申请表,公司法人签字盖章后邮寄至阿里巴巴。阿里巴巴工作人员会在收到邮寄资料之后的 2 个工作日内完成审核。

注:在速卖通交易完成之后,速卖通会把资金放款到国际支付宝账户中,卖家在设置好国际支付宝之后,才可以进行提现操作。

（二）支付到放款流程

如果已经设置了人民币收款账户与美元收款账户,那么平台将会根据买家不同的支付方式,分别放款到不同账户中,具体流程如图 10-4 所示。

图 10-4

买家选择信用卡(人民币通道)的方式进行付款,款项会汇入阿里巴巴的担保账户,在买家确认收货并同意放款后,物流信息显示妥投。该交易达到放款条件以后,订单款项将会放款到支付宝账户(人民币收款账户)中,具体流程如图 10-5 所示。

图 10-5

在买家选择信用卡(美元通道)、西联、Money Bookers、Bank Transfer、Qiwi 等支付方式后,款项会汇入阿里巴巴的担保账户。在买家确认收货并同意放款后,物流信息显示妥投。该交易达到放款条件后,订单款项将会放款到美元账户中。

注意事项:

①不要设置相同的查询密码和交易密码。

②请款:在订单满足放款条件后,可以单击"请求放款"操作,加快资金的回笼速度。

③满足放款的两个必要条件:买家确认收货或者确认收货超时,物流妥投。

④订单符合条件后,可以单击"请求放款",上传凭证,进行请款。

⑤交易过程中请求放款:如果请款失败,需要 15 天之后才能再次提交请求放款。

⑥支付宝收款账户建立后不能删除:设置支付宝账户是为了收到订单款项,如果没有支付宝账户,就无法收到订单款项,所以收款账户一旦设置,就不能够删除。

全球速卖通就提供的交易服务收取服务费，但只在交易完成后对卖家收取，买家不需支付任何费用。全球速卖通对卖家的每笔订单金额收取5%的服务费。

四、支付宝卖家保护指南

为了保护全球速卖通平台买卖双方交易的合法权益，速卖通特别推出《支付宝卖家保护指南》。当买家投诉货物没有收到或者收到货物与描述不符时，《支付宝卖家保护指南》可以协助和保护卖家在最短时间里解决纠纷。

（一）关于支付宝卖家保护

国际支付宝保护全球速卖通的卖家在全球速卖通平台上合法进行的交易。支付宝的卖家保护主要包括以下方面：

①支付宝通过先收款、后发货的交易模式对卖家进行保护。

②遭遇交易纠纷时，支付宝的卖家保护指南帮助卖家有效解决纠纷。

③支付宝的风险控制系统可以有效排除可疑订单，防止买家欺诈。

（二）支付宝卖家保护的范围

①支付宝卖家保护，只保护合法卖家在全球速卖通平台上使用支付宝进行的交易，若不使用支付宝将不能享受支付宝卖家保护。

②支付宝卖家保护，只保护合法卖家发布的不违反交易平台禁售限售规则的交易产品。

知识链接

Q1：在买家提交纠纷后，卖家该怎么办？

A：买家向平台提交纠纷后，平台会尽快联系卖家。卖家需要积极主动地提供相应证据，可能包括但不限于“运单号”“货物底单”“物流妥投证明”“买卖双方交谈记录”截屏。详细的证据有助于平台站在有助于卖家的立场上解决问题。

Q2：如果卖家申诉成功，会怎么处理？

A：如果申诉成功，平台会针对货物的实际情况，协调双方对卖家进行全额退款或者部分退款、退货处理。

Q3：买家提出“未收到货物”纠纷时，如果货物仍在途中，该如何处理？

A：这时应该积极主动地同买家沟通，告诉他货物仍在途中，希望他耐心等待并且向平台申请“撤销纠纷”，平台上很多纠纷的产生就是买卖双方沟通不畅导致的。如果买家撤销了投诉，等到物流妥投，买家确认收货后，平台就会全额放款给卖家。

Q4：卖家提供了正确的运单号，但是货物在运输途中丢失了，该如何处理？

A：卖家需要积极联系物流公司或者货代公司，确认货物目前状态；同时，卖家可以主动同买家沟通，尽量让买家耐心等待一段时间。若确认货物系物流公司在运输途中遗失，平台会将钱退回给买家，卖家需要向物流公司提出索赔。

Q5：要确保买家满意，卖家应该做些什么？

①发布详细的产品描述，在产品描述中描述清楚货物的状况，如是否是二手货物、货物是否有瑕疵，不夸大货物功能，提供清晰的产品图片。

②发货后尽快向平台提交货物的订单号，确保买家能对货物进行跟踪。

③积极主动地同买家沟通，让买家在整个交易过程中感觉到您的真诚和耐心。很多纠纷通过沟通都可以得到避免。

任务三　发布产品

速卖通平台商品发布编辑板块包括基本信息、价格与库存、详细描述、包装与物流、其他设置，如图 10-6 所示。

基本信息　价格与库存　详细描述　包装与物流　其他设置

图 10-6

一、基本信息

基本信息板块包括商品标题、类目、商品图片、产品视频和产品属性。

（一）商品标题

商品标题是买家搜索并吸引买家点击进入卖家商品详情页面的重要因素。

优质的商品标题应该包括以下几点：

①准确的产品关键词和能够吸引买家的产品属性。

②服务承诺和促销语。

③整个产品名称的字数不应太多，尽量准确、完整、简洁，128 个字符以内。

④买家可能搜索到的关键词一般为：物流运费+服务+销售方式+产品材质/特点+产品名称。

优秀标题范例：

Guaranteed 100% Genuine Leather Mobile Phone Bag New Arrival +Free Shipping

优质标题解析	
Guaranteed 100%	信用保证服务
Genuine Leather	产品材质
Mobile Phone Bag	产品名称
New Arrival	热门词
Free Shipping	物流运费

（二）类目

进入产品发布页面前已选择的类目，也可以在产品发布页面重新选择类目，或者选择最近使用的某个类目（系统显示最近使用过的10个类目），如图10-7所示。

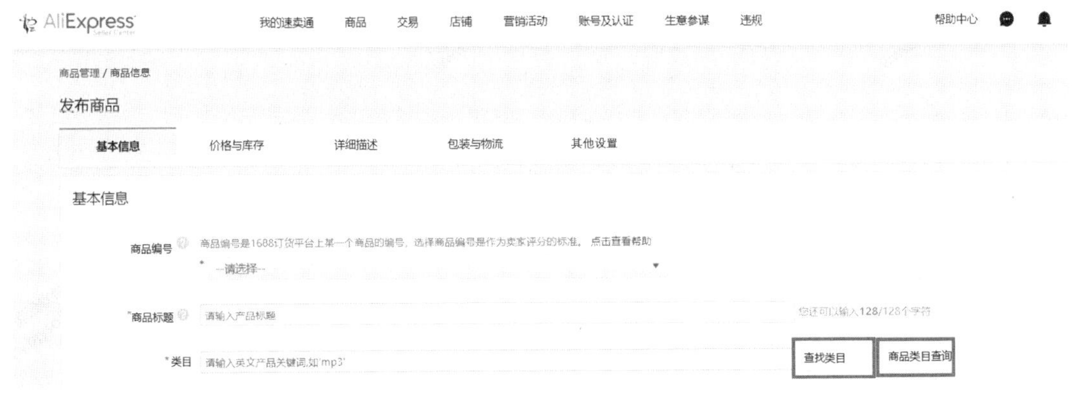

图10-7

（三）商品图片

商品图片能够全方位、多角度展示商品，大大提高了买家对商品的兴趣。图片要求5 MB以内，JPG和JPEG格式，横向与纵向比例为1∶1（像素大于800×800）或3∶4（像素大于750×1 000），且所有图片比例一致。图片中产品主体占比建议大于70%，风格统一，不建议添加促销标签或文字。切勿盗图、涉嫌禁限售或侵犯他人知识产权，以免受平台规则处罚。一款产品同时上传最多6张图片，如图10-8所示，可通过电脑上传或者从图片银行选择。

（四）产品视频

上传产品视频可提高用户转化。产品视频应在2 GB以内，采用AVI、3GP和MOV等格式，建议主图视频长宽比与商品主图保持一致，时长30秒以内。商品主图和详情页中均可以添加视频，如图10-9所示。

图 10-8

图 10-9

（五）产品属性

详细准确地填写产品属性有助于提升产品曝光率。产品属性包含两个方面：系统定义的属性和自定义属性，如图 10-10 所示。

①系统定义的属性是买家选择商品的重要依据。卖家应详细、准确地填写系统定义的属性，增加曝光机会。

②自定义属性的填写可以补充系统定义属性以外的信息，让买家对产品了解得更加全面。

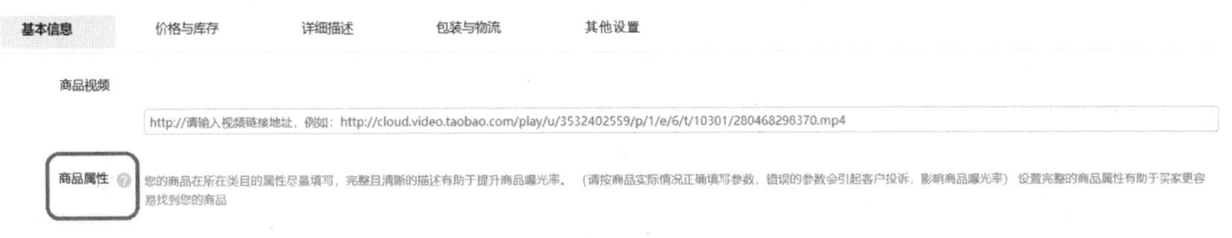

图 10-10

二、价格与库存

价格与库存板块包括最小计量单元、销售方式、颜色、尺寸、发货地、零售价（USD）、库存数量、商品编码、区域定价、批发价。

（一）最小计量单元

最小计量单元是所售卖产品的最小度量单位，即单个产品的量词，如图 10-11 所示。多数产品可选择“件”，即“piece”作为单位，也可选择“套”即“set”等其他计量单位。

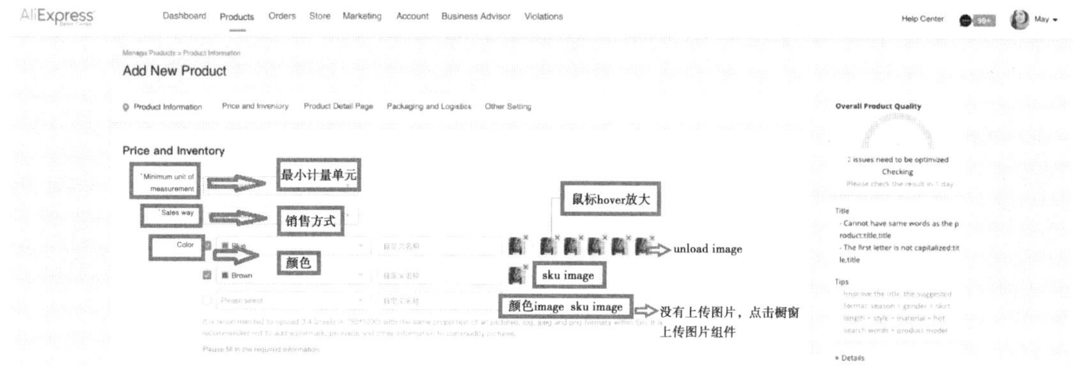

图 10-11

（二）销售方式

根据重量、体积和货值决定是单件出售或者打包出售，如图 10-11 所示。一般产品单价较高，重量和体积较大的产品适合单件卖；而产品单价较低，重量和体积较小的产品（例如珠宝首饰、3C 配件等）适合多个组成一包出售。

（三）颜色

可选择一个或多个主色系，并设置对应的自定义名称或上传 SKU（Stock Keeping Unit）自定义图片（图片可通过电脑上传或者从图片银行选择）。自定义图片可以代替 SKU 色卡，同时图片大小不能超过 200 KB，格式支持 JPG 和 JPEG。若上传了自定义图片，在买家页面优先展示图片；若未上传则在买家页面展示自定义名称；若两者都没有设置，则展示系统默认色卡图片和名称，如图 10-12 所示。

（四）尺寸

对于服装等需要设置尺码的类目会展示尺寸属性。可以勾选通用尺寸，也可以自定义属性值名称，自定义属性值只允许含字母和数字，如图 10-13 所示。

（五）发货地

根据实际情况选择一个或多个发货地，如图 10-13 所示。

（六）零售价

零售价即原价（包含交易手续费）。实际收入=零售价×(1-佣金费率）。

多 SKU 商品在设置价格时，首先在标题栏填写价格、库存等信息之后，点击“批量填充”，则全部 SKU 价格被填充，如图 10-13 所示。

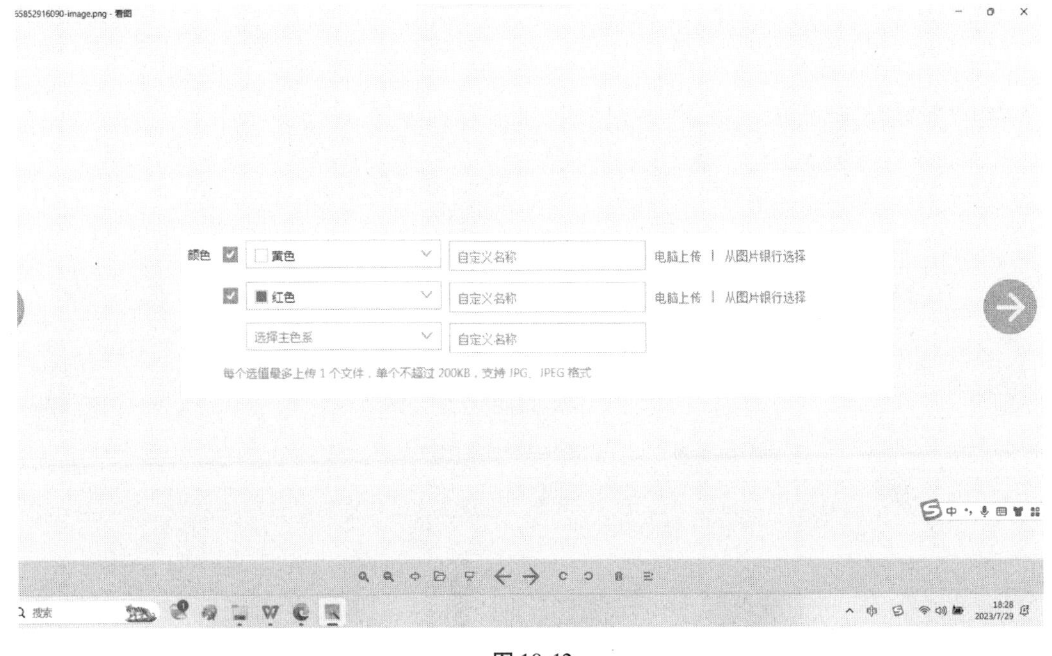

图 10-12

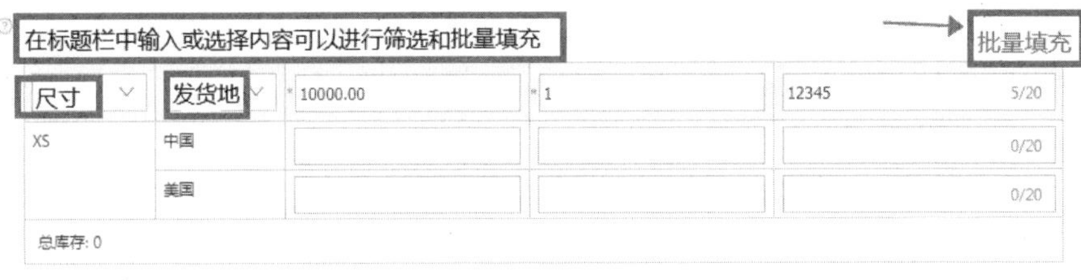

图 10-13

（七）库存数量

库存表示特定属性的商品是否有货，如图 10-13 所示。

（八）日常促销价

日常促销价属于非必填属性。零售价和区域定价都可以设置日常促销价，该功能目前仅针对部分卖家开放（若可用则零售价和区域定价均可用，不可用则均不可用）。

（九）区域定价

区域定价在商品发布端，按照“ship to”区域不同，向卖家提供差异化定价，如图 10-14 所示。区域定价设置步骤如下：

①点击设置，选择需要设置差异化定价的国家。

②选择直接报价、调整比例、调整金额中的一种方式进行调价，如图 10-15 所示。

区域定价下面的日常促销价和零售价对应的日常促销价一样仅针对部分卖家开放，未开放使用的卖家，产品发布页面不展示零售价对应的日常促销价，区域定价下面的日常促销

图 10-14

图 10-15

价虽然会显示但是置灰不可选择,如图 10-16 所示。

日常促销价和区域化定价设置范围说明:

①日常促销价需要设置为零售价的 50% ~100%,区域化定价需要设置为零售价的 70%以上。

②如果设置区域化定价对应的日常促销价,则日常促销价需要设置为区域化定价的 50% ~100%。

(十)批发价

对于支持批发的商品,可勾选“支持”。外贸业务员可以在弹出的窗口中设置起批数量

图 10-16

和批发价格。批发价格以折扣形式填写。例如零售价为 100 美元,“批发价在零售价基础上减免 10% ,即 9 折”,表示批发价为 90 美元。

三、详细描述

商品详情中的 Description 模块就是我们俗称的详描,产品详细描述是买家从点击到购买至关重要的一环。平台数据显示,装修了详描的产品成交转化远高于没有装修详描的商品。高质量的详描展示,有助于提升买家的黏性及停留时长,如图 10-17 所示。

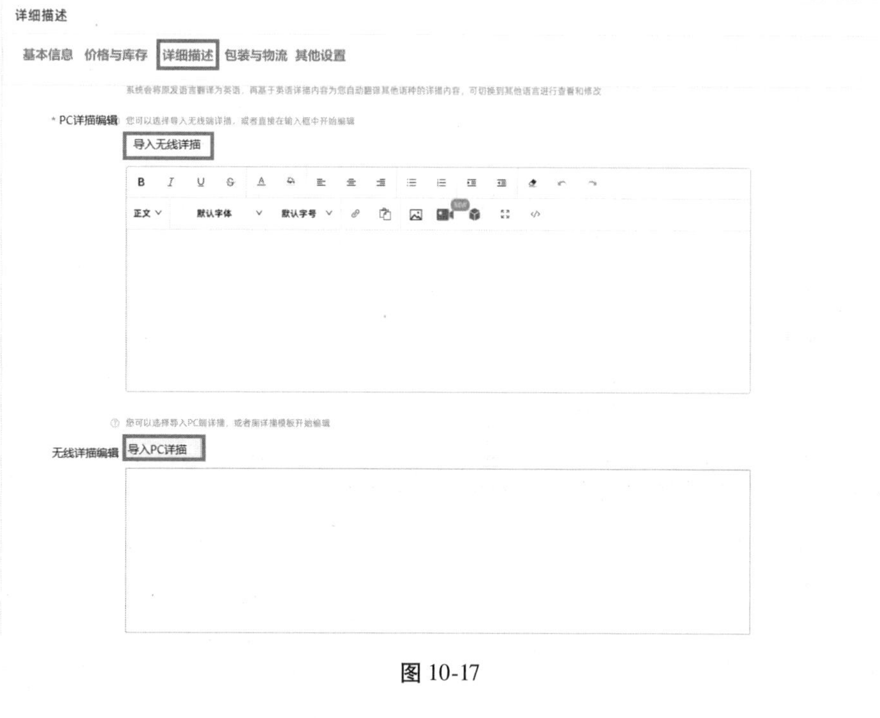

图 10-17

四、包装与物流

包装与物流板块包括发货期、物流重量、物流尺寸、运费模板和服务模板，如图 10-18 所示。

包装与物流

*发货期 天 买家付款成功到您完成发货，并填写完发货通知的时间，请填写数字。

*物流重量 参考1688平台上的包装重量填写，并且必须填写数字。
公斤/件

*物流尺寸 参考1688平台上的包大小填写，并且必须填写数字。
长 x 宽 x 高 (单位：厘米)

*物流模板 --请选择运费模板-- 管理运费模板

*服务模板 --请选择售后服务模板-- 管理售后服务模板

图 10-18

（一）发货期

发货期是买家付款成功到卖家完成发货，并填写完发货通知的时间。发货时间从买家下单付款成功且支付信息审核完成（出现发货按钮）后开始计时。

假如发货期为 3 天，如订单在北京时间星期四 17:00 支付审核通过（出现发货按钮），则必须在 3 日内填写发货信息（周末、节假日顺延），即北京时间星期二 17:00 前填写发货信息。

若未在发货期内填写发货信息，系统将关闭订单，货款全额退还给买家。建议及时填写发货信息，避免出现货款两失的情况。请合理设置发货期，避免产生成交不卖的情况。

（二）物流重量

准确填写包装后重量和产品包装尺寸，避免因填写错误而造成的运费损失和交易性降低。

自定义计重：当卖家完整填写自定义计重的信息后，系统会按照卖家的设定来计算总运费，忽略产品包装尺寸；对于体积重量大于实重的产品，请谨慎选择填写，可以计算出体积重量后再填写。

（三）物流尺寸

物流尺寸要求卖家填写的是物品发货时包裹的实际尺寸（物品加上快递包装物后的尺寸），请准确填写长（厘米）×宽（厘米）×高（厘米）。产品包装尺寸会影响到产品的运费成本，因为这个尺寸的资料是平台计算运费的依据之一。

在填写包装尺寸的过程中最容易犯的错误是，填写产品的实际尺寸（打包销售的卖家容易填写成单品的实际尺寸），或者是乱填尺寸，这样会导致以下情况的出现。

①计算出来的运费比实际需要的运费高，这将降低卖家商品成交的可能性。

②计算出来的运费比实际需要的运费低，这将造成卖家运费出现缺口，可能导致亏本或

者退单。

③产品包装毛重。准确填写产品包装后的重量，该重量会影响到产品的运费成本。

（四）运费模板

只有在填写了物流重量及物流尺寸情况下才可以选择运费模板。可选择已创建的运费模板或者直接点击“新建运费模板”跳转至新增运费模板页面。

（五）服务模板

可以选择新手服务模板或者已创建的服务模板。

知识链接

产品包装

产品包装后的重量要如实填写。产品包装后的尺寸，如果是纸箱包装，按箱规填写；如果是快递袋包装的，建议不要直接按量出的长、宽、高填写（最长边不要超过该运输方式的规定长度），这样容易被速卖通平台算成抛货，致使显示出来的运费价格高于实际重量算出的价格。

1. 产品包装技巧

好的包装是促销成功的一半，做好产品的包装，可以减少产品因运输途中所产生的损坏造成的损失。包装步骤如下：

①包装。如果有多件物品，要把每件物品分开放置，为每件物品准备充足的缓冲材料（泡沫板、泡沫颗粒、泡沫皱纹纸）。需要注意的是颗粒缓冲材料可能会在运输过程中移动，所以采用颗粒材料一定要压紧、压实。

②打包。使用新箱子，并使用缓冲材料把空隙填满，但不要让箱子鼓起来。如果是旧箱子，要把以前的标签移除，而且一个旧箱子的承重力是不及新箱子的，需要确保它足够坚固。

③封装。最后用宽大的胶带（封箱带）来封装，不要用玻璃胶，再用封箱带把包装拉紧（封箱带用十字交叉的方法拉紧，如果是胶带至少应有6厘米宽）。

2. 包装箱的选择

常用的货物包装材料有纸箱、泡沫箱、牛皮纸、文件袋、编织袋、自封袋、无纺布袋等。

常用的包装辅材有封箱胶带、不干胶、气泡膜、珍珠棉等，其中以纸箱包装最为常用。

按纸板的制作规格，纸箱（瓦楞板）可以分为三、五、七层纸箱，纸箱的强度以三层最弱、七层最高。服装等不怕压、不易碎的产品，一般用三层箱；玻璃、数码产品、电路板等贵重物品，最好用五层箱再配以气泡膜，以确保产品在运输途中的安全性。

同样大小的箱子，天地盒、啤盒的价格要高于普箱，因为其用料较多，侧面一般为二层纸板，故强度、密封性也高于普箱。普箱方便、便宜和环保，使其应用范围最广。

选购纸箱时最好是根据产品特征和买家要求，同时结合成本投入综合考虑。虽然强度高的纸箱安全性更高，但是成本也会更高，还会增加物流费用。卖家也可以定制自己的专用包装纸箱，印上公司的Logo等信息。这样可以让产品在物流过程中吸引更多买家，同时传播商品品牌。

3. 国际快递运输包装原则

①适合运输。包装的目的在于防止和避免在运输中由于冲击或震动所产生的破损,兼顾防潮和防盗功能。

②便于装卸。完好的包装将有利于货物的装卸,将有效提高货物的装卸效率,同时能够避免第三方的野蛮装卸可能给货物带来的损害。

③适度包装。对货物进行包装时,要根据货物尺寸、重量和运输特性选用大小合适的包装箱及包装填充物,要尽量避免不足包装造成的货物破损和过度包装造成的包装材料浪费。

④保护产品、防盗。包装在保证快件内容的使用特性和外观特性不被损坏的情况下,更要注意防盗——特别是对于高价值货物的包装。

⑤包装件成一体。外包装要和快件的保护材料、缓冲材料和内容物成为一体,内容物之间(一个外包装内含有多个内容物时)或内容物与外包装内壁之间不应有摩擦、碰撞和挤压。

⑥注意方向。对于有放置方向要求的货物,在包装、储存和运输过程中必须保证按照外包装上的箭头标志正确放置货物,杜绝侧放和倒放。

⑦重心中心合一。包装件的重心和其几何中心应该合一或比较接近,这样可以防止货物在运输过程中受到损伤。

4. 不恰当的包装方式

①连体包装。以带子、绳索、胶带或气泡膜将两个相同或不同大小商品连体包装,可根据实际情况确定是否更换包装,如松弛、易分离等情况,应予以更换。

②内件无定位包装。内件在包装内有明显滚动声(无类似破损声音),需附加缓冲防震材料或更换更加合适的包装箱。

③内件无内装保护。内件有锋利角部的物品如零件等,要先用胶带将瓦楞纸板片绑到所有锋利或凸起的边缘以进行保护,并在包装内填充足够的缓冲防震材料。

④内件无分隔。多件易碎品装入同一个包装中采取相应的分隔措施。

⑤包装重心。货物笨重,重心明显偏向一边或货物包装经积压或原始近圆形,则易滚动,需更换包装。

⑥重货包装强度不够。重货必须选择强度达到要求的单层或双层瓦楞纸箱进行包装。

⑦没有内包装的小件物品。内件为手表、读卡器、纽扣、螺丝等小件物品时,必须首先按一定量分隔独立包装后,再外套包装箱,以免遗漏丢失。

⑧超出原包装箱容量的包装,对原包装箱进行裁剪、附加以使用商品包装的情况,为免货物撑破包装,将视内件和外包装情况,更换新的外包装。

⑨商品包装与运输包装较紧密。应在商品包装与运输包装之间填充缓冲材料,以免物流供应商或海关查验时划伤内件。

⑩电子产品必须使用纸板箱作为外包装。

5. 不恰当的包装材料

①使用带子、绳索或胶带进行缠绕的商品包装。拆除带子、绳索,附加气泡膜、包装箱等。

②重复使用的盒子或箱子。必须去除包装外侧所有标签、号码、地址信息及一切有可能影响操作人员识别的粘贴物品和信息。

③易破损的材料。如保丽龙、塑料、编织袋等。

④公文包、行李袋、行李箱等。不接受公文包、行李袋作为外包装的货物。

⑤强度不足的包装。不接受使用有压垮痕迹、有破洞及有油渍、水渍等使用过的箱子(不影响签收)对货物进行包装,以及受潮或强度不够的瓦楞纸箱。

⑥商品包装。商品包装不能直接作为运输包装。

⑦打包带。使用不带铁箍的打包带,以免入库时需拆箱去除;非重货无须附加。

⑧木质包装。此类货物如异常,拆箱后无法还原,需确认去除、无须拆箱并提供必要的证明等。

⑨任何报纸杂志、宣传海报等不能作为外包装。

能力实训

登录 1688 网站,选择一款智能手表产品。该产品的特点是一款高品质的智能手表,具有多种功能,包括计步器、心率监测、通知提醒等。它采用先进的技术和设计,具有时尚外观和舒适的佩戴感;该产品的优势是与其他智能手表相比,具有更长的续航时间、更高的防水等级和更多的运动模式选择,它还支持多种语言和智能手机的连接,为用户提供更便捷的使用体验。请根据以上信息撰写该产品基于速卖通平台的发布方案。

任务四　发布产品之平台审核规范

一、商品审核、修改和下架

(一)商品审核

产品信息提交成功后,网站工作人员会对商品信息进行审核。如果符合信息发布规则的要求,发布的产品会在一个工作日之内审核完成,高峰期顺延。

可以单击“商品管理”→“管理产品”,在“正在销售”状态栏下查看已通过审核的产品,如图 10-19 所示。

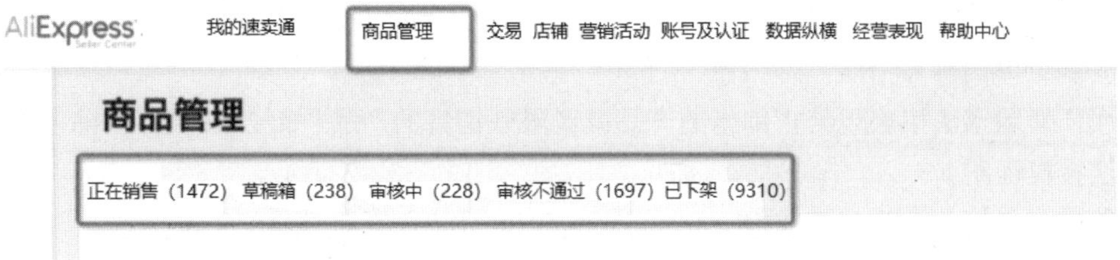

图 10-19

（二）商品修改

登录“My Aliexpress”，单击“商品管理”→“管理产品”，选择要修改的商品，单击“编辑”进入编辑页面；修改信息之后，单击“提交”按钮，进入等待审核阶段。

（三）商品下架

产品有效期分为 14 天、30 天，过了有效期的产品将从“正在销售”转为“已下架”状态。卖家可以在“已下架”状态栏下查看下架产品，也可以将已下架产品重新上架，如图 10-19 所示。

二、产品信息审核规范

①根据相关法律、法规，任何涉嫌禁止销售、涉嫌侵权及假冒的信息（除非提供相关合法授权证明）。

②任何非英文的信息。

③任何错误的信息类型。如求购信息与销售信息不能混淆。

④任何非商业的信息。如单纯的工厂、车间展示、求职、征婚、投诉、求医等。

⑤图文不符。产品图片、标题、关键词等文字信息要保持一致，阿里巴巴不允许图文不符的信息发布。

⑥联系信息。为保护卖家的权益，阿里巴巴不允许在产品信息中发布任何的电子邮箱或 WhatsApp、Skype、LINE 等即时通信工具信息。

⑦信息过于简单。简单的商品信息，不利于被买家搜索到，阿里巴巴会退回太过简单的信息。

⑧无效信息。

⑨不合适的类目。

⑩外网的链接。

⑪重复发布相同的产品信息。

三、产品名称审核规范

①产品名称请务必包含产品的关键词，避免单独使用自己公司内部的型号、系列和其他自创的名称作为产品名称。

②产品名称需与图片展示一致，请勿填写图片中未展示的产品名称。

③避免单词拼写错误。

④任何国家法律法规禁止销售的产品或者限制销售的产品（如侵权信息等，除非提供相关合法授权证明）。

⑤避免任何的电子邮箱或 QQ、WhatsApp、Skype、LINE 等即时通信工具信息。

四、产品关键词审核规范

（一）会保留的关键词

①准确的产品名称。

②产品名称的同义词、别称、全称或简称。

③初级产品名，如 apple，可以用“fruit”作为关键词。

（二）平台有权退回的关键词

①产品名称中未体现的产品。

②部件与整体混淆的关键词。如 car，不允许用“car tire”“car door”等部件做关键词。

③材料与成品混淆的关键词。如 pvc bag，不允许用“pvc”做关键词。

④玩具、模型与真实产品混淆的关键词。如卖玩具 car，不允许用“car”做关键词。

⑤任何会关联到其他产品的修饰语。如 laptop bag 不能用“laptop”做关键词。

⑥单词拼写错误。

⑦任何的电子邮箱或 QQ、WhatsApp、Skype、LINE 等即时通信工具信息。

⑧任何国家法律法规禁止销售的产品或者限制销售的产品，如侵权信息等，除非提供相关合法授权证明。

五、产品类目审核规范

审慎选择类目，以确保类目与产品一致。

六、产品图片审核规范

产品图片出现以下任一情况，平台有权对产品信息做退回处理：

①任何国家法律法规禁止销售的产品或者限制销售的产品（如侵权信息等，除非提供相关合法授权证明）。

②任何的电子邮箱或 QQ、WhatsApp、Skype、LINE 等即时通信工具信息。

③与文字信息不符。

七、产品组、产品说明审核规范

产品组或产品说明中出现任何的电子邮箱或 QQ、WhatsApp、Skype、LINE 等即时通信工具信息，速卖通有权对产品说明中的联系方式进行删除。

通常情况下速卖通产品审核会在 72 个小时之内完成审核，如遇周末、节假日等特殊情况会适当延长。

能力实训

一件产品在速卖通平台发布后，平台审核没有被通过，请同学们分组讨论审核没有被通过的可能原因。

任务五　运费设置

一、跨境电商国际物流模式

跨境电商国际物流模式主要有中国邮政物流模式、商业快递模式、专线物流模式、平台集运模式和海外仓储模式。

（一）中国邮政物流模式

中国邮政物流根据运营主体不同分为两大业务种类，一是中国邮政邮局的中国邮政小包和大包，二是中国邮政速递物流分公司的 EMS 和 E 邮宝、E 特快、E 速宝等业务方式，两者运营的主体不同，包裹的收寄地点也不同。

1. 中国邮政航空小包

中国邮政航空小包（China Post Air Mail）又称中邮小包、邮政小包、航空小包，以及以收寄地市局命名的小包（如“上海小包”“宁波小包”）。其是指包裹重量在 2 千克以内，外包装长宽高之和小于 90 厘米，且最长边小于 60 厘米，通过邮政空邮服务寄往国外的小邮包。它包含挂号、平邮两种服务，可寄达全球各个邮政网点。中国邮政航空小包出关不会产生关税或清关费用，但在目的地国家进口时有可能产生进口关税，具体根据每个国家海关税法的规定而各有不同（相对其他商业快递来说，航空小包能最大限度地避免关税）。中国邮政挂号小包会根据包裹重量收取不同的挂号服务费，提供网上跟踪查询服务。

由于世界上的大部分国家都加入了万国邮联，所以，中国邮政物流具有其他渠道不可比拟的通关优势和价格便宜、投寄方便等特点，是目前中国跨境电商卖家首选的物流方式。

（1）中邮小包的重量体积限制（表 10-1）

表 10-1

包裹形状	重量限制	最大体积限制	最小体积限制
方形包裹	≤2 千克	长+宽+高≤90 厘米 单边长度≤60 厘米	至少有一面的长度≥14 厘米 宽度≥9 厘米
圆柱形包裹		2 倍直径及长度之和≤104 厘米 单边长度≤90 厘米	2 倍直径及长度之和≥17 厘米 单边长度≥10 厘米

（2）时效

中邮小包一般时效为 15 ~ 60 个工作日，到亚洲邻国 5 ~ 10 个工作日，到欧美主要国家

7～20 个工作日，其他地区和国家 7～30 个工作日，到巴西等南美国家非常慢，发货高峰期甚至派送时间会超过 60 个工作日达到 90 个工作日左右。

(3)跟踪查询

平邮小包不受理查询；挂号小包大部分国家可全程跟踪，部分国家只能查询到签收信息，部分国家不提供信息跟踪服务，如寄到法国、澳大利亚的包裹，只能查到中国境内跟踪信息。当然，这些情况不是绝对的，会根据发货量和各国的情况调整。

(4)中邮小包的优缺点

优点：运费经济、便宜，派送范围为全球 241 个国家及地区；国内中邮货代服务发达，折扣优惠；能最大限度地避免关税。

缺点：运输时间长，12～60 个工作日；相比其他渠道丢包率高，丢包后赔偿响应慢，且赔偿成功概率不高(可以和中邮货代协商以尽量减少丢包损失)。

2. 中国邮政航空大包

大包又称中国邮政航空大包，即 China Post Air Parcel，俗称"航空大包"或"中邮大包"。但事实上，中邮大包除了航空大包外，还包括空运水陆路包裹(SAL)、水陆路包裹。航空大包是指利用航空邮路优先发运的包裹业务；空运水陆路包裹是指利用国际航班剩余运力运输，在原寄国和寄达国国内按水陆路邮件处理的包裹；水陆路包裹则是指全部运输过程利用火车、汽车、轮船等交通工具发运的包裹。中邮大包可寄达全球 200 多个国家，价格低廉，清关能力强，对时效性要求不高且稍重的货物，可选择使用此方式发货。此外，还在部分设有边境口岸的省(区)与邻近国家的地区邮政间开办了边境包裹业务。边境包裹业务是以双边协商的方式开办的特定处理方式、结算价格和服务标准的区域性包裹业务。

(1)中邮大包的重量体积限制

一般要求：2 千克≤重量≤30 千克(除中国香港以外寄往其他国家和地区的速递邮件，单件重量不能超过 30 千克，每票快件不能超过 1 件)。体积限制：单边≤1.5 米，长度+长度以外的最大横周≤3 米；单边≤1.05 米，长度+长度以外的最大横周≤2 米。中邮大包最小尺寸限制为：最小边长不小于 0.24 米、宽不小于 0.16 米。

(2)中邮大包优缺点

优点：成本低，计费方式为首重 1 千克的价格+续重 1 千克的价格×续重的数量，价格较 EMS 稍低，且和 EMS 一样不计算体积重量，没有偏远附加费，较商业快递价格有绝对优势；交寄相对方便，可以到达全球各地，只要有邮局的地方都可以到达，且清关能力强；包裹全程跟踪。

缺点：部分国家限重 10 千克，最重也只能 30 千克；妥投速度慢；查询信息更新慢；水运的方式时间相对较长，一般为 1～2 个月。

3. E 邮宝

国际 E 邮宝(e-Packet)是邮政速递物流为适应跨境电商轻小件物品寄递需要推出的经济型国际速递业务，利用邮政渠道清关，进入合作邮政轻小件网络投递。

提供该服务的为中国邮政速递物流公司，其是由中国邮政集团于 2010 年 6 月联合各省邮政公司共同发起设立的国有股份制公司，主营国内速递、国际速递、合同物流等业务，拥有享誉全球的“EMS”特快专递品牌和国内知名的“CNPL”物流品牌。

（1）国际 E 邮宝的重量体积限制

限重：2 千克；以色列为 3 千克。单件的最大尺寸：长、宽、高合计不超过 90 厘米，最长一边不超过 60 厘米。圆卷邮件直径的两倍和长度合计不超过 104 厘米，长度不得超过 90 厘米。单件最小尺寸：单件邮件长度不小于 14 厘米，宽度不小于 11 厘米。圆卷邮件直径的两倍和长度合计不小于 17 厘米，长度不少于 11 厘米。

（2）时效

墨西哥 20 个工作日，越南 5 ~ 7 个工作日，沙特、乌克兰、俄罗斯 7 ~ 15 个工作日，其他路向 7 ~ 10 个工作日。

（3）国际 E 邮宝的优缺点

优点：时效快，美国 2 千克以内货物尤为适合，时间为 3 ~ 15 个工作日，且费用便宜。

缺点：只适合 2 千克以内的货物，一些国家的挂号费较贵，因此，对重量特别轻的商品而言，运价不是很经济；不受理查单业务，不提供邮件丢失、延误赔偿。

4. 国际及中国台港澳特快专递（国际 EMS）

EMS（即“Express Mail Service”），是中国邮政速递物流股份有限公司与各国（地区）邮政合作开办的中国大陆与其他国家、中国港澳台地区间寄递特快专递邮件的一项服务，可为用户快速传递国际各类文件资料和物品，同时提供多种形式的邮件跟踪查询服务。此外，邮政速递物流还提供代客包装、代客报关等一系列综合延伸服务。EMS 国际快递是中国邮政联合各国邮政开办的一项特殊邮政业务。该业务与各国（地区）邮政、海关、航空等部门紧密合作，打通绿色便利邮寄通道，在各国邮政、海关、航空等部门均享有优先处理权。这是 EMS 相较于很多商业快递的最大优势。

（1）EMS 的体积和重量限制

重量限制：一般最大限重为 30 千克，部分国家为 20 千克或 50 千克。

标准 1：任何一边的尺寸都不得超过 1.5 米，长度和长度以外的最大横周合计不得超过 3.0 米。

标准 2：任何一边的尺寸都不得超过 1.05 米，长度和长度以外的最大横周合计不得超过 2.0 米。

标准 3：任何一边的尺寸都不得超过 1.05 米，长度和长度以外的最大横周合计不得超过 2.5 米。

标准 4：任何一边的尺寸都不得超过 1.05 米，长度和长度以外的最大横周合计不得超过 3.0 米。

标准 5：任何一边的尺寸都不得超过 1.52 米，长度和长度以外的最大周合计不得超过 2.74 米。

（2）时效

参考时效：

一区：中国澳门、中国台湾、中国香港，参考时效 2 ~ 4 个工作日。

二区：朝鲜、韩国、日本，参考时效 2 ~ 4 个工作日。

三区：菲律宾、柬埔寨、马来西亚、蒙古国、泰国、新加坡、印度尼西亚、越南，参考时效 3 ~ 7 个工作日。

四区：澳大利亚、巴布亚新几内亚、新西兰，参考时效 6 ~ 8 个工作日。

五区：美国，参考时效 5 ~ 7 个工作日。

六区：爱尔兰、奥地利、比利时、丹麦、德国、法国、芬兰、荷兰、加拿大、卢森堡、马耳他、南非、挪威、葡萄牙、瑞典、瑞士、西班牙、希腊、意大利、英国，参考时效 7 ~ 10 个工作日。

七区：巴基斯坦、老挝、孟加拉国、尼泊尔、斯里兰卡、土耳其、印度，参考时效 3 ~ 7 个工作日。

八区：阿根廷、阿联酋、巴拿马、巴西、白俄罗斯、波兰、俄罗斯、哥伦比亚、圭亚那、捷克、秘鲁、墨西哥、乌克兰、匈牙利、以色列、约旦、乌拉圭、黎巴嫩，参考时效 7 ~ 15 个工作日。

九区：阿曼、埃及、埃塞俄比亚、阿塞拜疆、爱沙尼亚、巴林、保加利亚、博茨瓦纳、布基纳法索、刚果（布）、刚果（金）、哈萨克斯坦、吉布提、几内亚、加纳、加蓬、卡塔尔、开曼群岛、科特迪瓦、科威特、克罗地亚、肯尼亚、拉脱维亚、卢旺达、罗马尼亚、马达加斯加、马里、摩洛哥、莫桑比克、尼日尔、尼日利亚、塞内加尔、塞浦路斯、沙特阿拉伯、突尼斯、乌兹别克斯坦、乌干达、叙利亚、伊朗、伊拉克、乍得、阿尔及利亚，参考时效 7 ~ 20 个工作日。

（3）国际 EMS 的优缺点

优点：较商业快递经济实惠，邮政渠道、清关更便捷，全程查询，时效可比商业快递。

缺点：对长、宽、高三边中任一单边达到 60 厘米以上（包含 60 厘米）的邮件进行计泡操作，体积重量（千克）= 长（厘米）×宽（厘米）×高（厘米）/6 000。

（二）商业快递模式

1. DHL

DHL 成立于 1969 年，坐拥差不多 300 架飞机和 2 万部车，总部在比利时，是目前世界上最大的航空速递货运公司之一，全球快递、洲际运输和航空货运的领导者，也是全球第一的海运和合同物流提供商。它的优势在于网点多覆盖广，可达全球 220 个国家和地区，同时价格、服务和清关能力都比较放心。无论是文件或包裹，无论是即日、限时或限日送达，DHL 皆可提供满足需求的服务。DHL 作为急速国际快递的金牌产品之一，全球欧美交易 TOP10 国家，2 ~ 3 个工作日即可到达。

（1）体积和重量限制

大部分国家的包裹要求：单件包裹的重量不超过 70 千克，单件包裹最长边不超过 1.2 米。但是部分国家要求不同，具体以 DHL 官方网站公布为准。

（2）运费

资费标准详见网站：http://www.cn.dhl.com。运费计泡，DHL 的体积重量计算公式为：长（厘米）×宽（厘米）×高（厘米）/5 000，实际计费重量取体积重与实重的较大值。

（3）时效与追踪查询

DHL 派送时效为 3 ~ 7 个工作日（不包括清关，特殊情况除外）；可以全程跟踪信息。

(4)优缺点

优点:去西欧、北美有优势,适宜走小件,可送达国家网点比较多;时效快,一般 2 ~4 个工作日可送达;跟踪信息更新快,客服响应问题、解决速度快。

缺点:价格贵,适合发 5.5 千克以上或者 21 ~100 千克的货物;对托运货物的限制比较严格;货物要申报,物品描述需要填写实际品名和数量,不接受礼物或样品申报。

另外,DHL 有针对跨境电商专门推出 DHL eCommerce 小包,单件重量限制≤20 千克,超出不承运,单边尺寸不超过 120 厘米,围长不超过 330 厘米,价格相对常规 DHL 快递更有优势,并且客服处理更专业。

2. TNT

TNT 成立于 1946 年,坐拥差不多 50 架飞机和 2 万部车,总部在荷兰。在欧洲和亚洲可提供高效的递送网络,且通过在全球范围内扩大运营分布来优化网络域名注册查询效能,提供世界范围内的包裹、文件以及货运项目的安全准时运送服务。TNT 在世界 60 多个国家雇有超过 143 000 名的员工,为超过 200 个国家及地区的客户提供邮运、快递和物流服务。

在欧洲和西亚、中东有绝对优势,在西欧国家的清关能力强,在欧洲市场的占有率为 65%,是西欧国家首选线路,急速国际快递金牌产品之一。

(1)体积和重量限制

单件包裹重量不能超过 70 千克,三条边长度分别不能超过 2.40 米×1.50 米×1.20 米。

(2)运费

TNT 快递运费包括基本运费和燃油附加费两部分,其中燃油附加费每个月变动,以 TNT 网站公布数据为准。

运费计泡、体积重量(千克)计算公式为长(厘米)×宽(厘米)×高(厘米)/5 000,实际计费重量取体积重与实重的较大值。

(3)时效

全程时效一般在 3 ~7 个工作日。

(4)优缺点

优点:速度快,通关能力强。

缺点:价格较高;算体积重,收偏远附加费。

3. FedEx

FedEx(Federal Express),即联邦快递,是一家国际性速递集团,总部设在美国田纳西州,联邦快递是全球最具规模的快递运输公司,每个工作日运送的包裹超过 320 万个。其在全球拥有 138 000 名员工、5 000 个投递点、671 架飞机和 41 000 辆车辆,为全球超过 235 个国家及地区提供快捷、可靠的快递服务。联邦快递设有环球航空及陆运网络,通常只需一至两个工作日就能迅速运送时限紧迫的货件,而且确保准时送达。

FedEx 发货有 FedEx IP 服务和 FedEx IE 服务,FedEx IP 服务为优先型服务,舱位有保障,享有优先安排航班的特权,时效保障;FedEx IE 服务为经济型服务,价格相对较实惠,但是时效相对 FedEx IP 服务慢。

(1)体积和重量限制

单件最长边不能超过 274 厘米,最长边加其他两边的长度的两倍不能超过 330 厘米;一票多件(其中每件都不超过 68 千克),单票的总重量不能超过 300 千克,超过 300 千克请提前预约。

(2)运费

联邦快递的运费标准最终以其官方网站公布为准。联邦快递的体积重量(千克)计算公式为:长(厘米)×宽(厘米)×高(厘米)/5 000,如果货物体积重量大于实际重量,则按体积重量计算。

(3)时效与跟踪查询

FedEx IP 的派送正常时效为 2 ~5 个工作日(非工作日也派送),FedEx IE 服务的派送正常时效为 4 ~7 个工作日(非工作日不派送),最终派送时间需根据目的地海关通关速度决定。

(4)优缺点

优点:21 千克以上的大件价格更实惠,到南美洲的价格较有竞争力;时效较快,一般 3 ~7 天可以到达;网站信息更新快,覆盖网络全,查询响应快;速卖通线上发货折扣非常优惠。

缺点:价格较贵;需要考虑货物体积重,收偏远附加费。

速卖通 FedEx 线上发货的折扣优惠力度大,速卖通卖家选择此商业快递时,可考虑优先选择线上发货,FedEx 速卖通线上发货有 FedEx IP 和 FedEx IE 服务。

4. UPS

UPS(United Parcel Service),即联合包裹服务公司,于 1907 年作为一家信使公司成立于美国,通过明确地致力于支持全球商业的目标,UPS 如今已发展到拥有 497 亿美元资产的大公司,其商标是世界上最知名、最值得景仰的商标之一。作为世界上最大的快递承运商与包裹递送公司,其同时也是专业的运输、物流、资本与电子商务服务的领导者。

(1)UPS 四种服务种类

大部分 UPS 的货代公司提供 UPS 旗下主打的四种快递服务,包括四种服务种类:

第一种是全球特快加急(Worldwide Express Plus),资费最高;

第二种是全球特快(UFS Worldwide Express);

第三种是全球速快(UFS Worldwide Saver),也就是所谓的红单;

第四种是全球快捷(UPS Worldwide Expedited),也就是所谓的蓝单,时效最慢,资费最低,在 UPS 的运单上,前三种方式都用红色标记,最后一种用蓝色标记,但是通常所说的红单是指 UPS Worldwide Saver(全球速快)。

(2)体积和重量限制

UPS 国际快递小型包裹一般不递送超过重量和尺寸标准的包裹,若 UPS 国际快递接收该类货件,将对每个包裹收取超重超长附加费 378 元人民币。

体积和重量标准:每个包裹最大长度为 270 厘米,每个包裹的最大尺寸:长度+周长 = 330 厘米,周长 =2×(高度+宽度);每个包裹最大重量为 70 千克。

(3)运费

资费标准以 UPS 网站公布为准。

一票多件货物的总计费重量依据运单内每个包裹的实际重量和体积重量中较大者计算,并且不足 0.5 千克按照 0.5 千克计算,超出 0.5 千克不足 1 千克的计 1 千克。每票货物的计费重量为每件包裹的计费重量之和。

UPS 的体积重量(千克)的计算公式为长(厘米)×宽(厘米)×高(厘米)/5 000,如果货物体积重量大于实际重量,则按体积重量计算。

(4)时效

UPS 派送参考时间为 3 ~7 个工作日,如遇到海关查车等不可抗拒因素,则以海关放行时间为准。

(5)优缺点

优点:速度快,一般 2 ~4 日可以送达,特别是美国、加拿大、南美、英国、日本等国家;运走范围广,可送达全球 200 多个国家和地区;查询网站信息更新快,遇到问题及时解决。

缺点:运费较贵(但速卖通线上发货折扣较优惠);有时会收偏远附加费和进口关税,增加买家负担;计体积重。

(三)专线物流

跨境专线物流一般通过航空包舱方式将货物运输到国外,再通过合作公司进行目的地国国内的派送,是比较受欢迎的一种物流方式,也是针对某个指定国家的一种专线递送方式。它的特点是货物送达时间基本固定,如到欧洲英、法、德 5 ~6 个工作日,到俄罗斯 15 ~20 个工作日,运输费用较传统国际快递便宜,同时保证清关便利。

目前,业内使用最普遍的专线物流包括美国专线、欧洲专线、澳洲专线、俄罗斯专线等,也有不少物流公司推出了中东专线、南美专线。

平台上的专线物流运费比普通邮政包裹还要便宜,清关能力比普通邮政包裹强,运达速度快,不同物流服务商也提供了各自的专线物流,这样可以综合对比价格和时效性选择最优的线路。专线物流优势明显,主要体现在价格和时效方面。不过缺点也有,就是专线物流一般是物流服务商自己提供的服务,而这些物流服务商大小良莠不齐,需要店铺经营者自己花时间筛选。

(四)平台集运

如果经营平台店铺,就会发现现在多了一种新的物流方式,就是平台集运。作为店铺经营者,可能对于这个新物流方式不是太懂,其实这是一个针对买家的服务方式。目前速卖通平台已经提供这个服务了,平台会自动筛选符合要求的商品,在买家购买时会出现选择集运的选项,如果买家选择集运,那么买家从不同店铺购买的多个商品,在各自店铺发货后会逐个进入中转仓库,等到齐了,统一打包成一个包裹再发给买家。买卖双方都有可能因此会减少分开发货的物流成本,这对于买卖双方都是一个有利的方式,并且能吸引到更多买家。

(五)海外仓储

1. 什么是海外仓

海外仓是指建立在海外的仓储设施。海外仓储服务指卖家在销售目的地进行货物仓储分拣、包装和派送的一站式控制与管理服务。确切来说,海外仓储应该包括头程运输、仓储管理和本地配送三个部分。

在跨境贸易电子商务中,国内企业将商品通过大宗运输的形式运往目标市场国家,在当地建立仓库、储存商品,然后再根据当地的销售订单,第一时间做出响应,及时从当地仓库直接进行分拣、包装和配送。

不少电商平台和出口企业通过建设海外仓布局境外物流体系。海外仓的建设可以让出口企业将货物批量发送至国外仓库,实现该国本地销售、本地配送。自诞生开始,海外仓库不单单是在海外建立仓库,它更是一种对现有跨境物流运输方案的优化与整合。

2. 海外仓的兴起原因

随着跨境电商业务的发展,大家在物流发货时经常会遇到直发跨境包裹时效高、破损率高、旺季拥堵等诸多弊端。于是,大家迫切需要一种能解决这些问题的方式。

海外仓是顺应跨境电商发展趋势出现的一种仓储模式。对于跨境电商而言,想要获取较高利润,让买家认可自己的服务,就必须缩短配送时间,海外仓直接在当地发货,可以有效降低时间;经营者想要降低物流成本,解决破损率高、丢包率高等问题,就需要直接把控物流,而海外仓统一用传统外贸方式集中货运到仓库。海外仓可以说是顺应跨境电商发展趋势出现的一种仓储模式。

3. 海外仓的优缺点

(1)优点

①降低物流成本。跨境电商以一般贸易的方式将货物输出至海外仓,以批量发货的形式完成头程运输,以零散地用国际快递走货可节省成本,并且有效降低丢包、破损损失。

②可以退换货,提高海外买家的购物体验。每个买家都十分看重售后服务,如果使用海外仓,买家可以退换货到海外仓就方便了许多,海外仓能给买家提供退换货的服务,也能改善买家的购物体验,从而提高买家的重复购买率。

③能有效地避开跨境物流高峰。节假日,卖家会集中在节后大量发货,这势必会严重影响物流的运转速度,从而影响买家的收货时间。而使用海外仓,卖家是需要提前备货批量发到海外仓的,有单只需下达指令进行配送就可以了,这就减少了高峰期物流慢的困扰。

(2)缺点

①卖家无法像管理自己的仓库一样管理海外仓,货物发到海外仓,卖家就无法接触到货物了。

②库存压力大,仓储成本高,资金周转不便。

4. 海外仓操作

①卖家自己将商品运至海外仓储中心,或者委托承运商将货发至承运商海外的仓库。这段国际货运可采取海运、空运或者快递方式到达仓库。

②卖家在线远程管理海外仓储。卖家使用物流商的物流信息系统,远程操作海外仓储的货物,并且保持实时更新。

③根据卖家指令进行货物操作。利用物流商海外仓储中心的自动化操作设备,严格按照卖家指令对货物进行存储、分拣、包装、配送等操作。

④系统信息实时更新。发货完成后系统会及时更新,以显示库存状况,让卖家实时掌握。

二、物流费用的计算方法

国际运费计算方法分 7 步。

(一)计费重量单位

一般以每 0.5 千克为一个计费重量单位。

(二)首重与续重

以第一个 0.5 千克为首重(或起重),每增加 0.5 千克为一个续重。通常起重的费用相对续重费用较高。

(三)实重与材积

实重,是指需要运输的一批物品包括包装在内的实际总重量。

体积重量或材积,是指当需要寄递的物品体积较大而实重较轻时,因运输工具(飞机、火车、船、汽车等)承载能力及能装载物品的体积所限,需要采取量取物品体积折算成重量作为计算运费的重量的方法。

轻抛物,是指体积重量大于实际重量的物品。

(四)计费重量

按实重与体积两者的定义与国际航空货运协会的规定,货物运输过程中计收运费的重量是按整批货物的实际重量和体积重量两者之中较高的一方计算的。

(五)包装费

一般情况下,快递公司是免费包装的,提供纸箱、气泡等包装材料,如衣物,不用特别精细的包装就可以。一些贵重、易碎物品,快递公司需要收取一定的包装费用。包装费用一般不计入折扣。

(六)通用运费计算公式

①当寄递物品实重大于材积时,运费计算方法为:

运费=首重运费+续重个数×续重运费

续重个数=(商品重量-0.5)/0.5

例如:5 千克货品按首重 150 元、续重 30 元计算,则运费总额为多少?

续重个数=(5-0.5)/0.5=9

运费总额=150+9×30=420(元)

②当寄递物品实际重量小而体积较大,运费需按体积标准收取,然后再按上列公式计算运费总额。

FedEx、UPS、DHL、TNT 均为规则物品:长(厘米)×宽(厘米)×高(厘米)÷5 000=重量(千克);

不规则物品:最长(厘米)×最宽(厘米)×最高(厘米)÷5 000=重量(千克)。

在实际计算中,如果需要得知 EMS 直达国家、航空邮政包裹的运费,请输入实际重量进行计算;如果需要得知 UPS、DHL、TNT、FedEx、EMS 非直达国家的运费,请输入实际重量和体积重量两者之中较高的数值进行计算。

自 2012 年 7 月 1 日起,EMS 线上发货针对邮件长、宽、高三边中任一单边达到 60 厘米以上(包含 60 厘米)的,都需要进行计体积重操作,体积重量(千克)=长(厘米)×宽(厘米)×高(厘米)÷6 000=重量(千克)。长、宽、高测量值精确到厘米,厘米以下去零取整。

③国际快件有时还会加上燃油附加费

例如,燃油附加费为 9% 时,还需要在运费计算的结果加上:运费×9%。

中国邮政挂号小包运费:一般包括基本运费、处理费、挂号费等。

(七)总费用

总费用=(运费+燃油附加费)×折扣+包装费用+其他费用

案例:某公司想寄 21 千克普通货包裹从上海到德国,总运费为多少?

答:公司选择某快递公司 A,首重 260 元/0.5 千克,续重 60 元/0.5 千克,燃油附加费 10%,折扣为 8 折。计算如下:

续重个数=(21-0.5)/0.5=41

运费=260+41×60=2 720(元)

总费用=2 720×(1+10%)×80%=2 393.6(元)

此外,某些快递公司对部分航线有特殊优惠价。例如,超过 21 千克时,以一个特定的统一价计费。对于上例,通过这家快递公司可以给到一个每千克 60 元的价格:

对应总费用=21×60×(1+10%)=1 386(元)

当然,此种优惠价格,并不是所有公司每条航线都有。详细情况请以具体快递公司报价为准。

一般价格可以直接跟对应快递公司电话确认。基本上各大快递公司的价格相近,但是如果有跟对应快递公司签订相应协议的话,会有比较优惠的协议价格。

物流费用计算

三、运费模板的设置

（一）运费模板类型

速卖通平台共有 3 种运费类型：标准运费、物流折扣（减免）及卖家承担运费、自定义运费。

1. 标准运费

平台按照各物流服务提供商给出的官方报价计算运费。决定运费的因素通常包括货物送达地、货物包装重量、货物体积重量。如果卖家为不同的运输方式减免了折扣，平台会将在官方运费的基础上加入折扣因素后计算出的运费值呈现给下单的买家。

物流折扣（减免）：在联系货运代理公司时，货运代理公司会给予一定的折扣（折扣的多少视与货运代理公司签订的协议而定，也可以使用平台上面展示的货代公司），可以将此折扣信息填写在产品的运输折扣内容里，以吸引买家下单。

2. 卖家承担运费

包邮；也可以将运费添加到产品价格中以吸引买家下单。

3. 自定义运费

对于新卖家，平台建议您在设置运费类型的时候，选择只对买家比较集中的欧美发达国家发货。首先，平台上绝大部分买家主要也是来自欧美等发达国家；其次，偏远地区的国家运费会比较贵，有可能会造成卖家产生运费损失；再次，像 EMS 这种运费比较优惠的物流方式，可能无法保证货物能够顺利送达比较偏远的国家；最后，欧美发达国家的物流运费基本上差不多，对欧美发达国家发货，也比较适合设置免运费，从而提高卖家的产品竞争力。

（二）设置运费模板

1. 设置模板

单击“商品管理”→“物流模板”→“新版运费模板”，进行模板设置，如图 10-20 所示。

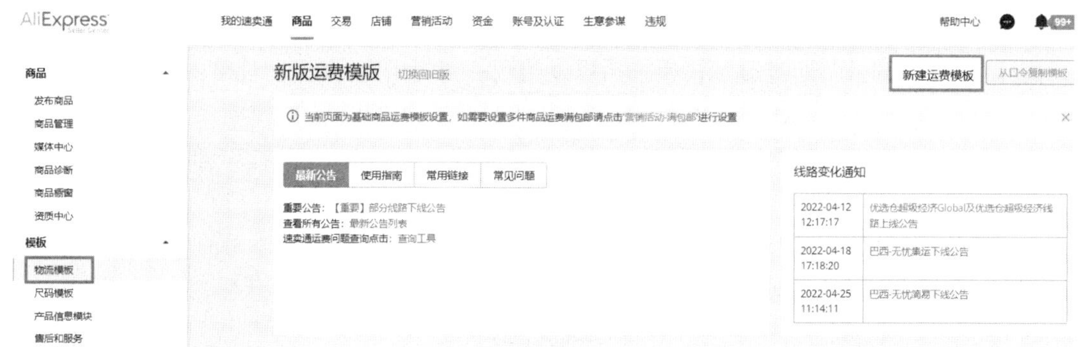

图 10-20

2. 选择物流线路

卖家选择不同的物流等级，编辑页面就会展示不同的物流线路供选择、设置。

①输入运费模板名称:这里需要注意,只能输入英文和数字,如图 10-21 所示。

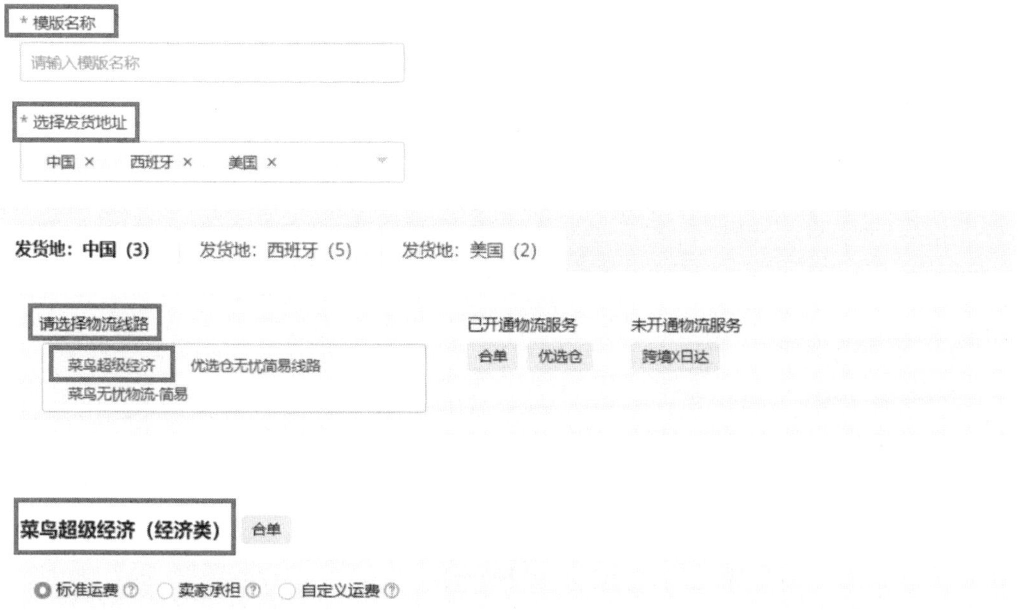

* 模版名称
请输入模版名称
* 选择发货地址
中国 × 西班牙 × 美国 ×
发货地：中国 (3)
发货地：西班牙 (5)
发货地：美国 (2)
请选择物流线路
菜鸟超级经济
优选仓无忧简易线路
菜鸟无忧物流-简易
已开通物流服务
合单
优选仓
未开通物流服务
跨境X日达
菜鸟超级经济（经济类）
合单
标准运费
卖家承担
自定义运费

图 10-21

②选择发货地址和物流线路。

③运费设置:可以选择设置标准运费、卖家承担(即免运费)或自定义运费。

标准运费:即平台会自动按照各物流服务提供商给出的官方报价计算运费。选"标准运费"时,可设置标准运费的减免规则,如图 10-22 所示。

菜鸟超级经济（经济类）
合单
标准运费
卖家承担
自定义运费
目的地
运费计费规则
所有该线路可到达的地区
减免百分比
0
%
不减免

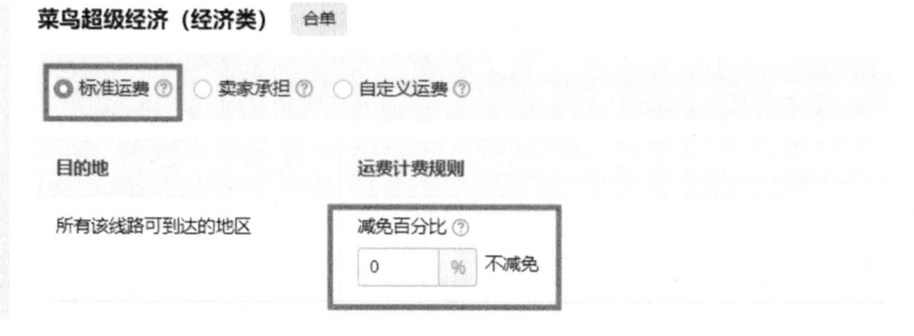

图 10-22

减免百分数:就是在物流公司的标准运费基础上给出的折扣。比如:物流公司标准运费为 US $100,您输入的减免百分数是 30%,买家实际支付的运费是 US $100×(100%-30%)= US $。

卖家承担(即免运费):对部分国家或所有国家可设置免运费。选择卖家承担运费时,前台展示的运费为 0,即卖家包邮,买家无须支付运费,如图 10-23 所示。

自定义运费:可以根据自己的需求自由设置运费。选择自定义运费后,可以分别设置不同目的地的运费计费方式。在自定义运费中,可按照重量设置计费,如首重 0.5 千克,首重运费为 1 美元,续重范围自行设置,每增加相应克重,可进行相应的续增,如图 10-24 所示。卖家也可以根据实际的物流配置,对不进行发货的国家,设置不发货,如图 10-25 所示。

菜鸟超级经济（经济类） 合单

标准运费 卖家承担 自定义运费

目的地	运费计费规则
所有该线路可到达的地区	卖家承担运费

图 10-23

优选仓超级经济线路（经济类） 优选仓

标准运费 卖家承担 自定义运费

目的地 运费计费规则

共0个国家/地区

运费计算方式 自定义运费

自定义计费方式 按照重量计费

首重 KG 首重运费 $

范围1 续重范围 KG KG

每增加 KG 续加运费 $

增加续重范围

若不在以上国家/地区内 运费计算方式 标准运费 减免百分比 0 % 不减免

图 10-24

添加一个运费组合

设置发货类型 不发货

运费组合中不包含的国家将设置为不发货

确认添加 取消

图 10-25

能力实训

1. 某跨境电商企业与加拿大客户成交一笔男士纯棉短袖T恤衫订单，包裹总计2.75千克，使用China Post Air Parcel发往加拿大。查得标准资费首重137.7元/千克，续重72元/千克，挂号费8元/票，运费折扣9折，请计算该订单需要花费运费多少元？

2. 5千克货品按首重150元、续重30元计算，燃油附加费10%，折扣8折，则运费总额为多少？

任务六　售后服务与管理

一、评价系统的使用

评价系统的使用包括 4 个方面：评价买家、回复评价、修改评价、投诉违规评价。

（一）评价买家

在订单完成后 30 天内，可以对买家进行评价。

操作方法如下：

①登录“AliExpress”。

②单击“交易”标签。

③单击左边栏“管理交易评价”。

④单击“等待我评价”的订单标签，找到需要评价的订单，单击“评价”按钮。

⑤在打开的页面中，给出评价星级，并留下评论，然后单击“提交评价”按钮。

（二）回复评价

在评价生效后 30 天内，如果有需要，可以就评价进行一次回复，以进一步说明观点。操作方法如下：

①登录“AliExpress”。

②单击“交易”标签。

③单击左边栏“管理交易评价”。

④单击“已生效的评价”标签，找到需要回复的评价，单击“回复”按钮。

⑤在打开的页面中，输入回复内容，然后单击“提交”按钮。

（三）修改评价

1. 请求买家修改评价

如果认为买家给的评价不公平，那么在评价生效后 1 个月内，可以自主引导买家修改评价，买家可对同一生效评价在生效后 1 个月内修改 1 次。

（1）注意事项

①买家只能对同一生效评价修改一次，且修改范围为中、差评改为好评。

②可以主动与买家沟通并要求买家进行修改。

（2）买家修改评价操作方法

①登录“AliExpress”。

②单击“交易”标签。

③单击左边栏“管理交易评价”。

④单击“已生效的评价”标签，找到希望买家修改的评价，并联系买家帮助卖家修改。

⑤买家可在自己的后台中修改评价页面，输入修改评价的原因及修改后的评分，提交完成修改。

2. 修改给卖家的评价

在评价生效后 1 个月内，买家有可能提出修改评价的请求。当买家提出请求后 7 天之内，可以按照以下步骤进行操作以修改评价。

①登录“AliExpress”。

②单击“交易”标签。

③单击左边栏“管理交易评价”。

④单击“已生效的评价”页面，找到买家请求修改的评价，单击修改给买家的评价。

⑤在打开的页面中，查看买家要求修改评价的原因。

⑥如果决定修改评价，请在此页面重新给出评价星级，修改评论内容，然后单击“修改评价”。

⑦如果决定目前不修改评价，请直接单击“以后再修改”。

（四）投诉违规评价

如果认为收到的某条评价属于违规评价，在评价生效后 30 天内，可以在系统里向平台提起 1 次投诉，要求平台移除该评价。平台收到投诉后，会根据提交的理由和证据做出判断，以判定是否移除评价。

1. 可以投诉的评价违规类型

①买家的评论与交易无关，或使用了不当的语言，或披露了私人信息。

②竞争对手恶意评价。

③买家利用中、差评胁迫给予额外的利益。

④其他（须有充足的理由和证据以令平台接受）。

2. 操作方法

①登录“AliExpress”。

②单击“交易”标签。

③单击左边栏“管理交易评价”。

④单击“已生效的评价”标签，找到要投诉的评价，单击“投诉”。

⑤在打开的页面中，选择投诉的违规类型、补充详情（可选）、上传凭证图片，并单击“提交”按钮。

3. 提交投诉以后，可以随时查看投诉的进展

①登录“AliExpress”。

②单击“交易”标签。

③单击左边栏“管理交易评价”。

④单击“查看我的投诉进展”。

二、售后服务技巧

一般买家满意度高不仅可以给卖家带来额外的交易，还能够影响到产品的排序曝光，会影响其他买家的购买行为以及对卖家的星级和享受到的资源也会产生影响。下面从售后与买家及时沟通、发货及物流服务这两方面，介绍关于售后服务的技巧。

（一）售后与买家及时沟通

售后的沟通需要注意4点。

1. 主动联系买家

买家付款以后，还有发货、物流、收货和评价等诸多环节，卖家需要将发货及物流信息及时告知买家，提醒买家注意收货，出现问题及纠纷时也可以及时妥善处理。

2. 注意沟通的方式

一般情况下，卖家尽量以书面沟通的方式为主，这不仅能让买卖双方的信息交流更加清晰、准确，也能够留下交流的证据，利于后期可能有的纠纷处理。卖家要保持旺旺在线，经常关注收件箱信息，对于买家的询盘要及时回复。否则，买家很容易失去等待的耐心，卖家也很可能错失买家再次购买的机会。

3. 注意沟通时间

由于时差的缘故，在卖家日常工作（北京时间8:00—17:00）时，会发现大部分国外买家的即时通信工具都是离线的。当然，即使国外买家不在线，卖家也可以通过留言联系买家。建议供应商尽量选择买家在线的时候联系，这意味着卖家应该学会在晚上联系国外买家。因为这个时候，买家在线的可能性最大，沟通效果也更好。

4. 学会分析买家

要了解买家所在地的风俗习惯，了解不同国家的语言文化习惯，以便沟通时拉近距离，并且有针对性地对买家进行回复，促进双方沟通的顺利进行。

（二）发货及物流服务

做好产品品质、货运品质工作是获得买家好感与信任的前提条件，没有在这些方面打牢基础，再优质的服务也无法将买家转化为忠诚的老买家。买家维护三大基础：

1. 发货前要严把产品质量关

①在上传产品的时候，可以根据市场变化调整产品，剔除供货不太稳定、品质无法保证的产品，从源头上控制产品品质。

②在发货前注意产品质检，尽可能避免残次物品的寄出，优良的产品品质是维系客户的前提。

2. 加强把控物流环节

①买家下单后，及时告知买家预计发货及收货时间，及时发货，主动缩短客户购物后等待的时间。

②国际物流的包装不一定要美观，但必须保证牢固，包装一直是买家投诉的重要原因。

对数量较多、数额较大的易碎品可以将包装发货过程拍照或录像，留作纠纷处理时的证据。

③注意产品的规格、数量及配件要与订单上的一致，以防漏发引起纠纷。注意提供包裹中产品的清单，提高卖家的专业度。

3. 物流过程与买家及时沟通

在物流过程中，买家是最想了解产品货运进展的，及时良好的沟通能够提高买家的交易感受，下面是有关3个交易关键点与买家保持沟通的邮件模板。

①在产品发货后，告知买家相关货运信息。

Hello Sir/Madam,

It's a pleasure to tell that the postman have picked up your item from our warehouse. It's by EMS,5-7 working days to arrive.

Tracking number:××××××;

Tracking web:××××××;

You can view its updated shipment on the web, which will be shown in 1-2 business days. Also our after-sale service will keep tracking it and send message to you when there is any delay in shipping.

We warmly welcome your feedback.

温馨提示：告知买家产品已经发货，并给买家一个初步的交易等待时间区间。如果使用小包或碰到物流堵塞的意外，也可以在这封邮件告知买家，让其对产品延迟到达在心理上有所准备。

②货物到达海关后，提醒货运相关进展。

Hello Sir/Madam,

This is ×××, I am sending this message to update the status of your order. The information shows it was handed to customs on Jan. 19. Tracking number: ××××××. You can check it from web: ×××××××××.

You may get it in thenear future 2-3days. Apologize that the shipping is a little slower than usual. Hope it is not a big trouble for you.

Best Wishes.

温馨提示：在产品入关的时候告知客户货物的投递进展。如果遇到货物拥堵情况，对买家表示歉意。如果产品需要报关，可以在此时通知买家提前准备。

③货物到达邮局，提醒买家给予好评

Hello Sir/Madam,

This is ×××. I am sending this message to update the status of your order. The information shows it is still transferred by Syclney post office. Tracking number: ××××××.

Please check the web:××××××.

You will get it soon, please note that package delivery. Hope you will love the product when you get it. If so, please give me a positive feedback. It is important to me. Thank you very much.

Best Wishes!

温馨提示：在投递过程中提醒客户注意不要错过投递信息，保持手机开机；同时，可以提醒客户给卖家留评。这样能有效降低差评出现的可能性，增加买家的好评度。

任务七　纠纷处理

一、平台纠纷裁决新规则

当纠纷订单同时满足以下3个条件时：

①买家以"未收到货"发起的纠纷。

②订单物流信息不全或不能查询到妥投信息。

③使用邮政大小包，且距离发货时间超过60天。

速卖通平台将认定该笔纠纷订单物流异常（例如丢包等），卖家针对这样的纠纷订单，需在速卖通投诉举报平台给定的响应期内，提供物流妥投信息或买家收到货物的证明；否则，速卖通平台将直接裁定订单全额退款并关闭纠纷订单。

在投诉举报平台上的纠纷订单，务必在响应期内提供物流妥投信息或买家收到货物的证明。

二、邮政航空包裹风险

1. 货运周期较长

提示：较长的货运周期将直接影响回款速度。

2. 丢包率较高

提示：丢包将直接导致纠纷产生，可能导致货款两失。

3. 货运追踪信息不全

提示：根据平台放款规则，若追踪不到物流妥投信息，平台将不会自动放款，因此使用航空包裹可能会影响回款速度。

卖家在使用邮政航空包裹时，务必评估邮政包裹的风险，避免后期产生回款或纠纷等问题，建议使用商业快递（EMS、DHL、UPS、FedEx、TNT）投递。

能力实训

公司背景：跨境电商运营专员李红在平台店铺推出新品女士真丝睡衣（Women's Silk Pajamas）。产品物美价廉，在平台上销量上涨迅速。12月12日，一位墨尔本的客户购买了此款女士真丝睡衣，但一个月之后，买家反映仍未收到商品，故发来邮件沟通此事。请用英文撰写客户服务信函，积极处理买家商品未收到的问题。

要求：信函格式准确；英语词汇输入正确；标明货物已经发出5天，提供商品的物流追踪号（RR8452368M），明确通常需要的运输时间（10～15天），并表明会积极跟进此问题。

任务八　营销与推广

速卖通平台有自己免费的和付费的营销工具，这些工具的运用可以使卖家获得流量。

一、站内免费营销工具——橱窗

（一）橱窗的定义

橱窗是速卖通平台向商家推出的推广技术工具，使用橱窗的商品排名较自然展现位置更靠前，从而使买家能够优先搜索到使用橱窗的商品。

（二）店铺“橱窗”设置步骤

进入速卖通卖家后台，点击“商品管理”，如图 10-26 所示。选择目标产品，点击更多操作弹出下拉框，在下拉框选择“橱窗推荐”按钮，如图 10-27 所示。点击“确定”后添加成功，如图 10-28 所示。点击“商品管理”下的“橱窗商品推荐”按钮，查看所有正在使用橱窗的产品，如图 10-29 所示。

图 10-26

图 10-27

加入橱窗的产品建议选择潜力款和主推款，这些产品经过市场的检验有一定的流量承接能力，可以选择高点击、高转化、高收藏和高加购的产品进入橱窗，具体可以通过数据纵横的商品分析中将自己的数据与同行同层的数据对比，来判断自己的数据水平。

橱窗推荐

商品被设置橱窗推荐后，有效期为30个自然日，在此期间不可以取消推荐，确认将该商品这只为橱窗推荐吗？查看详情

确定　取消

图 10-28

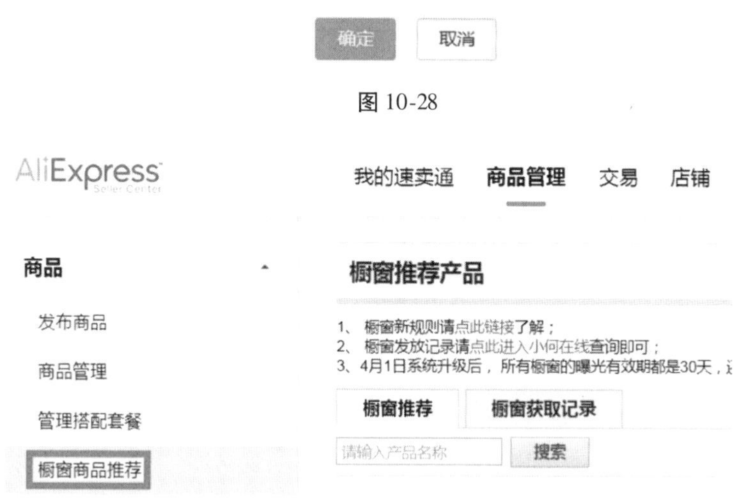

图 10-29

（三）橱窗效果查看

使用橱窗一段时间后，建议在数据纵横的商品分析中查看单品的曝光数据的走势。

二、站内免费营销工具——满立减

（一）满立减定义

满立减活动是一款店铺自主营销工具，只要开通速卖通店铺，即可免费使用。卖家可以根据自身经营状况，对店铺设置“满 X 元优惠 Y 元”的促销规则，即订单总额满足 X 元，买家付款时则享受 Y 元优惠扣减。

（二）店铺“满立减”设置方法

1. 创建活动

登录“我的速卖通”，点击“营销活动”，在“店铺活动”下选择“满减优惠”，点击“创建活动”，如图 10-30 所示。

2. 填写活动的基本信息

在“活动名称”一栏内填写对应的活动名称；在“活动起止时间”一栏填写“开始时间”和“结束时间”，如图 10-31 所示。

3. 设置活动类型和活动详情

设置“活动类型”，可以选择“满立减”的权益，如图 10-32 所示。

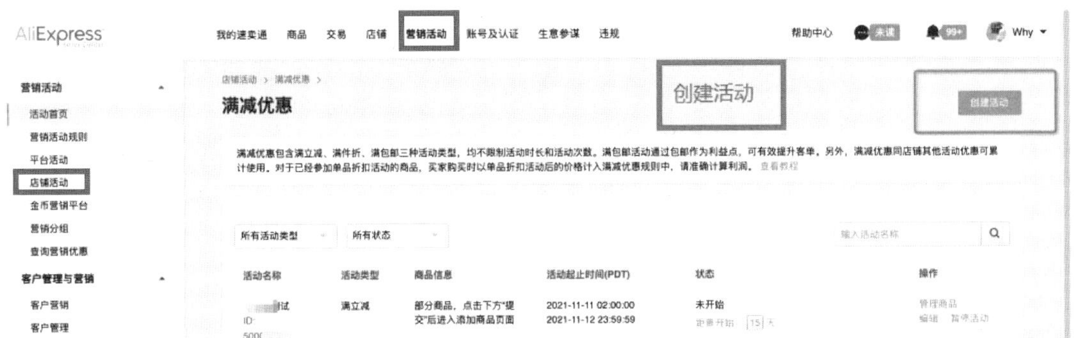

图 10-30

编辑活动基本信息

活动名称

0/32

活动起止时间

活动时间为美国太平洋时间

开始时间　　结束时间

图 10-31

设置活动类型和活动详情

活动类型

满立减　满件折　满包邮

活动使用范围

部分商品　全店所有商品

满减适用国家

由于部分国家（俄罗斯、哈萨克斯坦、亚美尼亚、格鲁吉亚、塔吉克斯坦、阿塞拜疆、白俄罗斯、土库曼斯坦、摩尔多瓦、吉尔吉斯斯坦、乌兹别克斯坦）的特殊性，目前暂时不支持设置分国家满减活动，但以上国家下单可使用其他国家的满减活动，设置时请注意折扣力度。

全部国家　部分国家

活动详情

条件梯度 1

单笔订单金额大于等于　USD

立减　USD

勾选则优惠累计，不勾选则邮费不累计；

优惠可累加，上不封顶 即当促销规则为满 100 减 10 时，则满 200 减 20，满 300 减 30；依此类推，上不封顶。

图 10-32

(1)选择“满立减”活动

①选择“部分商品”,即为设置了活动的部分商品的满立减活动,订单金额包含商品价格(不包含运费),商品按折后价参与。

②选择“全店所有商品”,为全店铺商品均参与满立减活动,订单金额包含商品价格(不含运费),所有商品按折后价参与。

③选择“全部国家”和“部分国家”。如果选择“全部国家”,则所有国家的用户都可享受该权益;若选择“部分国家”,则仅选中国家的用户可看到并领取该权益。

(2)设置“满立减”条件

①可只设置一个条件梯度,则系统默认是单层满减,在“条件梯度 1”的前提下,可以支持优惠可累加的功能(即:当促销规则为满 100 减 10 时,则满 200 减 20,满 300 减 30,依此类推,上不封顶)。

②可设置多个条件梯度,最多可以设置 3 梯度的满立减优惠条件。多个条件梯度需要满足以下两个条件:

条件一:后一梯度订单金额必须要大于前一梯度的订单金额。

条件二:后一梯度的优惠力度必须要大于等于前一梯度。

(3)选择商品并点击确定按钮

针对商品“满立减”活动,可以通过“选择商品”或者“批量导入”点选商品,如图 10-33 所示。

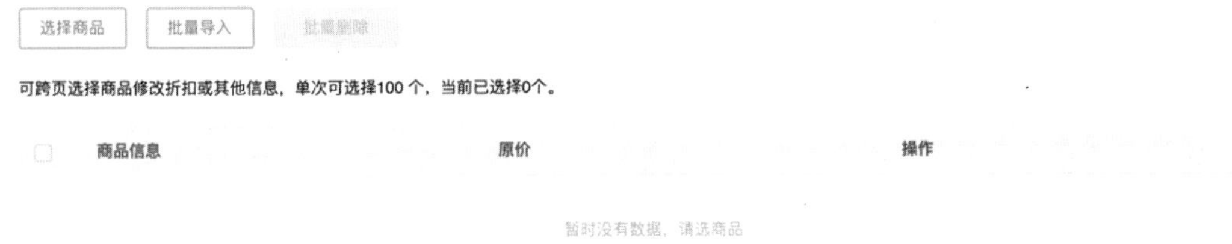

图 10-33

三、站内免费营销工具——满件折

(一)满件折定义

满件折活动是一款店铺自主营销工具,只要开通速卖通店铺,即可免费使用。卖家可以根据自身经营状况,对店铺设置“满 X 件,优惠 Y 折”的促销规则,“满 X 件,优惠 Y 折”,即订单总商品满足 X 件数,买家付款时则享 Y 折优惠,卖家无须修改价格。

(二)店铺“满件折”设置步骤

(1)选择“满件折”活动

“满件折”活动也是一款店铺自主营销工具,如图 10-34 所示。卖家可以根据自身经营状况,对店铺设置“满 X 件优惠 Y 折”的促销规则,“满 X 件优惠 Y 折”,即订单总商品满足 X 件数,买家付款时则享 Y 折优惠,卖家无须修改价格。

（重要提示：满件的优惠与其他店铺活动优惠叠加使用的，对于已经参加折扣活动的商品，买家购买时以折扣后的价格计入满件折规则中。所以，同时使用打折工具和满件折工具时，一定要计算一下自己的利润。）

图 10-34

（2）设置“满件折”满减条件

①可只设置一个条件梯度，则系统默认是单笔订单件数条件以及立减条件，在“条件梯度 1”的前提下，该类型的满减不支持优惠可累加的功能（即：当促销规则为满 3 减 10% OFF 时，则满 6 件仍旧是 10% OFF）。

②可设置多个条件梯度，最多可以设置 3 梯度的满立减优惠条件。多个条件梯度需要满足下面两个条件：

条件一：后一梯度订单件数必须要大于前一梯度的订单件数；

条件二：后一梯度的优惠力度必须要大于前一梯度。

四、站内免费营销工具——满包邮

（一）满包邮定义

满包邮，通过包邮作为利益点，可有效提升客单。可以根据自身经营状况，对店铺设置“满 *N* 元/件包邮”的促销规则。买家下单时，若是订单总商品数超过了设置的 *N* 元/件，在买家付款时，在指定的地区范围内，系统自动减免邮费。

（二）店铺“满包邮”设置步骤

1. 选择“满包邮”活动

“满包邮”通过包邮作为利益点，不仅可以提升买家的购买意愿，还可以提升店铺的客单价。卖家可以根据自身经营状况，对店铺设置“满 N 元/件包邮”的促销规则，买家下单时，若是订单总商品数超过了设置的 N 元/件，在买家付款时，在指定的地区范围内，系统自动减免邮费。

2. 设置“满包邮”满减条件，如图 10-35 所示。

①满件：单笔订单件数大于等于××。

②满金额：单笔订单金额大于等于××。

注意：订单金额包含商品价格（不包含运费）。

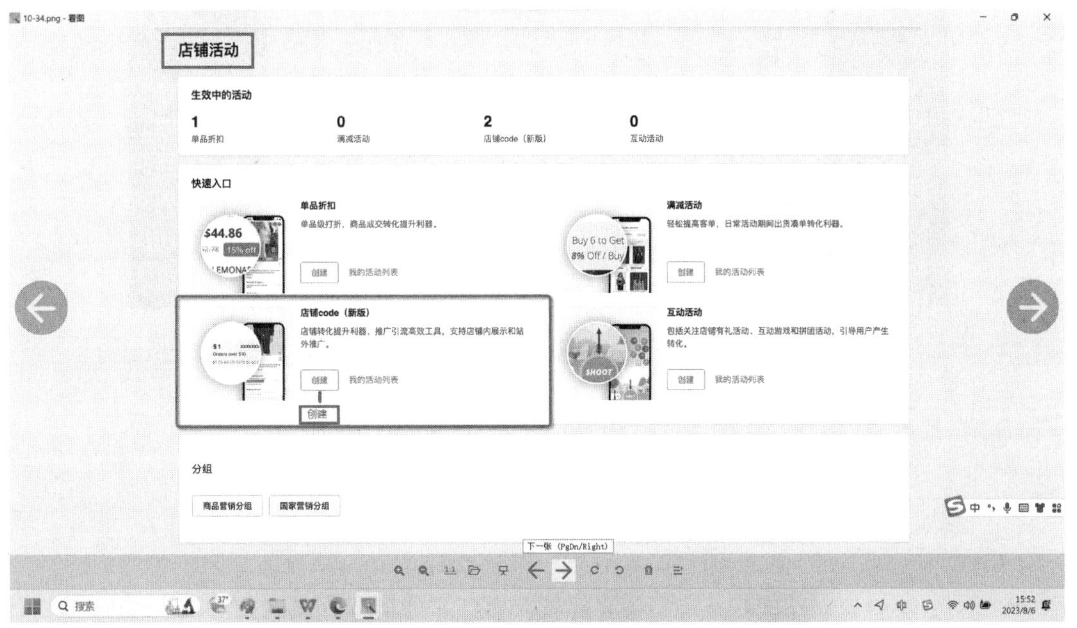

图 10-35

五、站内免费营销工具运用——店铺优惠券

（一）店铺优惠券定义

优惠券（或称促销券）按计价形式分为两种：①打折券，一般指消费（或购买）发生时，消费者（或购买者）可凭打折券证在商家公开的清单价格基础上，按打折券证所规定的比例折扣计价。比如说 2 折优惠就是在清单价格基础上打 20% 的折扣。②代金券，一般指载有一定面值的促销券证。比如一百元代金券，指的是消费（或购买）时使用该券证，可以抵用 100 元现金。

（二）“店铺优惠券”设置步骤

1. 创建入口

登录商家后台，点击【营销活动—店铺活动】，找到设置入口：点击“创建”可以进入创建活动页面。点击“我的活动列表”可以进入活动列表页面，如图 10-36 所示。

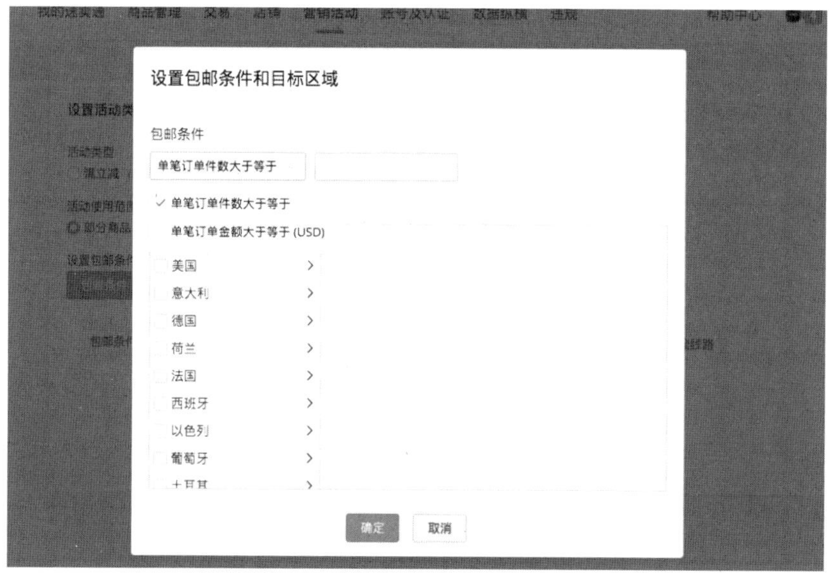

图 10-36

2. 优惠及投放设置

如图 10-37、图 10-38、图 10-39、图 10-40、图 10-41、图 10-42 所示。

	可传播	不可传播
定义	买家领取前code可见，且可将code分享给他人使用	买家领取前code不可见，领取后code仅可被该买家使用
适用场景	code可以被分享，其他用户获得code码也可以使用，因此适用于**店铺主页和商品详情相关展示**，也可通过**IM、场景营销等触达方式发送给批量消费者使用**	code不可以被分享，单一用户获得使用后即失效，被分享者无法使用；因此适用于**通过IM、场景营销等触达方式发送给指定消费者使用**
优惠code	支持自定义，由6~12位数字与英文字母组成 **无法重复，建议随机生成** Code类型 可传播　不可传播 * 优惠Code	由系统生成，在未领取状态下不透传code码 **消费者领取后code随机生成** Code类型 可传播　不可传播
预览样式	$5 Orders over $5.01 7VIFEH9M8TDQ Collect	$5 Orders over $5.01 Collect
优惠名称	指活动名称，商家可自由设置，仅商家后台展示 * 优惠名称 仅在后台展示，方便查询管理　0/32	

图 10-37

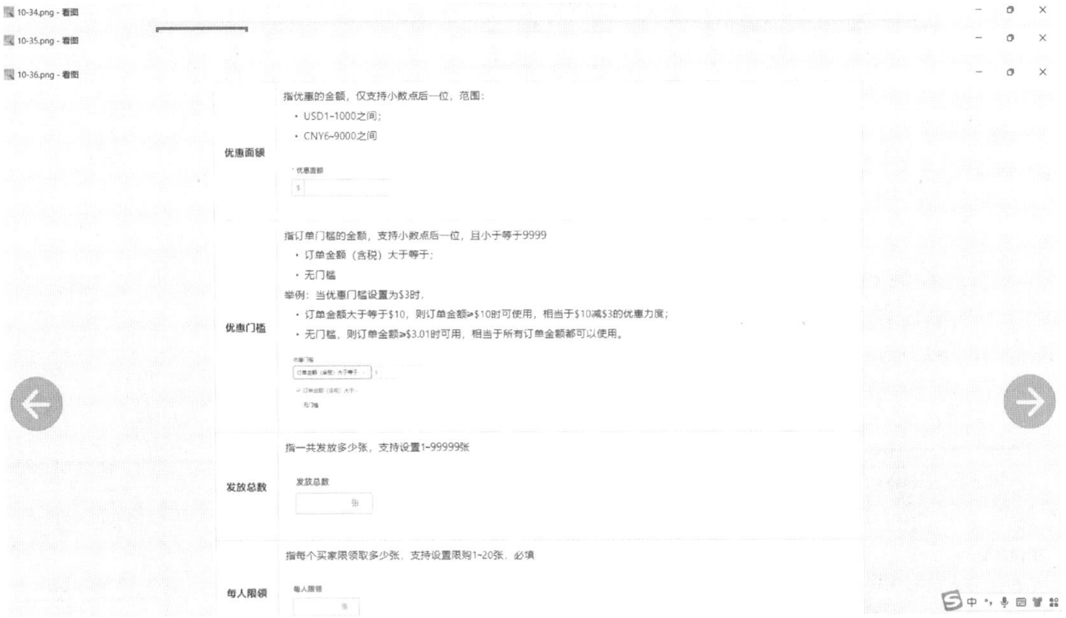
10-34.png - 看图
10-35.png - 看图
10-36.png - 看图
优惠面额
指优惠的金额，仅支持小数点后一位，范围：
USD1~1000之间；
CNY6~9000之间
优惠门槛
指订单门槛的金额，支持小数点后一位，且小于等于9999
订单金额（含税）大于等于；
无门槛
举例：当优惠门槛设置为$3时，
订单金额大于等于$10，则订单金额≥$10时可使用，相当于$10减$3的优惠力度；
无门槛，则订单金额≥$3.01时可用，相当于所有订单金额都可以使用。
发放总数
指一共发放多少张，支持设置1~99999张
发放总数
张
每人限领
指每个买家限领取多少张，支持设置限购1~20张，必填
每人限领
张

图 10-38

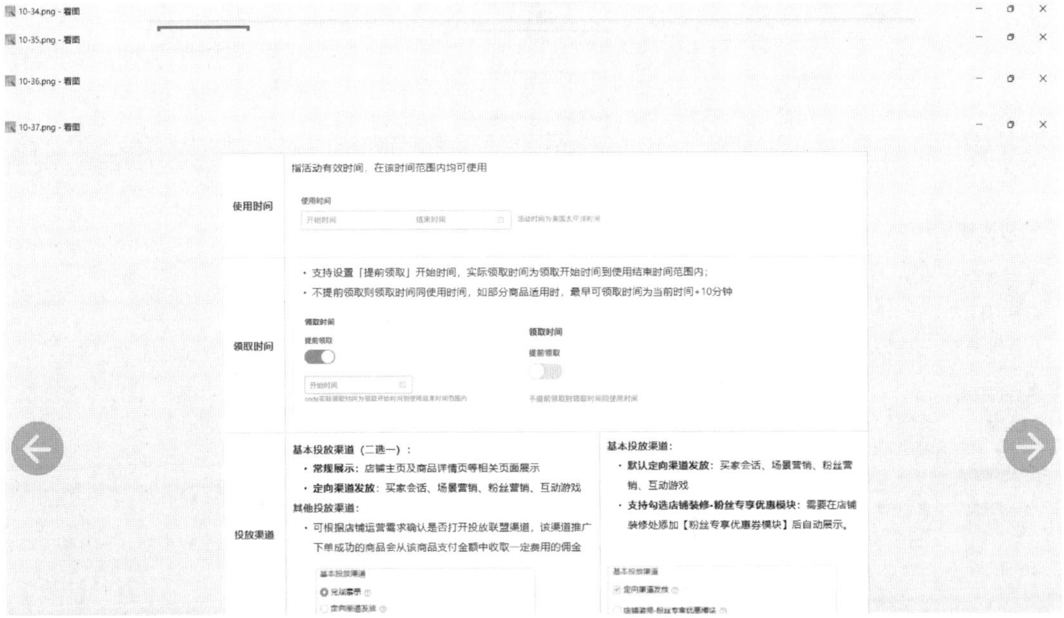
10-34.png - 看图
10-35.png - 看图
10-36.png - 看图
10-37.png - 看图
使用时间
指活动有效时间，在该时间范围内均可使用
使用时间
开始时间
结束时间
领取时间
支持设置「提前领取」开始时间，实际领取时间为领取开始时间到使用结束时间范围内；
不提前领取则领取时间同使用时间，如部分商品适用时，最早可领取时间为当前时间+10分钟
领取时间
提前领取
开始时间
投放渠道
基本投放渠道（二选一）：
常规展示：店铺主页及商品详情页等相关页面展示
定向渠道发放：买家会话、场景营销、粉丝营销、互动游戏
其他投放渠道：
可根据店铺运营需求确认是否打开投放联盟渠道，该渠道推广下单成功的商品会从该商品支付金额中收取一定费用的佣金
基本投放渠道：
默认定向渠道发放：买家会话、场景营销、粉丝营销、互动游戏
支持勾选店铺装修-粉丝专享优惠模块：需要在店铺装修处添加【粉丝专享优惠券模块】后自动展示。

图 10-39

优惠 适用国家	**支持分国家设置、展示和使用：** · 全部国家：则所有均适用； · 部分国家：则可添加该code需要投放的重点国家或市场，点此前往查看分国家功能。 优惠适用国家 全部国家　部分国家 **请注意：当联盟打开状态下仅支持全部国家选项。**
适用商品	**支持全部商品、部分商品设置：** · 选择**全部商品**：则勾选后，点击创建，即完成活动创建； · 选择**部分商品**：则勾选后，点击创建后进入“商品添加”界面，添加完成商品后即完成活动创建。 支持单个商品添加/删除或EXCEL批量导入 查看活动详情

图 10-40

投放设置

基本投放渠道

常规展示

定向渠道发放

其他投放渠道

联盟渠道

优惠适用国家

全部国家　部分国家

适用商品

全部　部分商品

图 10-41

图 10-42

3. 活动管理

点击“我的活动列表”即可进入活动管理界面，如图 10-43 所示。

	待添加商品	未开始	生效中	已结束	已关闭
编辑活动	☑	☑	☑	☒	☒
结束活动	☑	☑	☑	-	-
邮件复制链接	☒	☑	☑	☒	☒
复制活动	☑	☑	☑	☑	☑

图 10-43

①在活动列表页可对已创建的活动进行管理，支持根据【发放渠道】【活动状态】进行筛选。

②支持根据活动名称快速查询。

③支持查看活动时间、发放渠道、code 名称、面额和门槛、领取数量/发放数量、状态。

④支持【部分商品】适用活动可快捷进入编辑商品页面。

⑤支持根据不同的活动状态，对活动进行不同的操作。

六、站内付费营销工具运用——直通车

（一）直通车定义

直通车是全球速卖通平台会员自主设置多维度关键词，免费展示产品信息，通过大量曝光产品来吸引潜在买家，并按照点击付费的全新网络推广方式，简单来说，速卖通直通车就是一种快速提升店铺流量的营销工具。

（二）"直通车"设置步骤

1. 进入直通车页面

在速卖通首页，点击左侧导航栏中的"推广"选项，然后选择"直通车"即可进入直通车页面。

2. 开通直通车

在直通车页面，点击"开通直通车"按钮，然后按照页面提示填写相关信息，包括店铺名称、经营类目、联系人信息等。填写完毕后，点击"提交申请"按钮即可。

3. 设置广告

开通直通车后，需要设置广告。在直通车页面，点击"新建计划"按钮，然后按照页面提示填写广告相关信息，包括广告名称、出价、投放时间、投放位置等。填写完毕后，点击"保存"按钮即可。

4. 创意制作

广告设置完成后，需要进行创意制作。在直通车页面，选择已经创建的广告计划，然后点击"新建创意"按钮，按照页面提示上传广告图片、填写广告语等。创意制作完成后，点击"保存"按钮即可。

5. 审核通过

创意制作完成后，卖家需要等待审核。通常情况下，审核需要 1～2 个工作日。审核通过后，广告就会开始投放了。

6. 优化广告

广告投放后，卖家需要不断地优化广告，提高广告的转化率和 ROI。具体的优化方法包括调整出价、优化关键词、调整投放时间等。

知识链接

1. 直通车推广计划

最多可以建 30 个快捷推广计划和 10 个重点计划，重点推广一个计划只能推广一个产品，快捷推广则一次可以添加多个商品。

新建直通车推广计划的步骤：第一步选择想推广的商品；第二步选择与商品相匹配的优质关键词：可以使用系统推荐词，或者使用手动添加词及批量添加关键词；第三步为卖家选择的关键词设定每点击最高扣费上限价格。

2. 直通车展位

目前直通车分为 PC 端和移动端。PC 端的推广位在主搜页和搜索页底部的智能推荐位，PC 主搜页中，60 个商品为一页，直通车推广位从第 5 位起，隔 4 个有一个直通车推广位，即第 5/10/15/20/25/30/35/40/45/50/55/60 位。

能力实训

在速卖通或者敦煌网平台设置全店铺打折、发放优惠券等活动。

直通车设置步骤

德育园地

工匠精神　助力企业行稳致远

2016 年 4 月，环宇集团毛绒玩具通过国家质检总局免验小组的审定，成为国家免验毛绒玩具企业，这在全国尚属首例。在环宇集团位于富阳的厂房里，分别有生产 0～6 个月和 0～12 个月大的婴儿用毛绒玩具车间，从电绣、印花到仓库发料、裁剪、车缝、检针等每个环节都贴有流程图，一些关键的环节还用特别符号标出，环宇生产车间布置得格外与众不同。对于婴童玩具出口企业来说，“检针”环节特别重要，每个相关车间都备有“机针现场管理表”，缝制工人在领用缝针时登记数量，所有缝针损耗完毕后要重新领用时，必须把前一次领到的缝针如数上交，包括断针的每个部分都要拼接起来一起上交，以针换针。如果缝针与登记数字核对不上，必须马上找到断掉的针头，找不到的话，就要求在现场半径 3 米的范围之内停工，变成控制区。那么，如何在控制区找到针头呢？这也有一套流程。首先，用吸铁装置查找断针位置，如果还是找不到，再用吸铁装置查找 3 米范围内的半成品，仍然找不到的话，用台式高精度验针器测验断针，如果这样还是没法找到针头，那只能销毁这批产品了。

在原料采购环节，环宇集团对品质控制也很严格。公司要求供应商必须提供相应的检测报告，并出具保证提供的材料都符合中国和出口各输入国的玩具标准要求。生产前，环宇要对每款产品按照出口国的要求进行内、外部的全面测试，为了确保出厂产品能够符合玩具标准要求，采购时依据合格样料还会进行专门定制。进厂后，仍然要对每块材料进行检测，检测项目包括颜色、克重、规格、性能测试、拉力、色牢度等。

在低利润的条件下，加工贸易企业除了转型、升级，别无选择。2004 年，环宇集团创办了自己第一个自主品牌：“咪蜜儿”，随后又相继推出了“哈喜屋”“莱贝比”两大品牌。这样一来，环宇生产的产品涵盖了儿童木制益智、早教玩具、儿童摇架玩具、婴童褥垫及配套挂饰玩具等。而且在产品技术上也日渐成熟，如公司生产的摇架玩具、荡架玩具、亮灯玩具等。

2013 年，环宇集团开展了跨境电子商务销售业务，在 eBay、亚马逊、速卖通等跨境电子商务平台上开发了自己的网店销售自主品牌，效果出乎公司的意料。2013 年，集团玩具总销售额超过 1.4 亿元人民币，其中电子商务销售额就达到 30% 左右。

杭州环宇集团 20 多年来的成长发展经历，阐述了一个经济学观点——“没有被淘汰的产业，只有被淘汰的技术和模式”。以玩具起家的杭州环宇集团，既守本分又爱折腾。守本分在 20 多年坚守产品品质；爱折腾则是别人做贴牌生意时，它已经自主开发品牌，别人开发品牌时，它又在探索电子商务销售模式，环宇转型升级之路给劳动密集型企业提供了一种参考。

思考：在环宇集团的发展过程中，你是否能够感受到工匠精神、中国品质？反思下你在做商品详情页的时候，是否用心去做了？

项目十一 阿里巴巴国际站操作

【工作情景】

阿里巴巴国际站于1999年在杭州成立，是阿里巴巴集团的第一个业务板块，现已成为全球领先的跨境贸易B2B电子商务平台。通过本项目的学习，姚石将掌握阿里巴巴国际站基本操作流程。

【任务布置】

1. 注册会员
2. 产品发布
3. 产品分组
4. 寻找客户
5. 物流服务
6. 支付与资金管理

【操作提示】

1. 掌握注册账号、出口通和子账号的步骤与方法。
2. 了解产品发布信息准备、注意事项和发布流程。
3. 了解产品分组方法，掌握产品分组操作方法。
4. 了解RFQ概念，掌握通过RFQ寻找客户的操作方法。
5. 了解国际物流的主要方式，掌握物流报价查询的基本方法。
6. 了解国际货款线下、线上的主要支付方式，懂得如何选择国际支付方式。

【课上学习任务】

任务一 注册会员

一、登录网站注册账号

①启动IE浏览器，进入阿里巴巴网站，单击“Join For Free”按钮，如图11-1所示。

②在图11-2中填写相关的注册信息，填完后单击创建账户按钮，向网站提交公司信息。

https://www.alibaba.com
Alibaba.com
Categories
Help
English - USD
Ship to:
More
Welcome back!
Sign in
Join for free
feather wreaths
Search
Request for Quotation
One request, multiple quotes
Logistics services
Reliable shipping by ocean and air
My markets
Consumer Electronics
Home & Garden
Food & Beverage
Apparel & Accessories
Vehicle Parts & Accessories
Sports & Entertainment
Industrial Machinery
All categories
All categories
ELITE
PARTNER EVENT
TOP 100 INDUS
Best deal of the year
Source now
My Alibaba
Manage RFQ
Orders
Favorites
Account
Submit RFQ
Buyers Club benefits
US $10 off with a new supplier
RFQ: quotes with supplier preferences
Sign up to enjoy exciting Buyers Club benefits
Join for free
Sign in
Messenger
搜索
19:47
2023/7/10

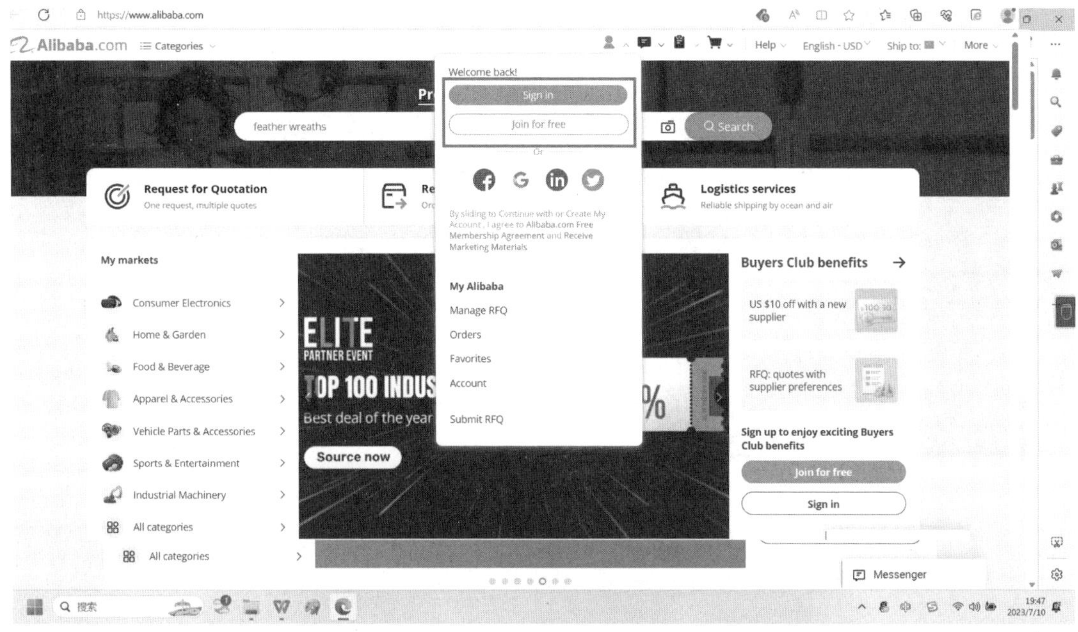

图 11-1

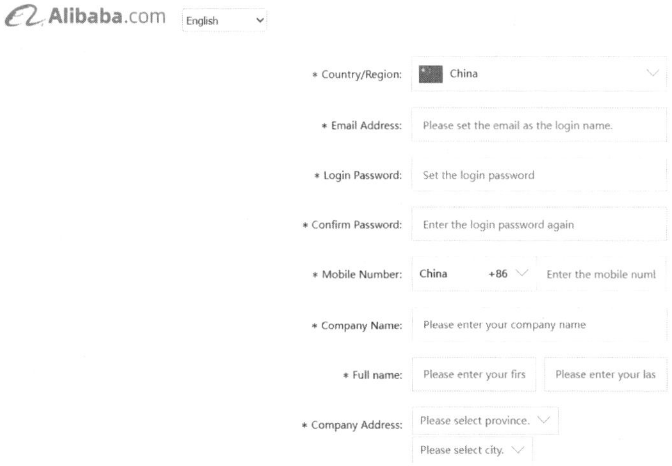

Alibaba.com
English
* Country/Region:
China
* Email Address:
Please set the email as the login name.
* Login Password:
Set the login password
* Confirm Password:
Enter the login password again
* Mobile Number:
China
+86
Enter the mobile numl
* Company Name:
Please enter your company name
* Full name:
Please enter your firs
Please enter your las
* Company Address:
Please select province.
Please select city.

图 11-2

二、注册“出口通”

如果想在阿里巴巴网站上注册成为出口企业，并发布产品信息，则要注册“出口通”并支付一定的年费。在图 11-3 中单击“我要升级”按钮，进入图 11-4 的页面，核对信息，然后单击“提交获取专属权”按钮，等到缴费通过认证后就可以使用。

三、设置子账号

阿里巴巴网站一个主账号可以设置 5 个子账号，在主页上选择“My Alibaba”→“My Account”，如图 11-5 所示，进入我的账户“My Account”，选择“子账号设置”选项的“添加子账号”按钮，如图 11-6 所示，填写相应的内容，然后单击“添加”按钮即可。

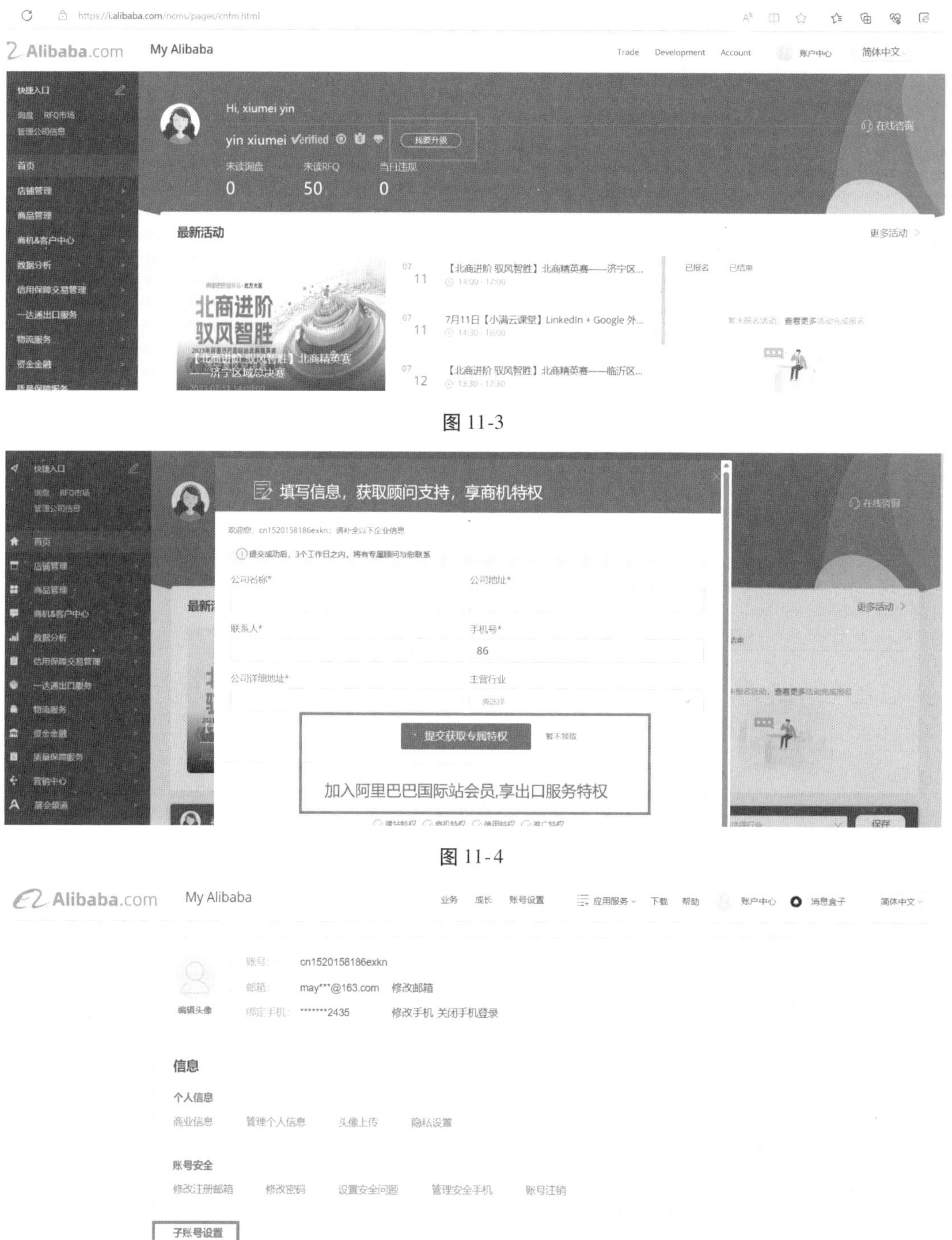

图 11-3

图 11-4

图 11-5

添加子账号

账号类型　高级子账号

您已经创建了0个基础高级子帐号，还可以创建5个。

制作员
- 只有制作员身份的子账号可以管理旺铺和关键词推广
- 创建产品
- 管理产品和产品组

业务员
- 创建和管理被分配到的产品
- 接收和回复针对所属的产品的反馈，处理交易

业务经理
- 创建产品，管理自己和所属业务员的产品
- 接收和回复针对所属的产品的反馈，处理交易

* 邮箱

备用邮箱

* 密码

* 再次输入密码

* 用户姓名　名　姓

图 11-6

注册会员

边学边练

【任务描述】

我公司(SEA IMPORT AND EXPORT CO. ,LTD)是从事鞋业进出口贸易的一家专业外贸公司,公司地址:安徽省合肥市长江路 2 号,公司电话:0551-1234567,联系人:Sea Lea,邮箱:sea@ sina. com。

在阿里巴巴网站上注册一个账号,然后开通"出口通",并为业务员 Lisa 设置一个子账号。

【任务实施】

1. 注册账号。启动 IE 浏览器,进入阿里巴巴网站,单击"Join For Free "按钮,进入注册窗口,填写注册信息,如图 11-2 所示。

在"Country /Region"栏选择"China(Mainland)"。

在 E-mail Address 栏中填写"sea@ sina. com",这是你的登录邮箱,一定要记住。

在"login Password"和"Confirm Password"中填写相同的密码,注意,这个密码不是你的邮箱密码,而是你登录阿里巴巴的密码。

在"Mobile Number"栏中填写"86-0551-01234567"。

在"Company Name"栏中填写"Sea Import and Export CO. , LTD"。

在" Full Name"栏的"First Name"框中填写"Sea","Last Name"框中填写"Lea"。

2. 注册"出口通"。单击"我要升级"按钮,如图 11-3 和图 11-4 所示,检查显示的信息与你填入的信息是否一致,在公司地址栏输入安徽省合肥市长江路 2 号,单击"提交申请"

按钮。

3. 添加子账号。单击“子账号设置”选项的“添加子账号”按钮,填写相应的内容。

在“邮箱”栏中填写 Lisa 的邮箱“lisa@ sina. com”。

在“输入密码”和“再次输入密码”栏填写 Lisa 的密码“lisa123456”。

在“用户姓名”栏填写,名“sa”姓“li”。

“性别”选择“男”。

“账号类型”选择“业务员”。

“电话”填写“86-0551-123456”。

“联系地址”选择,省/州:“Anhui”;城市:“Hefei”;街道地址:“Changjiang Road 2 号”;邮编:“230001”;验证码:输入右边的字符,注意大小写。

单击“添加”按钮进行添加。

强化训练

安徽振富棉纺有限责任公司(ANHUI ZHENFU COTTON TEXTILE CO. , LTD)专营各类外贸正单、外贸正品、外贸原品、外贸追单服装批发、供应、订制。公司位于安徽省蒙城县范集镇,邮政编码为 233528,公司电话为 0558-1234567,公司邮箱为 zhenfumengcheng@ sina. com。要求在阿里巴巴网站上注册会员,并开通出口通,下设 3 个业务员子账号。

任务二 产品发布

卖家可以在阿里巴巴国际站上发布的产品包括两种类型:一种是非直接下单品,又称定制产品;另一种是直接下单品,主要是 RTS 产品。可以选择英文发布产品,也可以选择多语言发布产品,本任务主要讲解用英文发布的非直接下单品。

一、产品发布素材准备

(一)制作关键词表

1. 关键词获取方法

平台首页搜索栏下拉框;同行产品内页的底部推荐关键词;发布产品时的关键词下拉框;数据管家;引流关键词;P4P 关键词工具;通过 Google Trends 站外找词。

2. 关键词筛选标准

一个产品会有很多相关的关键词,但并不是所有关键词都可以拿来使用,关键词筛选主要依据四个方面:覆盖率高;搜索指数高;对应产品排名靠前;避免侵权。

3. 关键词表制作整理

(1)关键词分类

关键词分类最常用的是按产品类型分类,如皮沙发、布沙发、转角沙发等。此外还有按照关键词关注度分类，如未收录新词、蓝海词、飙升词、排名靠前词等。

（2）关键词表

关键词表见表11-1。

表11-1

关键词	搜索指数	搜索涨幅	点击率	点击率涨幅	卖家规模指数	已发布产品数量	词来源
gold ring jewelry	457.0	1789.04%	3.76%	4.71%	119.00	9	关键词指数
gold ring design	367.0	-3.45%	1.81%	5.10%	123.00	6	访客详情
gold ring woman	234.0	-21.69%	1.6%	18.28%	17.00	1	引流关键词
gold ring set	145.0	-7.39%	10.23%	-25.98%	56.00	2	访客详情
gold ring diamond	141.0	-21.90%	4.21%	-38.97%	165.00	4	关键词指数
gold ring stainless steel	135.0	-26.56%	3.81%	-18.04%	98.00	6	RFQ
gold ring men	128.0	10.60%	6.30%	-60.08%	45.00	1	引流关键词
gold ring customisation	110.0	-41.91%	7.04%	170.50%	67.00	0	RFQ
gold ring 14k	105.0	33.45%	10.79%	108.77%	19.00	2	RFQ
gold ring 18k	92.0	67.21%	4.36%	-14.60%	53.00	3	P4P

（3）关键词表整理的步骤

①表格可以直接从“热门搜索词”导出，再补充添加所需栏目。

②直接删除品牌词、侵权词或不符合的关键词。

③可以利用搜索框查询不确定的关键词，查看查询结果是否与自己的产品相符。

④在表头增加“筛选”功能，以方便查找。

（二）制作标题

1.产品标题制作原则

产品标题在制作时应遵循以下两个原则。

（1）逻辑清晰

清晰的逻辑能够帮助客户快速地获取关键信息，一个好的产品标题通常包含产品的功能、特性及优势。

（2）长度适中

产品标题的长度最多不超过128个字符，控制在80个字符左右其显示效果最佳，太长的标题不利于客户阅读和理解，长度适中的产品标题在一定程度上有利于产品的排名和曝光。

2.产品标题结构四要素

产品标题结构四要素包括营销词、属性词、核心关键词、场景词。营销词是指产品营销性词语，如Promotion、Popular、New Arrival、Hot Sale、New Trend等；属性词通常是指产品的颜色、规格、尺寸、材质、功能、应用、工艺等，根据产品不同而有所不同，如半身裙的属性词可以有Winter（冬天）、Blue（蓝色）等；核心关键词是指客户常用的产品搜索词，如背包的核心关键词有Handbag、Leatherbag、Schoolbag、Ladybag等；场景词是指描述产品应用场景的词，如for Women、for Men、for Girl、for Holiday等。

3.产品标题制作规则

产品标题通常有以下两种制作规则。

①“产品标题=营销词+属性词+核心关键词”，例如：Hot Sale（营销词）14K 1ct rose gold（属性词）moissanite ring（核心关键词）。

②“产品标题=营销词/属性词+核心关键词+应用场景”,例如:Hot Sale 14K 1ct rose gold(营销词/属性词) moissanite ring(核心关键词)For Women(应用场景)。

4. 产品标题制作技巧

①避免出现堆砌和滥用关键词的情况。

②需包含关键词,并应突出产品属性、功能和卖点。

③长度应控制在80个字符左右,以保证显示效果最佳。

④用英文符号输入,单词的首字母大写,除连词、冠词和介词外。

⑤避免无明确商品名称、带有联系方式、图文不符等。

⑥特殊符号/、-、( )等可能被系统默认成无法识别的字符,进而影响排序。另外,不要输入中文字符。

⑦如需加 for 和 with 突出产品属性和用途,则核心词要放在 for 和 with 前面。

⑧禁止用他人品牌词作为标题。

(三)制作详情页

产品详情页制作可以借鉴FABE营销法则,即Feaures(属性)、Advantage(优势)、Benefit(益处)、Evidence(证明)。属性,即产品的规格、材质、特性、结构、功能、包装等;优势,即产品的卖点;益处,即卖家的供货能力、利润等;证明,即卖家的企业实力、产品质量的相关认证、客户合照、展会、生产线等。

阿里巴巴国际站的产品详情页主要包含客户关注的内容,具体包括:①详情导航条;②产品相关图(或细节图);③表格参数(产品信息);④产品特性图(设计图、色卡、产品材质、用途展示、质量对比图);⑤公司优势展示(定制产品强调OEM或ODM,证书,Why Choose Us)、团队文化及办公环境展示图;⑥如果是工厂则展示核心生产设备及产品加工生产流程图,是贸易公司则展示服务能力或合作工厂生产设备图;⑦展会展示图;⑧ FAQ;⑨订单操作流程图;⑩物流、支付展示图、市场分布图。

(四)产品图片信息

主要包括产品主图、产品细节图、产品卖点图、产品包装图、产品使用效果图、旺铺首页图等。

(五)产品文字信息

主要包括产品名称、属性、功能、价格、基础参数、尺寸和重量等。

二、产品发布注意事项

①应发布真实、准确、合法和有效的产品信息。

②避免侵权。

③有些产品发布后不被展示,可能的原因见表11-2。

表 11-2　不被展示产品的原因

序号	产品	序号	产品	序号	产品
1	重复铺货	4	价格不合理	7	图片质量不佳
2	类目放错	5	标题拼写错误	8	产品信息不完整
3	标题堆砌	6	产品信息冲突	9	标题缺少核心产品词

三、产品发布流程

①打开 IE 浏览器，在浏览器的地址栏输入阿里巴巴网址，进入阿里巴巴的主页，单击“Sign in”按钮，如图 11-1 所示，输入注册时的邮箱和密码，点击“登录”即可。

②发布产品，在阿里巴巴网站的主页选择“My Alibaba”，进入“商品管理”，如图 11-7 所示。选择“商品发布”按钮，进入“商品发布”窗口。

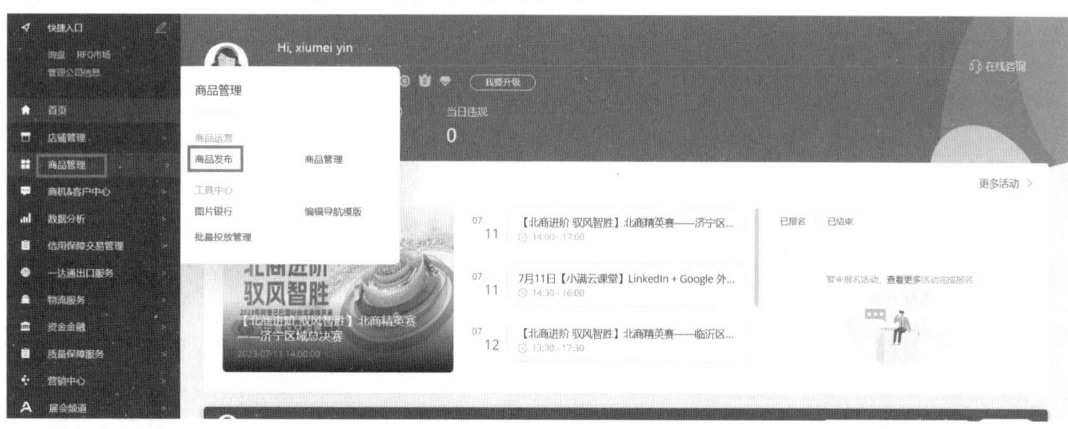

图 11-7

③选择语言市场及类目，如图 11-8 所示。

图 11-8

④填写“基本信息”，具体包括“产品名称”“产品关键词”“产品分组”和“商品属性”，如图 11-9 和图 11-10 所示。

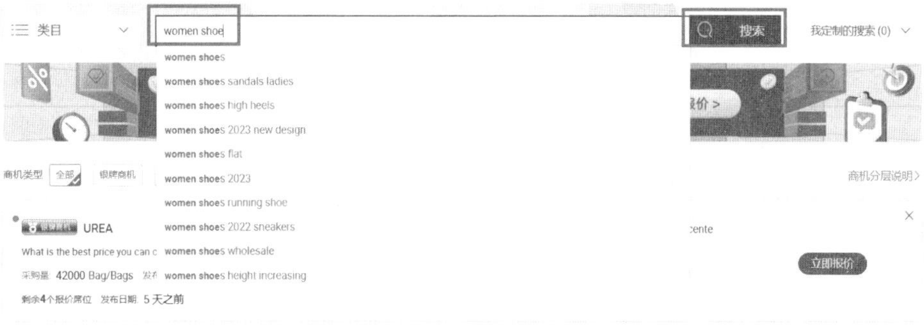

图 11-9

图 11-10

⑤填写“商品描述”，具体包括发布“产品图片”（主图和详情页图片）、“产品视频”和“产品详情描述”，如图 11-11 所示。

图 11-11

⑥填写“交易信息”，具体包括“价格设置”“计量单位”“起订量”和“支付方式”。价格只能按照 FOB 术语定价，可以设置阶梯价格，也可以设置区间价格，这两种价格设置在阿里巴巴国际站前台的展示页面，如图 11-12 所示。支付方式可以按照提示项进行选择，也可以添加其他支付方式，如 PayPal。

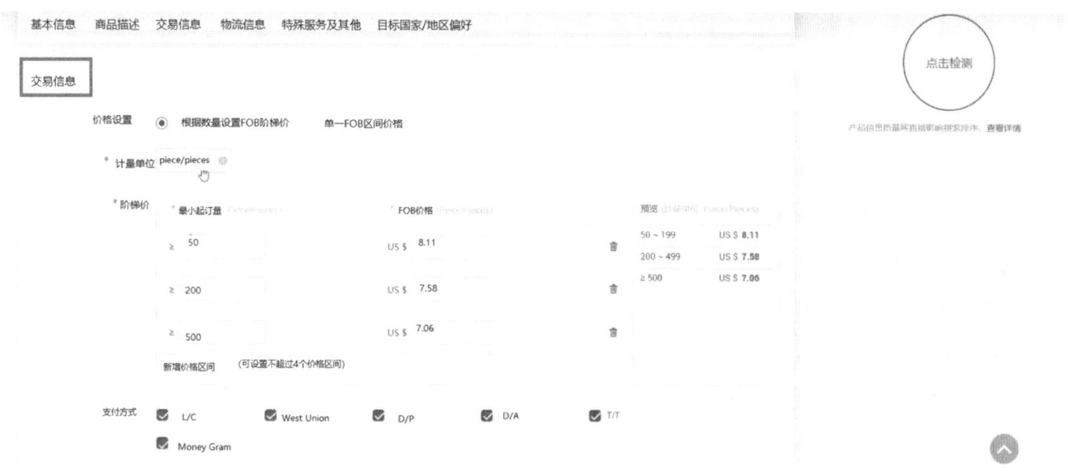

图 11-12

⑦填写“物流信息”，具体包括“发货期”“海运港口”“供货能力”和“包装方式”等，如图 11-13 所示。

图 11-13

⑧填写“特殊服务及其他”，此页面内容根据企业实际情况填写即可，有加工定制服务时可以重点填写，部分买家对 OEM、ODM 个性化定制有需求时，详细填写有助于吸引这部分买家，如图 11-14 所示。

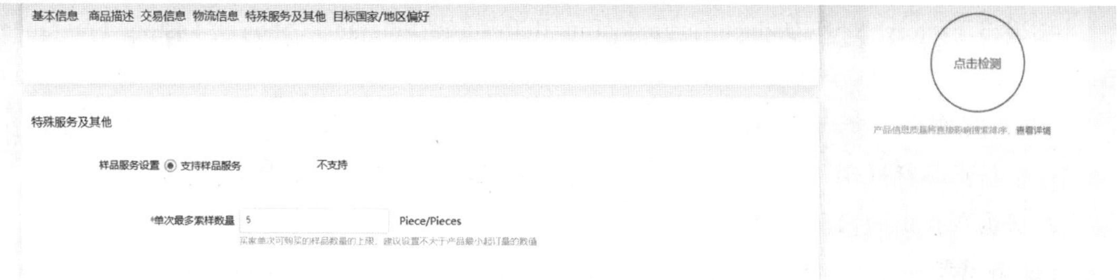

图 11-14

产品发布信息

边学边练

【任务描述】

请你以 Sun 洗漱用品有限公司产品管理专员身份，在阿里巴巴国际站首页搜索关键词“Body Wash”，从搜索结果列表中收集排名前十的产品标题，分别分析每个标题的构成要素。

【任务实施】

1. 在浏览器里输入网址 https://www.alibaba.com/，打开阿里巴巴国际站首页。

2. 在搜索框中输入关键词“Body Wash”，点击“Search”按钮。

3. 从搜索结果列表中收集排名前十的产品标题。

在搜索结果列表中分别选择进入排名前十的产品，并把每款产品的标题复制出来放到方便编辑的文本或者文档里。

4. 对应每个产品标题分别分析它们的结构要素，如营销词、属性词、核心关键词、场景词。

【任务思考】

产品标题结构有四要素，分别是营销词、属性词、核心关键词、场景词，请思考四要素在产品标题制作规则中的排列顺序。

强化训练

【任务描述】

请你以 Sun 洗漱用品有限公司外贸业务员身份，查找以下产品标题存在哪些问题并做出修改。

1. 2023 Popular shopping bag tote shiny red genuine leather bag luxury handbags For Lady

2. OEM Organic Rose Oil/Argan Oil/Peppermint Oil Anti-Pollution Sulfate Free Hydration and Refreshing Body Wash

3. high quality Private label SPA works perfumed shower gel for women body wash

4. 2023 Factory New Product Custom Mint Refreshing Fragrance Shower Lasting Fragrance Natural

【任务实施】

1. 根据产品标题制作技巧分别找出以上产品标题存在的问题点。

2. 根据所找出的问题点对产品标题做相应的修改。

【任务思考】

在制作产品标题时只有注意制作技巧，才能制作出高质量的产品标题。请思考产品标题制作技巧有哪些。

能力实训

【任务描述】

请你以 Obali 箱包有限公司外贸业务员的身份，根据下面提供的词为这款“女式包包”制作标题。女士包包如图 11-15 所示。

图 11-15　女士包包

1. 营销词：New Arrival、Hot Sale、Fashion、Promotion。

2. 属性词：Black（黑色）、Lady（女士）、PU（PU 皮）。

3. 关键词：Hand Bag、Lady Bag、Leather Bag、Tote Bag 等。

【任务实施】

1. 根据产品标题制作规则“产品标题=营销词+属性词+核心关键词”制作标题。

2. 根据产品标题制作规则“产品标题=营销词/属性词+核心关键词+应用场景”制作标题。

【任务思考】

产品标题通常有以上两种制作规则，请思考一款产品的标题是否唯一。

能力实训

【任务描述】

我们为一家鞋业公司申请了一个账号，现在需要发布一个产品，产品的具体信息如下：

产品名称为“High Heel Shoes”，属于公司新开发的 Lie-fallow 女款春季休闲扣带鞋产品，型号为 WS-25，原产地为安徽，鞋帮材料为真皮，鞋里材料棉布，内底材料 PVC，大底材料 PVC。颜色有白色、黑色、绿色、黄色和桃红色，尺寸大小从 12 到 15，每双鞋和包装盒一起重 1 千克，包装尺寸为 40 厘米×20 厘米×10 厘米。100 双以内（含 100 双）单价 15 美元，备货期 3 天；500 双以内（含 500 双）单价 12 美元，备货期 4 天；2 000 双以内（含 2 000 双）单价 10 美元，备货期 6 天。希望在阿里巴巴网站中可以通过关键词“Shoes”“Leisure”搜索到产品信息。

【任务实施】

1. 进入阿里巴巴网站,登录自己的账号。

2. 进入“商品管理”,进入“商品发布”界面。

3. 请依次完成“产品类目”“基本信息”“商品描述”“交易信息”“物流信息”“特殊服务”及“其他”操作。

任务三　产品分组

产品分组是产品管理的基础操作,掌握产品分组技巧,有助于客户快速找到目标产品进行操作设置。

一、产品分组方法

产品分组方法有很多,可以根据使用场景、产品类型、产品风格、使用人群等进行分组,合理的分组有助于客户快速查询到想找的产品类型,有利于营销导购。产品分组类目表见表 11-3。

表 11-3

分组类目		
分组方法	一级分组	子分组
使用场景	珠宝	手链、项链、戒指、耳环
产品类型	珠宝	珍珠、翡翠、钻石、黄金、宝石
产品风格	珠宝	日韩、欧美、波希米亚、复古宫廷
使用人群	珠宝	女、男、情侣

二、产品分组管理

在阿里巴巴国际站后台“管理产品”的产品分组与排序页面,如图 11-16 所示,可以统一设置和管理产品分组,进行添加一级分组、重命名、保存、添加子分组等操作,如图 11-17 所示。

边学边练

SD 公司是一家主营男士服装的跨境贸易公司,该公司产品种类较多、市场分布较广。请根据使用人群、产品类型和产品风格为 SD 公司制定一个产品分组类目表。

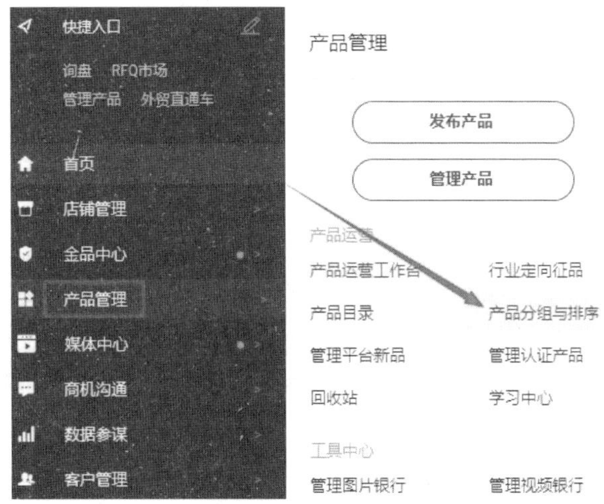

图 11-16

分组管理与排序　产品管理与排序

添加一级分组　重命名　保存　产品排序设置

分组名称(组内产品数)	添加子分组	删除	组内产品管理	排序
Clear Acrylic Sheet	添加子分组	×	组内产品管理	分组排序
▾Color Acrylic Sheet	添加子分组	×	组内产品管理	
Opal & white colors	添加子分组	×	组内产品管理	
Transparent colors	添加子分组	×	组内产品管理	
Translucent & Opaque colors	添加子分组	×	组内产品管理	

图 11-17

任务四　寻找客户

一、RFQ 的概念

产品信息在网站发布后，企业不能消极地等待客户，应积极地寻找客户，主动与客户联系，这样才能更好地推销自己的产品。阿里巴巴网站每天都会有成千上万的产品需求信息，企业可以根据需要，利用平台的 RFQ 市场随时寻找新客户资源或与老客户进行联系。

RFQ(Request for Quotation，请求报价)特指“采购直达”，是指买家主动填写采购信息，委托阿里巴巴国际站寻找合适的卖家，供应商可以查看买家采购需求，根据买家的要求及时报价。

RFQ 的流程主要是：买家需求发布→需求审核→供应商报价→报价审核→买家查看→双方沟通→达成交易。

从 RFQ 开始到双方谈判成功，外贸业务员需要针对特定的 RFQ 进行报价，要善于运用各种技巧，与客户建立联系与沟通，将 RFQ 促成实盘，最后签订买卖合同。

二、RFQ 具体操作流程

①登录阿里巴巴网站,单击“My Alibaba”,进入卖家后台。

②寻找国外客户:单击“商机 & 客户中心”,进入“RFQ 市场”,如图 11-18 所示。

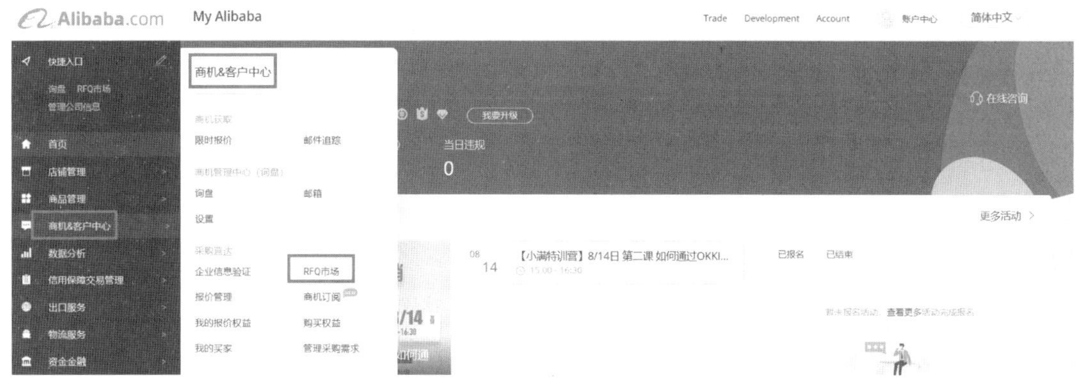

图 11-18

③选择客户并立即报价:在搜索方框中输入关键字,点击“搜索”,如图 11-19 所示;然后在“买家所在地”下拉列表中选择要在哪个国家或地区进行查询,寻找到客户并点击旁边的“立即报价”进行报价,如图 11-20 所示。

图 11-19

图 11-20

④联系买家:报价后,阿里巴巴会发送一份邮件到买家的邮箱,卖家单击查看并联系买家;有些客户不想被打扰,也会选择隐藏信息。

寻找客户

RFQ 报价页面操作

边学边练

【任务描述】

假如某公司是生产运动休闲鞋的,现在要在阿里巴巴网站上查找美国的客户。

【任务实施】

具体查找需要运动鞋的美国买家的方法如下:

1. 登录阿里巴巴网站。同前面一样,先要登录阿里巴巴网站和自己的账号。
2. 进入卖家后台。单击“My Alibaba”,进入卖家后台。
3. 寻找客户。单击“商机 & 客户中心”,进入“RFQ 市场”,在“Search Products”方框中输入关键字“Women Shoes”。
4. 单击“Search”按钮进行查找,得到查找结果。
5. 在“买家所在地”下拉列表中选择要在哪个国家或地区进行查询,寻找到客户。

能力实训

某农业出口公司,现有一批茶叶需要出口,想在全球寻找茶叶进口商,请你帮忙在阿里巴巴网站上查找,并同其中某个企业建立联系。

任务五 物流服务

电子商务平台一般会提供国际物流在线下单的服务,如阿里巴巴国际站提供了全方位的国际物流服务。在批量货物数量较多时,卖家可能会考虑选择在线下委托货物代理进行订舱托运,在货物数量不多时,一般采用国际快递作为物流方式,卖家通常直接在电子商务平台上在线下单。

批量货物的国际物流方式有海洋运输、铁路运输、航空运输、公路运输等。零散货物的国际物流方式有中国邮政、商业快递、专线物流和海外仓等。阿里巴巴国际站有三种发货物流模式,分别是线上发货、线下发货和海外仓。

阿里巴巴国际站卖家需要根据自身实际情况,综合考虑物流时间和物流成本等多个因素,以便找到适合自己的发货物流。

一、阿里巴巴国际站物流选择方式

(一)线上发货

线上发货,即在阿里巴巴国际站后台使用阿里物流发货。阿里无忧物流是专门针对速卖通、阿里巴巴国际站卖家打造的一类物流方式，分为优选、标准和经济型三种方式，优选是时效最快的一类物流方式，接近商业快递的时效。标准是价格、时效适中的一种物流方式，可满足不同卖家的物流需求。经济型是价格便宜、时效较慢的一类渠道，能以最低成本发货。

线上发货的优势很明显，阿里巴巴国际站上的卖家可以直接在后台进行发货，无须切换不同的平台，操作简单、方便。另外，阿里物流可以提供海运、空运、快递、陆运等物流渠道，物流服务较为完善。但是，线上发货对寄运限制大，一些贵重、敏感物品不予承运；无补贴、价格偏高，提高了物流成本：官方客服专业知识差，难以解决物流实际问题；无业务员对接，邮寄体验差。

（二）线下发货

线下发货，即通过与货物代理公司合作发货，将货物交给货物代理公司，由其负责货物的运输。不同的货物代理公司，提供的物流服务范围不同，但是总体而言均有较为广泛的物流服务，可以提供海运、空运、快递、多式联运、集港拖车、散货交仓物流服务，能满足不同类型与不同规模的跨境电子商务卖家的物流需求。

线下发货的优势是物流渠道更丰富，有广泛的选择；服务更专业、贴心；收货价格更低，节省成本。缺点是需要重新注册账户，手续烦琐而且需要判断货物代理公司的质量。要与靠谱的货物代理公司合作。货物代理的选择主要考虑 3 个方面，即优势航线、价格和服务水平。尽量与正规、专业、资深的货物代理公司合作，他们熟悉货运流程，能保障货运质量和安全。

（三）海外仓

海外仓，可分为自建海外仓、租赁海外仓。自建海外仓是指企业在海外建设仓库，用于存放货物、操作货物，多与本土物流服务商有合作。租赁海外仓是指企业租用位于海外的仓库。使用海外仓时，需要卖家提前将货物存放至海外仓库，当有订单后直接从海外仓发出，快速地将商品送达买家手中。

海外仓的优势在于物流时效快，能为卖家提供良好的邮寄服务，在一定程度上可以节省物流成本，提高产品利润，也有利于获得更多的好评，提升产品曝光率。但是海外仓需要付仓储租金、操作费、处理费、人员费，会占用更多的资金，对资金实力要求较高。

二、查询物流报价

打开阿里巴巴国际站后台，找到左侧主菜单“物流服务”，点击该菜单进入“查询报价并下单”页面，如图 11-21 所示。点击“查询报价并下单”，进入“海运整柜”“海运拼箱”“空运”“快递 & 多式联运”“集港拖车”“散货交仓”页面，可分别选择这些运输方式，填写相应信息，点击查询报价即可，如图 11-22 所示。

图 11-21

图 11-22

边学边练

【任务描述】

A 公司业务员小杨，通过阿里巴巴国际站与埃及客户达成一项出口一条塑料挤出机生产线实务交易，合同中使用的贸易术语为 CFR，目的港为亚历山大新港（Alexandria），请查询物流报价。

【任务实施】

1. 进入查询页面

打开阿里巴巴国际站后台，找到左侧主菜单“物流服务”，点击该菜单，进入“查询报价并下单”页面，如图 11-22 所示。

2. 填写查询信息

选择“海运整柜”，填写“始发港”为“上海港”，目的港为“亚历山大新港”，“柜型”选择“20GP”，填写“数量”为“1”，然后点击“运价查询”按钮，如图 11-23 所示。

图 11-23

查询物流报价

【任务思考】

在阿里巴巴国际站查询运费报价，首先要选择运输方式，如海运、空运、快递、陆运等，明确运输方式后，进入阿里物流服务后台，按指示输入相关信息，可以查询出多种物流方案，再结合相关因素，综合比较后进行选择。

任务六　支付与资金管理

一、传统的国际贸易支付方式

传统的国际贸易支付方式有汇付、托收和信用证。采用信用证支付方式时，卖家对信用证条款和所交单据的审核至关重要。经验不足的卖家可以使用阿里巴巴国际站的“一达通超级信用证”服务，将审证、制单、审单、交单、收汇等业务外包给一达通。

二、线上支付方式

阿里巴巴国际站线上支付方式只针对信保订单（信用保障订单）开放。线上支付方式主要有以下两大类。

①Visa、Mastercard、e-Checking、T/T。不同的支付方式在到账时间、支付手续费、退汇手续费、预计退汇时间等方面有所不同。

②阿里巴巴国际站提供“超级信用证”服务，可以选择自营出口或者将审证、制单、审单、交单、收汇等业务外包给一达通。

三、国际支付方式选择

选择支付方式时，总体原则是安全、快速、便捷、费用少。对于信用好的客户，各种支付方式皆可选用,而对于信用得不到保证的客户,则尽量选择安全性高的结算方式,如信用证和前 T/T。

四、信用订单支持的支付方式

目前信用订单支持9种支付方式:T/T、信用卡(含借记卡)、Online Bank Payment(仅限存量美国买家,原称之为 e-Checking)、Boleto(限巴西买家)、西联汇款(目前仅对美国客户开放)、Online transfer、电子 T/T、Apple Pay、GooglePay;Paypal。

五、一达通订单支持的支付方式

当商家委托一达通出口报关后,可以通过 T/T、信用证、托收和支票等国际结算方式完成付款。

边学边练

【任务描述】

RQ 贸易公司业务员小徐通过阿里巴巴国际站与某澳大利亚客户达成 5 000 套瓷器的交易意向,价值约 20 万美元,拟采用 FOB 贸易术语,现双方就支付方式进行磋商。

【任务实施】

1. 客户资信审核。因澳大利亚客户是新客户,此次是首次交易,企业对客户资信状况进行审核有助于减小贸易风险,在确定国际支付方式时能有所依据。经过线上对该公司在阿里巴巴国际站的公司状况、星级评分、交易状况等进行分析后确认该公司信誉良好,可以合作。

2. 确认交易金额。订单总额约 20 万美元,属于较大金额,在国际支付方式选择时要充分考虑收汇风险,可选择较为安全的收汇方式,如信用证或前 T/T,或者通过信保订单采用线上结汇。

3. 磋商确定支付方式。经与客户沟通,因交易金额较大,且为首次交易,贸易双方对彼此的信任度存在疑虑,不愿采用线上结汇方式,最终双方确定采用线下信用证支付。

【任务思考】

选择国际支付方式时,首先要查看客户资信,对于资信良好的客户,无论采用哪种支付方式安全性都较高,但是对客户资信有疑虑的情况下,卖家应尽量采用先收款后发货的 T/T,或者采用信用证结算方式。在交易双方对支付方式无法达成一致的,卖家应尽量在风险可承受范围内做出一些让步。

【任务描述】

A 公司业务员小张,通过阿里巴巴国际站与某印度客户达成一条生产线的交易,合同贸易术语为 FOB,交易金额为 10 万美元,请完成线上收款。

【任务实施】

1. 起草信保订单。打开阿里巴巴国际站后台,点击“信用保障交易管理”,再点击“起草信用保障订单”命令。

2. 选择线上收款方式。订单类型里面选择支付方式为“T/T”,填入买家信息及产品信息。

3. 填写运输条款。在运输条款页面中,填入收货地址,选择运输方式、贸易术语,填写运费、物流保险费、发货日期,出口方式选择“一达通代理出口”或“自营出口”。

4. 确认支付条款并提交订单。在“支付条款”页面中，确认支付条款金额，并选择支付方式，提交订单。

5. 提醒买家付款。订单创建成功，系统会发邮件给买方，卖方可通知买方查看，发送系统生成的 T/T 账号给买方，提醒买家付款，之后可以点击“管理全部订单”按钮查看订单付款状态。

【任务思考】

在阿里巴巴国际站进行线上收款时，先要起草信保订单，然后选择线上收款方式，订单提交后，会自动生成买家支付链接和对应的 T/T 支付账号，卖家只需提醒买家付款即可。

能力实训

某玩具公司接到尼日利亚客户的一笔玩具订单，贸易术语为 CFR，总金额 1.5 万美元，客户要求采用线下后 T/T 支付方式结算，请问能否接受该国际支付方式？如何处理？

德育园地

B2B 数字外贸　中小企业出海捷径

当前，AI 等新技术风起云涌，但在具体产业场景中的应用前景到底如何？8 月 9 日在深圳举行的“2023 中小企业数字外贸高峰论坛”现场，阿里巴巴国际站首次全面展示了新技术在外贸场景中的应用。

根据阿里巴巴国际站商家产品负责人林豪的演示，从最基础的商品发布，到营销转化、客户接待、企业管理等外贸各个环节，阿里国际站都在进行智能化升级。据悉，新技术的引入将使中小外贸企业的运营效率大幅提升，将使 B2B 数字外贸成为中小企业最简单、便利的出海模式。

以外贸商家日常最常规的发品操作为例，一般商家日均发布 31 个新品，平均每个单品发布时长超过 10 分钟，这样一算，一天花在发品上的时间就要五六个小时，此外还要投入不少拍摄、美工等成本。林豪介绍说，预计 9 月上线的商家助手，在商品发布环节将为商家提供标题优化、图像处理、文本翻译、视频处理等功能。根据现场演示，记者发现，今后在阿里国际站的商家工作台上，只需上传一张商品图，就可以一键生成白底图或者场景图。视频方面，商家也只需提供一段基础版的视频，等待一会就能生成一个增加了卖点字幕和智能语音讲解的视频。现场，一段仅仅配上了纯音乐的假发商品视频，经过 AI 视频处理后，不仅自动配上了准确的卖点字幕，还生成了流利的语音讲解。

“新技术加持，现在就是做数字外贸最好的时机。”林豪认为，每一次技术变革，就会创造新的机会，现在无疑是入局数字外贸赛道的最佳时机。事实上，今年中小企业开启阿里国际站 B2B 数字外贸的比例有大幅提升。他们当中有不少是初创型、内贸转外贸或者线下转线上的，在以往，他们要追赶那些拥有丰富经验的老外贸并不容易，但是现在 AI 等新技术的加持，给他们提供了加速器，甚至是一个弯道超车的机会。

思考：数字外贸正成为全球贸易的必选项和不可逆转的大趋势，青年大学生如何提高自身素养？

参考文献

[1] 季晓伟. 跨境电商(B2B)操作实务[M]. 北京:中国商务出版社,2018.

[2] 沈萍. 跨境电商 B2B 店铺运营实战[M]. 北京:电子工业出版社,2021.

[3] 邓健宇. 跨境电商视觉设计与营销[M]. 北京:电子工业出版社,2021.

[4] 毛居华. 跨境电商 B2B 店铺数据运营[M]. 北京:电子工业出版社,2021.

[5] 许辉,张军. 跨境电子商务实务[M]. 北京:北京理工大学出版社,2019.